edition suhrkamp
Redaktion: Günther Busch

Alfred Sohn-Rethel, geboren 1899 in Paris, studierte in Heidelberg und Berlin bei Emil Lederer, Alfred Weber und Ernst Cassirer. Er stand in den zwanziger Jahren in engem Kontakt mit Bloch, Benjamin, Kracauer, Adorno. 1973 erschien sein Buch *Ökonomie und Klassenstruktur des deutschen Faschismus* (es 630). »Das Neuartige und Befremdende« dieser Untersuchung sieht Sohn-Rethel selbst »in der veränderten Behandlung der Warenanalyse, also gerade des Teils der Marxschen Theorie, der gemeinhin als ihr unantastbarer Grundpfeiler angesehen wird.« Die entscheidende Neuerung ist die Ausdehnung des Geschichtsmaterialismus auf die Genesis der Erkenntnisformen durch die These, daß der Gesellschaftsprozeß auf der Grundlage der Warenproduktion ein Prozeß der Realabstraktion ist, deren Reflexionsform das abstrakte Denken darstellt. Mit diesem geschichtsmaterialistischen Erklärungsansatz wird das Verständnis des Überbaus methodologisch überhaupt erst erschlossen, das marxistische Denken um wesentliche Einsichten bereichert. – Der Text der Erstausgabe dieses Buchs wurde vom Autor für die Neuauflage revidiert, überarbeitet und ergänzt.

Alfred Sohn-Rethel
Geistige und körperliche Arbeit
Zur Theorie der gesellschaftlichen
Synthesis

Suhrkamp Verlag

edition suhrkamp 555
2. Auflage, 13.-18. Tausend 1973
© Suhrkamp Verlag Frankfurt am Main 1970. Printed in Germany. Alle Rechte vorbehalten, insbesondere das der Übersetzung, des öffentlichen Vortrags und der Übertragung durch Rundfunk und Fernsehen, auch einzelner Teile. Satz, in Linotype Garamond, Druck bei Nomos Verlagsgesellschaft, Baden-Baden. Gesamtausstattung Willy Fleckhaus.

Inhalt

Vorbemerkung zur zweiten Auflage 7
Vorwort 9
Einleitung 14

Erster Teil:
Warenform und Denkform – Kritik der Erkenntnistheorie 30
1. Kritische Anknüpfung an Hegel oder an Kant? 30
2. Denkabstraktion oder Realabstraktion? 38
3. Die Warenabstraktion 41
4. Phänomenologie der Tauschabstraktion 45
5. Ökonomie und Erkenntnis 50
6. Analyse der Tauschabstraktion 57
   a. Die Fragestellung 57
   b. Praktischer Solipsismus 64
   c. Die Austauschbarkeitsform der Waren 68
   d. Abstrakte Quantität 74
   e. Der Wertbegriff 76
   f. Substanz und Akzidenz 81
   g. Atomizität 82
   h. Abstrakte Bewegung 82
   i. Strikte Kausalität 86
   k. Schlußbemerkungen zur Analyse 88
7. Die Reflexion der Tauschabstraktion 92
8. Der autonome Intellekt 98
9. Wahrheitsbegriff und falsches Bewußtsein 115

Zweiter Teil:
Gesellschaftliche Synthesis und Produktion 123
1. Produktionsgesellschaft und Aneignungsgesellschaft 123
2. Hand und Kopf in der Arbeit 125
3. Beginnende Mehrproduktion und Ausbeutung 127
4. Kopf und Hand im Bronzezeitalter;
   Vorformen der Scheidung von Kopf und Hand 129
5. Die klassische Aneignungsgesellschaft 137
6. Die kapitalistischen Produktionsverhältnisse 146
7. Das mechanistische Denken als Ideologie 150
8. Mechanistisches Denken als Wissenschaft 158

Dritter Teil:
Vergesellschaftete Arbeit und private Appropriation · 174
 1. Monopolkapital und moderner Arbeitsprozeß 174
 2. Marktökonomie und Betriebsökonomie im Monopolkapitalismus 177
 3. Reproduktive oder nicht-reproduktive Werte 182
 4. Zweierlei gesellschaftliche Synthesis 186
 5. Das Ende des Kapitalismus – zwei Konzeptionen 187
 6. Betriebsökonomie und vergesellschaftete Arbeit bei Marx 189
 7. Der Taylorismus 193
 8. Seine Modifikationen 195
 9. Taylorismus und Arbeitsentfremdung 197
 10. Dialektik der Arbeitsentfremdung 199
 11. Time and motion study 200
 12. Maßeinheit von Menschen- und Maschinenarbeit 202
 13. Vollvergesellschaftung der Arbeit 203
 14. Formgesetz moderner klassenloser Vergesellschaftung 203
 15. Gesellschaftliche Einheit von Kopf und Hand und die »neue Logik« 207
 16. Das Subjekt klassenloser Vergesellschaftung 212
 17. Sozialismus und Bürokratie 214
 18. Technik und Technokratie 221
 19. »Put politics in command!« 222
 20. »Modern Times« 223
 21. Zur Frage der Revolution 225

Anhang A:
Über die notwendige Einheit der Warenanalyse 228

Anhang B:
Der historische Materialismus als methodologisches Postulat 241
 1. Kritischer Idealismus und kritischer Materialismus 241
 2. Das von Marx selbst gesetzte Lehrbeispiel seiner Methode 246
 3. Notwendig falsches Bewußtsein 249
 4. Faktische und kritische Liquidierung des notwendig falschen Bewußtseins 255

Vorbemerkung zur zweiten Auflage

Die beträchtlichen Erweiterungen und Ergänzungen dieser neuen Ausgabe meines Buches gegenüber der ursprünglichen sind weniger durch die öffentlichen Kritiken veranlaßt, die mein Buch erfahren hat[1], als durch die intensiven Diskussionen, die ich in Deutschland sowohl wie innerhalb einer »Marx-Gruppe« in Birmingham habe führen können. Sie erfüllen also nicht den Zweck einer Erwiderung auf jene Kritiken, die vielmehr einer zusammenfassenden Anti-Kritik vorbehalten bleiben muß, sobald ich die Zeit dafür erübrigen kann. Das Buch war in seiner ursprünglichen Fassung so sehr aufs knappste beschränkt worden, daß darin selbst theoretisch Notwendiges zu kurz gekommen war. Dem sollte hier abgeholfen werden.[2] Ich bin Gisela Dischner und Chris Bezzel für ihre fruchtbare Kritik und hilfreichen Hinweise in besonderem Grade verpflichtet.

Der dritte Teil des Buches ist völlig unverändert in die jetzige Ausgabe übernommen worden. Der Grund ist nicht, daß er der Erweiterung und konkreteren Ausführung nicht bedarf, sondern daß er ihrer im Gegenteil so sehr bedarf, daß ein neues Buch entstanden wäre, wenn ich dem Bedürfnis hier hätte stattgeben wollen. Verkürzt und abstrakt wie die Darstellung ist, rücke ich doch nicht von den allgemeinen

---

[1] Siehe *Politikon* Nr. 35 und 36, *Sopo* Nr. 12, *Argument* Nr. 64 und *Neues Rotes Forum* Nr. 4/71.

[2] Die hauptsächlichen Zusätze finden sich: am Ende der Einleitung; in Gestalt eines neuen Abschnitts 5 mit dem Titel *Ökonomie und Erkenntnis;* ferner als ein Abschnitt über *Atomizität;* als Ergänzung über den Naturbegriff auf der Grundlage von Warenproduktion; wichtige Zusätze und eine Neufassung des Abschnitts über *Die klassische Aneignungsgesellschaft* sowie, last not least, eine völlige Neufassung des Anhangs A sind ebenfalls zu nennen. Zahlreiche kleine und kleinere Einfügungen entziehen sich der detaillierten Aufführung.

Theoremen, die sie aufstellt, ab. Daß sie in dieser Form nicht mehr als bloße abstrakte Theoreme bedeuten können, darüber bin ich mir genugsam klar. Ich hoffe jedoch, daß es nicht allzu lange dauern wird, bis ich den Mangel durch eine gesonderte Abhandlung beheben kann.

Birmingham, 15. April 1972 Alfred Sohn-Rethel

Vorwort

Die vorliegende Untersuchung wird eine schwierige Aufnahme finden, weil sie marxistisch ist und doch in ihrer Sprache und zum Teil auch in ihren Begriffen von der vertrauten Stilart und Terminologie des Marxismus erheblich abweicht. Ob das ein Mangel ist oder eine sachliche Notwendigkeit, läßt sich vor der Lektüre nicht beurteilen; die Neuerungen mögen sich am Ende nicht so radikal ausnehmen wie am Anfang. Aber ich gebe zu, daß unverkennbare Diskrepanzen in der Ausdrucksweise Mißtrauen erwecken müssen, obwohl ich nicht zugebe, daß solches Mißtrauen in diesem Fall berechtigt ist, und auch glaube, daß es einem näheren Eingehen in die Materie der Untersuchung nicht lange wird standhalten können.

Die Untersuchung selbst ist mit dem Verhältnis zwischen Basis und Überbau beschäftigt. Sie führt zum überwiegenden Teil in marxistisches Neuland oder, wenn man lieber will, zu ergänzenden Anbauten. Marx und Engels haben die allgemeine Architektur des Geschichtsbaus klargelegt, bestehend aus Produktivkräften und Produktionsverhältnissen, die zusammen die materielle Basis für den Überbau des Bewußtseins bilden. Sie haben uns aber nicht den Aufriß des Treppengebäudes hinterlassen, das von dem Unterbau in diesen Überbau hinaufführt. Dieses Treppengebäude ist es, womit wir hier beschäftigt sind, oder wenigstens sein kahles, aber formgenaues Betongerüst. Dasselbe braucht, um in dem Gleichnis zu bleiben, eine zuverlässige Verankerung im Unterbau, und für warenproduzierende Gesellschaften kann dieselbe nirgend anders zu finden sein als in der Formanalyse der Ware. Diese Formanalyse bedarf aber einer gehörigen Erweiterung und Vertiefung, bevor sie fähig wird, das Ganze zu tragen.

Das Neuartige und Befremdende der gegenwärtigen Unternehmung liegt deshalb in der veränderten Behandlung der Warenanalyse, also gerade des Teils der Marxschen Theorie, der gemeinhin als ihr unantastbarer Grundpfeiler angesehen wird. Es mag darum nicht fehl am Platze sein, der theoretischen Darstellung eine kurze gedankenbiographische Notiz voranzustellen, wie sich die abweichende Auffassung heraus- und herangebildet hat und worauf sie ursprünglich zurückgeht. Außerdem ist vielleicht auch ein Wort der Erklärung angebracht für das Kuriosum, daß eine Untersuchung dieses Charakters ganze fünfzig Jahre lang im Werden begriffen gewesen ist, bevor sie nun zum ersten Male vor die Öffentlichkeit gelangt.

Der ungefähren und allgemeinen Herkunft nach stammt die zugrundeliegende Gedankenentwicklung aus Kontakten mit Ernst Bloch, Walter Benjamin, Theodor W. Adorno, Siegfried Kracauer und der Beeinflussung durch Arbeiten von Georg Lukács, Max Horkheimer und Herbert Marcuse. Sie begann gegen Ende des Ersten Weltkrieges und in seinen unmittelbaren Folgejahren, geht also zurück auf die Zeit, in der die deutsche proletarische Revolution fällig war und unnötigerweise politisch gescheitert ist. So seltsam das heute klingen mag, stehe ich nicht an zu sagen, daß die moderne marxistische Gedankenentwicklung in Deutschland, von der etwa die Frankfurter Schule Zeugnis gibt, sich aus Antrieben aus jener Zeit und also in gewissem Sinne aus dem theoretischen und ideologischen Überbau der ausgebliebenen deutschen Revolution herleitet. In ihr hallen die Kanonade am Marstall zu Weihnachten 1918 und die Schüsse der Berliner Spartakuskämpfe nach. Jedenfalls, soweit es mich betrifft, weiß ich, daß es der aufgewühlte, bis auf den Grund getroffene Geist war, mit dem man damals durch die Straßen lief und an den Ecken und in Versammlungshallen lebte, der auf diesen Seiten hier nach fünfzig Jahren noch seine Nachwirkungen vorweist.

Ich hatte schon 1916, auf der Schulbank noch, angefangen,

August Bebel und Marx zu lesen, wurde zu Hause rausgeworfen und war dabei, als die ersten Anti-Kriegsbewegungen unter Studenten 1917 mit Ernst Toller von Heidelberg ausgingen. Für uns hätte die Welt untergehen können, wenn nur Marx bestehen blieb. Aber dann schlug alles fehl, die Revolution ging vor und zurück und schließlich leer aus, Lenins Rußland wich weiter und weiter in die Ferne, und auf der Universität lernte man, daß es mit Marx auch theoretisch nicht ganz stimmte, daß die Grenznutzenlehre vieles für sich hatte und auch dem Max Weber bürgerliche Gegengifte geraten waren. Aber die letzteren machten sich für uns nur innerhalb der Lehrstätten breit, außerhalb gab es regere Geister – unter ihnen außer den schon Genannten meinen unvergeßlichen Freund Alfred Seidel, der 1924 den Selbstmord vorzog[1] – und hier war es mit der Wahrheit noch nicht aller Tage Abend. Aber wie konnte man Ernst damit machen? Ich klemmte mich hinter Marx und fing nun an, das *Kapital* zu lesen – oui, »Lire le Capital«, Louis Althusser, vous avez bien raison! – mit einem Ingrimm, der entschlossen war, nicht locker zu lassen. Es müssen an die zwei Jahre gewesen sein, wo ich im Hintergrund meines Universitätsstudiums Berge von Papier damit beschrieb, daß ich jeden einzelnen wesentlichen Ausdruck auf den ersten sechzig Seiten des *Kapital* vornahm, ihn auf seine Definitionsmerkmale und vor allem auf seine metaphorischen Bedeutungen hin untersuchte, auseinandernahm und wieder zusammensetzte. Und was sich aus dieser Übung ergab, war die unerschütterliche Gewißheit von der durchschlagenden Wahrheit des Marxschen Denkens zusammen mit einem unerschütterlichen Zweifel an der Stimmigkeit der Warenanalyse in dem Zustand, wie sie vorlag. Da steckte mehr und noch anderes drin, als es Marx gelungen war, mit seiner Analyse zu durchdringen. Und schließlich, mit einem irrsinnigen Konzentra-

[1] Seine nachgelassenen Papiere wurden von Prinzhorn unter dem Titel *Bewußtsein als Verhängnis* herausgegeben.

tionsaufwand, ging es mir auf, daß im Innersten der Formstruktur der Ware – das Transzendentalsubjekt zu finden sei. Selbstredend war es einem jeden offenkundig, daß das Irrsinn sei, und niemand hielt mit dieser Meinung hinter dem Berge, doch ich wußte, daß ich den Anfang eines Fadens zu fassen gekriegt hatte, von dem das Ende nicht abzusehen war. Aber die geheime Identität von Warenform und Denkform, deren ich ansichtig geworden war, war so unenthüllbar, so konstitutiv in der ganzen bürgerlichen Weltstruktur versteckt, daß meine ersten naiven Versuche, sie auch anderen zu Gesicht zu bringen, eher dazu führten, daß man mich als einen hoffnungslosen Fall aufgab. »Sohn-Rethel spinnt!«, war das bedauernde, aber abschließende Verdikt z. B. Alfred Webers, der große Stücke auf mich gehalten hatte. Unter solchen Umständen war es natürlich auch mit der akademischen Karriere nichts, und die Folge war, daß ich mit meiner idée fixe zeitlebens Außenseiter geblieben bin. Nur vereinzelte Geister später, ähnlich Außenseiter wie ich, hatten verwandte Einsichten in ihrer Seele leben, und keiner sympathetischer als Adorno, der in seinem Denken und auf seine eigne Weise derselben Wahrheit auf der Spur war. Er und ich verständigten uns darüber 1936. Nur hatte er von Haus aus mit ganz anderen Dingen als mit der Warenanalyse zu tun. Auch mit ihm blieb darum der Kontakt am Ende nur partiell und ich mir für das Ausspinnen meines Wahrheitsfadens allein überlassen. Daß es hiermit nicht ohne Stockungen und lange Unterbrechungsperioden, schon wegen Geldverdienens usw., abging, versteht sich. Die Unterbrechungen, regelrechte Vergessenszeiten, summieren sich durch die Jahre gerechnet sogar zu längerer Dauer als die schubartigen theoretischen Anstrengungen, in denen meine Sache nach und nach zur Durchbildung und Ausklärung gedieh. Nach dem Zweiten Weltkrieg, in Birmingham, wo ich mich als Anti-Nazi-Flüchtling niedergelassen hatte, traf ich in Professor George Thomson den einzigen anderen Mann, von dem ich weiß, daß er gleichfalls den formgenetischen Zusammenhang von Philosophie und Geldwirtschaft erkannt hat, gänzlich unabhängig von irgendwem und in einem völlig anderen Felde, nämlich dem der griechischen Altertumsforschung. Mit ihm kam es auch zur Zusammenarbeit, aber ein umfangreiches englisches Buchmanuskript, »Intellectual and Manual Labour, Critique of idealistic epistemology« von 1951, gelangte trotz nachhaltiger Bemühungen nicht zur Veröffentlichung, da es in seinen Ansichten dem Parteiverlag zu unorthodox und bürgerlichen Verlegern zu »militantly Marxist« war.

Alles in allem sind nur drei kleinere Texte von mir zum Druck gekommen, ein Artikel zur Marxschen Methodologie in *Modern Quarterly*, vol. 3, No 1 (Winter 1947-48), im jetzigen Buch im zweiten Anhang verwertet, ferner ein Abdruck eines Vortrages in kleinem Kreis an der Humboldt-Universität, genannt »Warenform und Denkform, Versuch über die gesellschaftliche Genesis des ›reinen Verstandes‹« (*Wiss. Ztschr. Humb.-Univ.*, Ges.-Sprachwiss. R. X. [1961]) und schließlich ein Artikel »Historical Materialist Theory of Knowledge« in *Marxism Today*, April 1965. Zustimmende Erwähnung wurde meiner Theorie seitens George Thomsons in seinem großartigen Buch *The first Philosophers*, London 1955 (in der DDR deutsch erschienen als *Die ersten Philosophen*, Akad.-Verl. 1961), leider in Westdeutschland fast gänzlich ignoriert, teils aus anti-kommunistischer Verstocktheit, teils aus intellektuellem Snobismus gegenüber allgemeinverständlichen marxistischen Arbeiten. Die Dinge sind teuflisch genug in ihrer Schwierigkeit, daß wenigstens die Sprache klar und einfach gehalten sein und nicht vergessen werden sollte, daß der Marxismus ja doch schließlich auch die Arbeiter angeht!

Untilgbare Dankesschuld gebührt Joan, meiner Frau, für die Opfer und die Geduld, ohne welche meine Arbeit nie hätte gelingen können.

Einleitung

Die vorliegende Untersuchung ist von der Überzeugung getragen, daß es zur Erhellung unserer Epoche eines erweiterten Ansatzes der marxistischen Theorie bedarf. Die Erweiterung soll nicht vom Marxismus fort, sondern tiefer in ihn hineinführen. Der Grund, warum die wesentlichen Fragen unserer Epoche solche Schwierigkeiten verursachen, ist, daß unser Denken nicht marxistisch genug ist und wichtige Gebiete undurchdrungen läßt.

Unsere Epoche verstehen wir als das Zeitalter, in dem der Übergang vom Kapitalismus zum Sozialismus und der Aufbau einer sozialistischen Gesellschaft auf der Tagesordnung stehen. Dagegen war die Marxsche Epoche noch ganz innerhalb des Entwicklungsprozesses des Kapitalismus begriffen und hatte die aufs Ende dieser Gesellschaftsformation hintreibenden Tendenzen zur Grenze ihrer theoretischen Perspektive. Es ist klar, daß mit diesem epochalen Fortgang das geschichtsmaterialistische Gesichtsfeld sich in wesentlicher Weise verschiebt. Der Übergang vom Kapitalismus zum Sozialismus bedeutet nach der Marxschen Bezeichnung die Beendigung der menschlichen Vorgeschichte, d. h. den Übergang von der naturwüchsigen zur bewußten Menschheitsentwicklung. Für das Verständnis naturwüchsiger Gesellschaftsformen, zumal auf ihrer letzten, kapitalistischen Stufe, bedarf es in erster Linie der präzisen Einsicht in die Kausalität und Wechselwirkung zwischen der Entwicklung der materiellen Produktivkräfte und der Gestaltung der gesellschaftlichen Produktionsverhältnisse. Zur Frage, wie die gesellschaftliche Basis den geistigen Überbau bestimmt und die unentbehrlichen »geistigen Potenzen des Produktionsprozesses« (*MEW* 23, 446) hervorruft, finden sich im *Kapital* gewiß zahllose Hinweise, aber die Probleme der Bewußtseinsformation stehen nicht im Zentrum, bilden als solche keinen primären Bestandteil des Marxschen Hauptwerks. Diese Fragen werden aber zu Hauptfragen in unserer Epoche.

Wir sprechen von den geistigen Potenzen, denn wichtiger noch als das Verständnis ideologischer Bewußtseinsbildung ist für die Möglichkeit einer bewußten Gesellschaft jedoch ein geschichtsmaterialistischer Einblick in die Natur der modernen Technologie und ihrer theoretischen Basis in den Naturwissenschaften. Die Frage der Naturwissenschaft und ihrer Erkenntnisformen ist von Marx aus dem geschichtsmaterialistischen Gesichtsfeld ausgelassen worden. In den berühmten methodologischen Leitsätzen von 1859 bleibt die Wissenschaft unerwähnt, obwohl sie doch die Leitsätze zu einem Denkstandpunkt bilden sollen, der selber Anspruch auf Wissenschaftlichkeit erhebt und zu erheben berechtigt ist. Die Wissenschaftlichkeit seines eigenen Denkstandpunkts ist für Marx im Klassenstandpunkt des Proletariats und dieser auf dem Wege über die Arbeitswertlehre tief in der Geschichte verankert. Die Naturwissenschaft jedoch wird weder dem ideologischen Überbau noch der gesellschaftlichen Basis zugerechnet und bleibt derart geschichtlich außer Ansatz. An den Stellen, wo ihrer im *Kapital* Erwähnung geschieht, wird ihre innere theoretische Möglichkeit mit dem Anschein der Selbstverständlichkeit behandelt. Diese geschichtsmaterialistische Auslassung der naturwissenschaftlichen Erkenntnisfrage hat zu einer höchst fragwürdigen Zweigleisigkeit des Denkens im marxistischen Lager geführt. Auf der einen Seite wird nichts von dem, was die Bewußtseinswelt an Phänomenen bietet, geboten hat oder noch bieten wird, anders denn in seiner Geschichtlichkeit verstanden und dialektisch als zeitgebunden gewertet. Auf der anderen Seite hingegen sind wir in den Fragen der Logik, der Mathematik und der Objektwahrheit auf den Boden zeitloser Normen versetzt. Ist ein Marxist also Materialist für die Geschichtswahrheiten, aber Idealist für die Naturwahrheit? Ist sein Denken gespalten zwischen einem dialektischen Wahrheitsbegriff, an dem die Zeit wesentlich teilhat, und einem undialektischen Wahrheitsbegriff von zeitloser Observanz?

Daß im eigenen Denken von Marx keine solche Zweiheit unvereinbarer Denkweisen vorwaltet, bedarf wohl kaum der Betonung. Die Zeugnisse zum Gegenteil in den früheren Schriften, gerechnet bis zum Kommunistischen Manifest einschließlich, sind zu zahlreich, um hier Platz zu finden.[1] Ich verweise auf die hervorragende Studie von Alfred Schmidt über den *Begriff der Natur in der Lehre von Marx*, worin alles Nötige darüber gesagt ist.[1a] Auch der Marx des *Kapital* hat noch im Vorwort zur ersten Auflage »die Entwicklung der ökonomischen Gesellschaftsformation als naturgeschichtlichen Prozeß« bezeichnet und seine Methode der Betrachtung damit begründet, daß sie eben dieser Wahrheit zur Geltung verhilft. Marx hat aber in seinen Schriften nicht die nötigen Klärungen geschaffen, um im Denken seiner Nachfolger und Anhänger der Spaltung in zwei widersprüchliche Wahrheitsbegriffe vorzubeugen, einen dialektischen und materialistischen fürs Geschichtsverständnis und einen zeitlosen, also der Form nach idealistischen, für die Naturerkenntnis. Bereits in Engels' Schriften zur Naturwissenschaft und zur *Dialektik in der Natur* macht sich das geltend, wenn auch vielleicht mehr indirekt durch den faktisch bloß ornamentalen Charakter, zu dem die Dialektik da verkümmert.

Man halte die Bemängelung solcher Zweigleisigkeit im marxistischen Denken nicht für eine unnötige Haarspalterei. Ihre Überwindung ist in der jetzigen Epoche eine Lebensfrage für die sozialistische Theorie und Praxis. Zur Schaffung des

[1] Besonders aufschlußreich sind die auf die Naturwissenschaften bezogenen Stellen in den *Manuskripten* von 1844, speziell die Seiten 121 ff. (*MEGA* I, 3). Sie weisen darauf hin, daß in die geschichtsmaterialistische Konzeption von Marx die Naturwissenschaften ursprünglich einbezogen waren.

[1a] In der Reihe der »Frankfurter Beiträge zur Soziologie«, 1962.

Sozialismus wird verlangt, daß es der Gesellschaft gelingt, sich die moderne Entwicklung von Naturwissenschaft und Technologie zu subsumieren. Wenn die naturwissenschaftlichen Denkformen und der technologische Aspekt der Produktivkräfte sich aber der geschichtsmaterialistischen Betrachtungsweise wesensmäßig entziehen, so ist eine solche Subsumtion unmöglich. Dann geht die heutige Menschheit nicht dem Sozialismus, sondern der Technokratie entgegen, einer Zukunft also, in der nicht die Gesellschaft über die Technik, sondern die Technik über die Gesellschaft herrscht. Wenn es dem Marxismus nicht gelingt, der zeitlosen Wahrheitstheorie der herrschenden naturwissenschaftlichen Erkenntnislehren den Boden zu entziehen, dann ist die Abdankung des Marxismus als Denkstandpunkt eine bloße Frage der Zeit. Und dies ist nicht nur mit Geltung für die westliche Welt gesagt, wo das technokratische Denken sich auf dem Positivismus stützt[2], es gilt kaum weniger für manche sozialistische Länder, in denen der Technokratie im Namen des »dialektischen Materialismus« gehuldigt wird.

Die geschichtsmaterialistische Ursprungserklärung der naturwissenschaftlichen Erkenntnisform und ihrer Entwicklung ist somit eines der Felder, um dessentwillen ein erweiterter Ansatz der marxistischen Theorie für nötig erachtet wird. Ein weiterer Grund ist das Fehlen einer Theorie der Geistesarbeit und der Handarbeit, ihrer geschichtlichen Scheidung und der Bedingungen ihrer möglichen Vereinigung. Noch in der *Kritik des Gothaer Programms* zählt Marx unter die Vorbedingungen einer »höhern Phase der kommunistischen Gesellschaft«, daß »die knechtende Unterordnung der Individuen unter die Teilung der Arbeit (und) damit auch der Gegensatz geistiger und körperlicher Arbeit verschwunden«

---

[2] »Positivism is philosophical technocracy«, sagt Horkheimer in *The Eclipse of Reason* (1947), p. 59.

sein muß. Wovon aber das Verschwinden dieses Gegensatzes seinerseits als Bedingung abhängt, läßt sich nicht verstehen, wenn nicht zuvor die Ursachen seiner geschichtlichen Entstehung aufgedeckt worden sind. Dazu bietet Marxens Theorie jedoch keine Handhabe. Tatsächlich zieht sich der Gegensatz von Kopf- und Handarbeit in der einen oder anderen Form durch die ganze Geschichte der Klassengesellschaft und wirtschaftlichen Ausbeutung hindurch. Der Gegensatz gehört zu den Entfremdungserscheinungen, von denen die Ausbeutung lebt wie die Pflanze vom Stickstoff. Gleichwohl ist es aber in keiner Weise offensichtlich, warum einer herrschenden Klasse über kurz oder lang immer auch die spezifische Form der Geistesarbeit, die sie benötigt, zur Verfügung steht. Und wenngleich der Wurzel nach mit den Ursachen der Klassenherrschaft offenkundig aufs engste verknüpft, benötigt die jeweilige Kopfarbeit doch einen gewissen Mindestgrad von geistiger Unabhängigkeit, um der Herrscherklasse von Nutzen zu sein. Auch sind die Träger der Kopfarbeit, sei es als Priester, als Philosophen oder als Wissenschaftler, nicht unmittelbar identisch mit den Inhabern und primären Nutznießern der Herrschaft, zu der sie ihren unentbehrlichen Beitrag leisten. Der objektive Erkenntnischarakter von Kopfarbeit, ja der Wahrheitsbegriff selbst, kommen in der Geschichte auf im Zuge der Scheidung von Kopf und Hand, die ihrerseits Teil einer gesellschaftlichen Klassenscheidung ist. Die Objektivität und die Klassenfunktion von Erkenntnis der intellektuellen Art sind also wesensmäßig verknüpft, und nur in ihrer Verknüpfung gesehen werden sie erklärbar. Welche Implikationen ergeben sich aber aus diesem Tatbestand für die Möglichkeit einer modernen, auf hoher technologischer Stufe fußenden klassenlosen Gesellschaft?

Diese Frage führt auf ein weiteres Bedürfnis, das sich für die marxistische Theorie der vergangenen Epoche noch nicht erhob. Was ist überhaupt der konstitutive Unterscheidungsgrund zwischen einer Klassengesellschaft und gesellschaftlicher Klassenlosigkeit? Beides sind Formen von gesellschaftlichen Produktionsverhältnissen, aber dieser Allgemeinbegriff gibt uns nicht die Unterschiede, auf die im Übergang vom Kapitalismus zum Sozialismus und besonders im Aufbau des Sozialismus doch alles ankommt. Was gebraucht wird, ist ein spezifisches und eindeutiges gesellschaftsstrukturelles (nicht ideologisches) Kriterium, woran eine klassenlose Gesellschaft in ihrer essentiellen Verschiedenheit von aller Klassengesellschaft erkennbar ist.

Die drei hier hervorgehobenen Fragengruppen stehen in innerem Zusammenhang, und das Glied, das sie verbindet, ist die gesellschaftliche Synthesis. Unter diesem Begriff, der im Mittelpunkt all unserer weiteren Ausführungen stehen wird, verstehen wir die Funktionen, die in verschiedenen Geschichtsepochen den Daseinszusammenhang der Menschen zu einer lebensfähigen Gesellschaft vermitteln. Wie die Gesellschaftsformen sich entwickeln und wandeln, so auch die Synthesis, die das Mannigfaltige der darin gegebenen arbeitsteiligen Abhängigkeiten der Menschen voneinander zu einem lebensfähigen Ganzen zusammenhält.

Jede Gesellschaft ist ein Daseinszusammenhang einer Vielzahl von Menschen, der sich in ihren Handlungen konstituiert. Was die Menschen tun, ist von primärer, was sie denken, von sekundärer Bedeutung für ihren Gesellschaftszusammenhang. Ihre Tätigkeiten müssen einen Bezug zueinander haben, um einen Teil einer Gesellschaft zu bilden, und dieser Bezug muß ein Mindestmaß von Einheitlichkeit aufweisen, damit die Gesellschaft einen funktionsfähigen Daseinszusammenhang darstellen kann. Der Bezug der Handlungen aufeinander kann ein bewußter oder ein bewußtloser sein, er darf aber nicht fehlen, ohne daß die Gesellschaft funktionsunfähig wird und die Menschen an ihren gegenseitigen Abhängigkeiten zugrunde gehen. Dies ist, in allgemeinster Weise formuliert, eine Bestandsbedingung jeder Art von Gesellschaft, ist das, was ich unter dem Namen der gesellschaftlichen Synthesis begreife. Dieser Begriff ist also nichts als ein besonderer Bestandteil im Marxschen Begriff der Gesellschaftsformation, und zwar ein spezifisch struktureller Bestandteil, der sich mir in meiner langjährigen Beschäftigung mit historischen Denkformen als wesentlich für das Verständnis ihrer gesellschaftlichen Bedingtheit aufgedrängt hat. Mit Hilfe dieses Begriffes kann ich die Grunderkenntnis formulieren, daß die gesellschaftlich notwendigen Denkstrukturen einer Epoche im engsten formellen Zusammenhang stehen mit den Formen der gesellschaftlichen Synthesis dieser Epoche. Grundlegende Wandlungen in der gesellschaftlichen Synthesis treten ein, wenn sich die Art der Handlungen ändert, deren Bezug zueinander den menschlichen Daseinszusammenhang trägt, z. B. ob dies produktive oder konsumtive Tätigkeiten sind, in denen der Mensch im Austausch mit der Natur steht, oder aber Handlungen zwischenmenschlicher Aneignung, die sich auf dem Rücken solchen Naturaustausches abspielen und den Charakter der Ausbeutung haben, auch wenn sie die wechselseitige Form des Warenaustauschs annehmen. Diese Unterschiede werden in der nachfolgenden Untersuchung unser Interesse beanspruchen, wie auch der Begriff der gesellschaftlichen Synthesis seine Berechtigung erst durch seinen methodologischen Nutzen zu erweisen hat.

Hiernach kann zur Erleichterung des Verständnisses der geschichtliche Sachzusammenhang, der auf den folgenden Seiten zur Untersuchung steht, vorweg in seinen Hauptzügen dargelegt werden:

In warenproduzierenden Gesellschaften bildet das Geld den Träger der gesellschaftlichen Synthesis und bedarf zu dieser Funktion gewisser Formeigenschaften höchster Abstraktionsstufe, die für alle in diesen Gesellschaften tatsächlich oder auch nur möglicherweise vorkommenden Waren und Dienstleistungen zutreffen müssen. Diese vom Gebrauchswert abstrahierenden Formeigenschaften, die also dem Gelde zum Behufe seiner gesellschaftlichen Funktion mit Notwendigkeit anhängen, treten indes am Geld selbst nicht in Erscheinung, ja sie können als reine Formabstraktionen überhaupt nicht »erscheinen«. Was am Geld in Erscheinung tritt, ist sein Material, sein Zuschnitt und die ihm aufgeprägten Symbole, also das, was es zu einem Ding macht, das man in der Tasche tragen, ausgeben und einnehmen kann. Aber was dieses Ding zum Geld macht, im Zusammenhang mit dem Wert und der »Wertabstraktion«, ist etwas von alldem, was an ihm gesehen, gefühlt und gezählt werden kann, wesentlich Verschiedenes, nämlich etwas, das seiner Natur nach rein formal und von höchster Allgemeinheits- bzw. Abstraktionsstufe ist. Die eigentümliche Behauptung nun, die in der vorliegenden Schrift vertreten wird, ist, daß die Abstraktionsformen, die die gesellschaftlich-synthetische Funktion des Geldes ausmachen, sich gesondert ausweisen lassen, und daß sie, wenn das geschieht, sich als die letzthinnigen Organisationsprinzipien der in warenproduzierenden, also geldvermittelten Gesellschaften notwendig werdenden Erkenntnisfunktionen des Denkens erweisen. Sie sind die Erkenntnisprinzipien, die die begriffliche Grundlage der antiken Philosophie sowohl wie der modernen Naturwissenschaften bilden, und die wir der Einfachheit halber mit dem seit Kant geläufig gewordenen Namen der »Kategorien a priori« etikettieren können. Diese Kategorien wären demnach Vergesellschaftungsformen des Denkens, die ein Individuum von genügender Intelligenz und Schulung befähigen, sich eines begrifflich unabhängigen Intellektes oder Verstandes zu bedienen, der für die Gesellschaft denkt. Dem Individuum selbst allerdings, zumal dem modernen, erscheint sein vergesellschaftetes Denken im Gegenteil als Leistung seines, dem Ursprung nach zwar mysteriösen (gottgegebenen und doch gottverneinenden), der Logik nach aber autonomen und ihm ureigenen »ego cogitans«. Unserer Erklärung gemäß sind jedoch diese Kategorien gesellschaftlich vorgeformt und daher so, wie sie ans Individuum gelangen, ihm in fertiger (aber darum noch lange nicht unmittelbar identifizierbarer) Form gegeben, also tatsächlich Kategorien »a priori« und auch für alle Individuen dieser Gesellschaft natürlich identisch dieselben. Kant wußte, daß sie vorgeformt sind, aber er verlegte den Vorformungsprozeß ins Bewußtsein als eine sowohl zeitlich wie örtlich unlokalisierbare, phantasmagorische »transzendentale Synthesis«. In Wirklichkeit ist die vorformende Synthesis der abstrakten Kategorien ein geschichtlicher Prozeß und nur bestimmten, klar definierbaren Gesellschaftsformationen eigen. Am Gelde, genauer an seiner gesellschaftlich-synthetischen Funktion, haften Züge von unverkennbarer Porträtähnlichkeit, wenn wir so sagen dürfen, mit dem »Transzendentalsubjekt«, zumal der Formcharakter, vermöge dessen das Geld durch alle Verschiedenheit der Währungen hindurch funktionsmäßig universell nur eines sein kann. Einmal ausgestattet mit diesem Gesellschaftsprodukt des »reinen Verstandes« findet sich der Mensch entzweigeteilt zu einem Unwesen, das mit »seinem« Intellekt universelle Geistesarbeit und mit dem Körper individuelle Handarbeit leistet in einer Art, deren Zusammenhang ihm absolut unerfindlich ist. Tatsächlich fällt »der Mensch« denn auch in die Intellektuellen und die Arbeiter auseinander. In dem Maße, in dem der Intellekt sich (durch Galilei insbesondere) methodologisch zum Organ der Objekterkenntnis ausformt in Ansehung der Natur, die die Gesellschaft zu ihrem geschichtlichen Fortgang meistern muß, erblindet der Intellektuelle in Ansehung der Gesellschaft. Seine Philosophie wird in dramatischer Weise notwendig falsches Bewußtsein, unbeschadet der objektiven Gültigkeit seiner wissenschaftlichen Naturerkenntnis.

Die Beweislast für diese Behauptung der geschichtlichen Genesis des »reinen Verstandes« aus gesellschaftlicher Vorformung liegt in erster Linie bei der gesonderten Ausweisung der dem Gelde anhängenden Abstraktionsformen. Es muß gezeigt werden, daß diese Formen tatsächlich übereinstimmen mit den letzthinnigen Organisationsprinzipien der quantifizierenden Naturerkenntnis etwa in ihrer klassischen, Newtonischen Form. Es muß also eine der »transzendentalen Deduktion« bei Kant funktionsverwandte gesellschaftliche Deduktion der Kategorien geleistet werden. Damit wächst dem Marxschen Satz, der mehr als irgendein anderer das Prinzip des Geschichtsmaterialismus zusammenfaßt, wonach es »nicht das Bewußtsein der Menschen (ist), das ihr Sein, sondern umgekehrt ihr gesellschaftliches Sein, das ihr Bewußtsein bestimmt«, eine erhöhte Genauigkeit zu.

Das Geld ist eine Abzweigung, genauer eine dingliche Verselbständigung der zum reziproken Aneignungsverhältnis des Austausches wesensmäßig gehörigen Warenform. Die Beweisaufgabe besteht somit in einer Fortbildung oder weiteren Ausgestaltung der von Marx in seiner Schrift *Zur Kritik der politischen Ökonomie* (1859) und wiederum zu Anfang des *Kapital* erstmals angeschnittenen Warenanalyse. Wir sagen »angeschnitten«, denn wir betrachten die Warenanalyse in ihrer Marxschen Ausarbeitung, entgegen dem weithin herrschenden Konsens über ihre Unantastbarkeit, weder als vollständig noch auch in allen Stücken als unangreifbar. Eine explizite Kritik der Marxschen Warenanalyse ist im Anhang zu dieser Schrift zu finden. Marx hat das Phänomen der Warenabstraktion als erster entdeckt und in seiner fundamentalen Bedeutung erkannt und dargestellt, er hat sie aber auf die in ihr enthaltenen Formcharaktere hin nicht detailliert erforscht. Er hat seine Entdeckung, wie es seinem Zweck der Kritik der politischen Ökonomie entsprach, nach der Seite ihrer ökonomischen Implikationen ausgeschlachtet, aber auch vorwiegend nur nach dieser Seite. Ihren erkenntnistheoretischen Implikationen ist er nicht nachgegangen, und ich stimme zumal Jürgen Habermas darin zu, daß die Ignorierung der Erkenntnistheorie, die

Marx von Hegel übernahm, ein Nachteil und nicht ein Vorteil für die marxistische Theorie ist.³
Freilich sehen wir die relevanten theoretischen Positionen innerhalb der klassischen deutschen Philosophie in einem von der herkömmlichen Betrachtungsweise und auch von der Habermasschen Auffassung weitgehend verschiedenen Licht. Wir legen zur Bewertung dieser Positionen die Scheidung von geistiger und körperlicher Arbeit als Maßstab an. An diesem Maßstab gemessen vertritt die Erkenntnistheorie ein wesentliches materialistisches Interesse, insofern sie diese Scheidung zu erklären hilft. Aber in einer materialistischen Erkenntnistheorie sollte nie von »Erkenntnis« die Rede sein ohne Berücksichtigung ihres zugehörigen Verhältnisses zur Handarbeit. Nur als eine von der Handarbeit geschiedene Betätigung hat überhaupt das menschliche Denken je philosophisches Interesse erweckt. Die theoretische Philosophie ist die aus dieser Scheidung entsprungene Erstgeburt. Die Kantsche Fragestellung betreffend die »synthetischen Urteile a priori« behält noch außerhalb alles bürgerlich philosophischen Kontextes den berechtigten Sinn, wie eine für Produktionsvorgänge genügende und dennoch von der Handarbeit unabhängige Naturerkenntnis möglich sein könne. Die Scheidung von Kopf und Hand stimmt aufs engste mit der Klassenscheidung der Gesellschaft zusammen. Die kapitalistische Produktionsweise wäre ein Ding der Unmöglichkeit, wenn der Quell für die Produktionstechnik bei den Arbeitern läge. Sie setzt eine Naturerkenntnis aus anderen Quellen als denen der Handarbeit voraus. So verstanden gehört die Kantsche Frage Seite an Seite mit der Marxschen Erforschung, wie die Produktion als Verwertungsprozeß des Kapitals möglich ist, Produktion nämlich nach Gesetzen nicht der Produktion, sondern des Austauschs,

3 J. Habermas, *Erkenntnis und Interesse* (1968), Suhrkamp Verlag, besonders S. 58/59, und das anschließende 3. Kapitel: »Die Idee einer Erkenntnistheorie als Gesellschaftstheorie«.

und der Austausch mit dem Inhalt nicht des Austauschs, sondern der Aneignung des Mehrprodukts.

Der Vorwurf des Dualismus kann die Kantsche Denkweise bloß als bürgerliche Philosophie treffen. Und da gereicht er ihr zur Ehre. Wie kann die Wahrheit der bürgerlichen Welt sich anders darstellen denn als Dualismus? Hegel erkennt die Unwahrheit darin und drängt über die bürgerlichen Schranken hinaus. Darin liegt seine Größe. Aber er kommt zur Einheit, die die bürgerliche Welt übersteigt, nur durch die Ausschaltung der Erkenntnistheorie, d. h. durch Hypostase. Er bringt die Antithesen, in denen kritisches philosophisches Denken festsitzt, durch prozessualen Vollzug zur Auflösung in Dialektik. Die Dialektik geschieht. Als Frage der Möglichkeit wäre sie unmöglich. Aber das Geschehen der Hegelschen Dialektik ist bloße Philosophie, und die Bemeisterung der Welt wird durchs alleinige Werk des Geistes, in strikter »Immanenz«, geleistet. Sie wird daher auch nur in der Einbildung des Geistes geleistet, und selbst in dieser Einbildung beansprucht die Hypostase Geltung zuletzt doch nur für die unveränderte bürgerliche Welt und ihren Staat. In Adornos Worten: »Wenn die Hegelsche Synthesis stimmte, so wäre sie die falsche.« An der Ausschaltung der Erkenntnistheorie teilt der Marxismus wahrlich nicht das Hegelsche Interesse. Sein Interesse ist das gegenteilige.

Der Kritik der politischen Ökonomie muß sich eine Kritik der Erkenntnistheorie beigesellen. Beide gehören Seite an Seite, nicht einander über- oder untergeordnet. Die geschichtliche Formerklärung der politischen Ökonomie, ihre »Kritik« also, und die geschichtliche Erklärung der Erkenntnisform, also die Kritik der immanenten Pseudoerklärung, sind gegeneinander selbständige systematische Aufgaben, von denen keine der anderen angestückt oder aufgepfropft werden kann. Obwohl sie aus demselben geschichtlichen Entstehungsgrund erwachsen, sind Ökonomie und Naturerkenntnis doch füreinander völlig blind und haben unabhängig voneinander jede ihre besondere Logik und eigene Notwendigkeit.

Von allem Anfang an war die Entwicklung der kapitalistischen Produktionsweise einerseits ein ökonomischer, andrerseits ein intellektueller Prozeß, und beides in anscheinend zufälliger, aber in Wahrheit notwendig bedingter geschichtlicher Gleichzeitigkeit. Als Resultat der kommerziellen Revolution, die dem Feudalismus das Ende und für den Kapitalismus den Anfang schuf, fand sich die Produktion vor Aufgaben gestellt, die nur durch Lösungen gesellschaftlichen Ausmaßes bewältigt werden konnten. Sie gingen dem mittelalterlichen Handwerksmeister als individuellem Einzelproduzenten nicht nur über seine ökonomischen Ressourcen, sie gingen ihm im wörtlichen Sinne auch über den Kopf. Für die Technik der Feuerwaffen, des erweiterten Bergbaus, der Metallurgie, des Stadtbaus, der Hafenanlagen, der Hochseeschiffahrt etc. reichten die Hilfsmittel der persönlichen Einheit von Hand und Kopf, die Hilfsmittel des Augenmaßes, so wenig aus wie die physischen Kräfte der individuellen Einzelarbeit. Die persönliche Einheit von Hand und Kopf zerbrach und machte ihrer gesellschaftlichen Spaltung Platz. Die Handarbeit wurde zur kooperativen, in wachsendem Maß vergesellschafteten, aber einseitig manuellen Arbeit, die die »Subsumtion unter das Kapital« erheischte. Die Kopfarbeit machte die Entwicklung zur quantifizierenden Methode der exakten Wissenschaften durch, d. h. die Entwicklung zur Erkenntnisweise eines vergesellschafteten Kopfes. Der kapitalistische Produktionsprozeß der vergesellschafteten Arbeit und die Wissenschaft des vergesellschafteten, aber einseitig intellektuellen Denkens entwickelten sich pari passu, kraft eines Wesenszusammenhangs, dessen Geheimnis in den Formen und Funktionen der zugrundeliegenden gesellschaftlichen Synthesis steckt.

Das *Kapital* analysiert und beschreibt die ökonomische Seite dieser europäischen Gesamtentwicklung, wie es im wesentlichen ausreicht für das Verständnis einer noch ganz von der Dialektik bloßer naturwüchsiger Kausalität beherrschten Epoche, die ohne gemeinsamen Begriffsnenner für ihre Ökonomie und ihre Wissenschaften ist. Aber seit dem Ende der Marxschen Epoche, seit 1880 etwa, hat sich die ganze Konstellation der gesellschaftlichen Synthesis zunehmend und grundlegend gewandelt. Die gesellschaftliche Synthesis ist in der Verlagerung vom Austauschprozeß auf den Arbeitsprozeß begriffen und im widersprüchlichen Nebeneinander beider Arten verfangen, von denen die eine den Gesellschaftsprozeß nicht mehr und die andere ihn noch nicht beherrscht. In der verschiedenen Basis der Synthesis liegt der Gegensatz zwischen Klassengesellschaft und klassenloser Vergesellschaftung verborgen. Mit den Problemen, die eine so tiefe Veränderung mit sich führt, läßt sich nur fertig werden, wenn man den Schlüssel besitzt, der Zugang zum Verständnis der Gesamtentwicklung verschafft. – Aus dem Gesagten sollte klar werden, daß die vorliegende Studie alles andere als eine ideologietheoretische Abhandlung darstellt, wofür manche meiner Kritiker sie angesehen haben.[4] Meine Untersuchungen bezwecken viel weniger, gesellschaftliche Seinsanalyse im Dienst der Bewußtseinserklärung zu betreiben, als umgekehrt Fragen der Bewußtseinsformation in solche eines vertieften Seinsverständnisses zu verwandeln. Gewisse fundamentale Formprobleme des Bewußtseins sollen zu Hebelpunkten der gesellschaftlichen Seinsveränderung mobilisiert werden. Das gilt vor allem von den Bewußtseinsphänomenen, welche nach traditionellen Maßstäben

---

[4] Siehe z. B. Helmut Reinicke, *Zur Konstitution des bürgerlichen Bewußtseins bei Sohn-Rethel*, Politikon Nr. 36, April/Mai 1971. Zu einer solchen Aufgabenstellung wären Veranstaltungen erforderlich, die im Rahmen meines Buches nicht unternommen werden. Höchstens die Erörterung des mechanistischen Denkens in seiner Unterschiedlichkeit als Ideologie und als Wissenschaft im zweiten Teil meines Buches bietet gewisse Ansatzpunkte in dieser Richtung, aber gerade auf sie nimmt H. Reinicke seltsamerweise keinen Bezug.

Hauptbelange der Erkenntnistheorie bilden, also gesellschaftlich notwendigen Denkformen, von denen die Möglichkeit mathematischer Objekterkenntnis abhängt. Die schlüssige Ableitung dieser Denkformen wird als methodologisch relevant für unser Seinsverständnis der Gesellschaft angesehen, nach dem geschichtsmaterialistischen Grundsatz, daß, wenn uns eine Ableitung solcher unentbehrlicher Denkformen aus dem gesellschaftlichen Sein nicht gelingt, in unserem Verständnis dieses Seins etwas unstimmig oder unvollständig sein muß. »Wird die ökonomische Analyse des Kapitalismus diesem Kriterium nicht gerecht, so wird sie auch an irgendeiner Stelle der gesellschaftlichen Seinsveränderung nicht gerecht. Sie wird in ihrem Geschichtsverständnis im gesellschaftlichen Sein undurchsichtige Reste stehen lassen. Beides bedingt sich gegenseitig.«[5] Daher mein Nachdruck darauf, daß die hier angestrengten Analysen als Ergänzung und Fortführung der Marxschen Warenanalyse verstanden sein wollen.

Es liegt auf der Hand, daß dadurch, daß der Kapitalismus in eine fortgeschrittenere Entwicklungsphase, nämlich in das Übergangsstadium über sich selbst hinaus, eingetreten ist, auf gewisse Aspekte seiner Struktur und der gesellschaftlichen Seinskonstitution überhaupt neues Licht fällt. Es wird nötig, auf bestimmte Züge der tiefgelegenen Zusammenhänge größere Genauigkeit der Analyse zu verwenden, Züge, die sich für Marx noch als relativ peripher und formalistisch darstellten, wie all die mit dem Erkenntnisphänomen verbundenen, aber auch gewisse Seiten der ökonomischen Basis wie die generellere Bedeutung der Kommensuration der Arbeit und ihrer einschneidenden Modifikationen oder endlich die genaue Verbindung zwischen Produktivkräften und Produktionsverhältnissen, wenn diese in Veränderung begriffen sind, sowie die Rückwirkung der Denk- und Erkenntnisformation auf die Entwicklung der Produk-

[5] S. meine Schrift *Warenform und Denkform*, Ffm. 1971, S. 10/11.

tivkräfte in unserer Epoche der Verwissenschaftlichung der Technologie. Alles dies sind Erscheinungen, die unserer Epoche der Übergangsgesellschaft eigentümlich sind und die in das marxistische Verständnis hereingeholt werden müssen, was wiederum nur möglich ist, wenn man sich nicht zu eng an den Text de Marxschen Formulierungen kettet, sondern sich die Prinzipien des Marxschen Denkens zu eigen zu machen sucht, daher die Marxsche Konzeption aus ihrer geronnenen Form in produktive Bewegung versetzt, gemäß dem Fortgang der Geschichte selbst in Richtung der immanenten Notwendigkeit einer bewußten Gesellschaftskontrolle.

In diesem Lichte soll der vorliegende Versuch gewertet werden. Das Feld der Analyse wird über die Marxsche Ausführung hinaus ausgedehnt als Ansatzpunkt und Anfang zu einer produktiven Fortführung der Marxschen Theorie. Um dieser Bemühung neben ihren Schwächen auch ihre Meriten abzugewinnen, gehört eine gewisse Dosis von Verständnis- und Aufnahmewilligkeit dazu, da es natürlicherweise ein riskantes Wagnis ist, eine von einem Geist von so überwältigender Größe und Allseitigkeit wie dem Marxschen geschaffene Theorie über den Bannkreis ihres Schöpfers hinauszuführen, nicht weil die Kapazität Marxens nicht ausreichte, sondern weil die Geschichte sich über die von ihm erfaßte Konstellation hinausbewegt hat. Es kann heute nicht darum gehen, das Marxsche Werk wie eine Sammlung von Bibeltexten immanent auf seinen Wortlaut hin zu interpretieren, ohne sich viel um den Fortgang der Geschichte zu bekümmern. Wenn Marxisten aufhören, Geschichtsmaterialismus zu betreiben, hören sie auf, Marxisten zu sein. –

Die nachfolgende Untersuchung hat drei Teile. Der erste ist der erweiterten Warenanalyse gewidmet und wesentlich systematisch; im zweiten werden besondere Marksteine der Erkenntnisgeschichte zur Erläuterung herangezogen; der dritte ist mit der entscheidenden Veränderung der gesellschaftlichen Synthesis in unsrer eigenen Epoche beschäftigt.

Erster Teil
Warenform und Denkform - Kritik der
Erkenntnistheorie

1. Kritische Anknüpfung an Hegel oder an Kant?

Es fällt ein neues Licht auf die Gedankenentwicklung und die
Wertakzente verschieben sich, wenn man den Gang der Philosophie von Kant bis Hegel einer Betrachtung unter dem
Gesichtswinkel der geistigen und der körperlichen Arbeit,
ihres Verhältnisses und ihrer tiefgreifenden Scheidung im
Kapitalismus unterzieht. Die Bewertung der Philosophie
tritt dadurch aus den innerbegrifflichen Verstrickungen und
dem Spezialistentum des philosophischen Denkens ins raumzeitliche, geschichtliche Blickfeld hinaus und sollte u. a. auch
Handarbeitern verständlich werden. Die Spekulationen
Kants über das »Ding an sich« z. B. werden, wenigstens zu
einem Teile, vollkommen offenkundig. Wenn allein das Werk
der theoretischen Vernunft in Betracht gezogen wird, wie es
in der *Kritik der reinen Vernunft* der Fall ist, wenn die
Analyse ausschließlich mit den Begriffsformen der Geistesarbeit in der »reinen Mathematik« und »reinen Naturwissenschaft« beschäftigt ist, mit der Abmessung ihrer Grenzen
und Geltungscharaktere, überhaupt mit ihrer »bloßen Möglichkeit« sowie ihrer Methode, so ist es klar, daß etwas
draußen bleibt, nämlich die Handarbeit. Die Handarbeit
schafft die Dinge, von denen die theoretische Vernunft nur
die »Erscheinung« betrachtet, und ist von andersartigem
Realitätscharakter, als er jemals dem Erkenntnisobjekt zukommen kann. Es wird sich im Lauf unsrer Untersuchung
zeigen, daß die Arbeit selbst und nur als solche sich allen
Begriffen warenproduzierender Gesellschaften entzieht und
ihnen »transzendent« ist, weil diese Begriffe insgesamt dem

Aneignungszusammenhang entspringen, den diese Gesellschaften bilden. Gewiß verhüllt sich dieser Tatbestand dem Denken Kants, dessen Hauptstreben dahin ging, die selbstbegründende Autonomie der Geistesarbeit, und zwar der wissenschaftlichen wie aller übrigen Anliegen der bürgerlichen, »gebildeten« Klasse zu erweisen. Dabei schillert das »Ding an sich« in vielerlei Bedeutungen, vor allem in der Ethik, wo das moralische Individuum versichert wird, daß es das »Ding an sich« zum Behufe seiner Freiheit überhaupt in sich selber trage.

Der Dualismus aber, der Kant in seiner ganzen Bemühung vom Anfang bis zum Ende übrig bleibt, ist indes eine ungleich wahrheitsgetreuere Spiegelung der kapitalistischen Wirklichkeit als die Bestrebungen seiner Nachfolger, die den Dualismus loswerden, indem von ihnen alles in die »Immanenz des Geistes« hineingezogen wird. Schon Fichte nennt Kant einen »dreiviertel Kopf«, weil er aus seiner Philosophie die volle Konsequenz nicht schon selber gezogen habe. Inzwischen war freilich die Französische Revolution geschehen, in der das Bürgertum sich restlos aller Realität bemächtigt zu haben schien, ohne noch eine Gegenrealität übrig zu lassen. Man kann auch sagen, daß nach der Französischen Revolution die ganze Gesellschaft zum Fressen des Kapitals geworden war. Aber von diesem Aspekt war zu Hegels Zeit und für einen Geist seines Blickpunkts noch nichts zu erkennen. Er nahm die Revolution in dem Sinn, in dem sie gemeint gewesen war, las mit seinen Freunden Hölderlin und Schelling jedes Ereignis, jede Nachricht, wovon die Zeitung meldete, als philosophisches Geschehen, blickte auf Napoleon beim Einzug in Jena als den »Weltgeist«, den er »zu Pferde reiten gesehen«. Dies war die »Herrschaft des Gedankens«, aber auch der Abflug vom historischen Boden, die Übergipfelung, die auf die sinngemäßen Implikationen der Verwirklichung der Freiheit pochte und sie systematisch verstand, gleich ob die Pariser Stra ßen und Kellerwohnungen dafür die Heimstätte boten oder nicht. Für Hegel war es nicht genug, die Freiheit bloß als die Forderung und das Ideal zu nehmen, die sie für Kant gewesen war, dessen Philosophie Marx »die Philosophie der Französischen Revolution« nennt, die Philosophie im Stadium der Revolution. Für Hegel ist sie zu dem Gesetz geworden, nach dem sich die Wirklichkeit bewegt. Denken und Sein stehen sich für ihn nicht mehr als Gegensätze gegenüber, sie sind eins geworden, und dasselbe galt entsprechend für alle Antithesen und Dichotomien der philosophischen Reflexion. Diese Einheit war es, was seit eh und je mit Denken und Sein, Ideal und Wirklichkeit, Wesen und Erscheinung, Form und Stoff etc. gemeint gewesen war; ihre Einheit war, was sie bedeuteten, war ihre Wahrheit. So wurde aus der Logik die Dialektik. Die Bestimmungen erfüllten sich, aber in ihrer Erfüllung veränderten sich die Bedingungen ihrer Erfüllung, so daß jede Bestimmung, um sich zu erfüllen, sich fortentwickeln, um sie selbst zu sein, ihr Anderes werden mußte. Die Wahrheit wurde zum zeitgebärenden Prozeß, der zutreffen mußte, was immer es war, was sich in der Zeit befand und sich darin verwirklichte. Das Geburtsmal, die bürgerliche Klassenherkunft des Gedankens, zeigt sich freilich daran, daß er nur Gedanke war, die Dialektik bloße Logik, die Erfüllung nichts als Philosophie, die Verwirklichung nirgends als in der »Immanenz des Geistes«. Das Sein, mit dem das Denken eins, war nicht das raumzeitliche Sein der Dinge und Verhältnisse der tatsächlichen Geschichte und geschichtlichen Tatsachen, sondern es war das Sein, das Hegel am Fundierungspunkt der Logik aus der Kopula des »Ich *bin* Ich« hervorzog, also nichts als das Sein des Denkens selbst, das Sein, mit dem das Denken denkend sich verwechselt, und, materialistisch gesprochen, die Selbstbespiegelung der vollendeten bürgerlichen Klassenherrschaft. Von allen Philosophien, die »die Welt nur verschieden interpretieren«, ohne sie »zu verändern«, ist die

Hegels die krasseste, eben weil sie die Form der Seinsveränderung, die Dialektik selbst, an nichts als »die Idee« verschwendet. Um für Marx zu taugen, mußte die Dialektik in der Tat »umgestülpt«, besser noch: um und um gekrempelt werden. Sie mußte vor allen Dingen aufhören, Logik zu sein.[1] Im Klassenkampf um die Veränderung der Wirklichkeit hat man es freilich nötig, dialektisch zu denken, und um das zu lernen, kann man bei Hegel in die Schule gehen, vielleicht sogar nach dem Leninschen Vorschlag eine »Gesellschaft zur Pflege der Hegelschen Dialektik« gründen. Aber die Dialektik hat man im Marxismus nicht um der Hegelschen Logik willen nötig. Die marxistische Dialektik gilt dem gesellschaftlichen Sein, weil der Marxismus darauf abzielt, dieses Sein zu einer Wirklichkeit zu machen, in der die Realität Sinn hat und der Sinn real wird, wo also die menschliche Gesellschaft aus ihrer »Vorgeschichte«, in der die Menschheit Spielball naturwüchsiger Notwendigkeiten ist, herauskommt. Im Dienste dieses Ziels muß die menschliche Geschichte in ihrer Gesamtheit unter einem methodologischen Postulat verstanden werden, in welchem die Möglichkeit dieses Zieles, die reelle Möglichkeit seiner Verwirklichung, schon als das eigentlich bestimmende, die Menschengeschichte durch und durch beherrschende Naturgesetz, also als die ihrem Geschehen überall schon zugrundeliegende Wahrheit begriffen wird. Dieses methodologische Postulat ist der historische Materialismus. Unter diesem Ausdruck, »historischer Materialismus«, ist gemeint, daß die menschliche Geschichte Teil der Naturgeschichte ist, nämlich durchweg in letzter Instanz von materiellen Notwendigkeiten beherrscht. Diese materiellen Notwendigkeiten werden menschlich, d. h. die Natur erfährt ihre Fortsetzung in Form der Menschengeschichte dort, wo die Arbeit anfängt. Daß die Menschen nicht im Schlaraffenland leben,

[1] Zu der Einsicht, daß die Dialektik nicht Logik sein kann, haben die Arbeiten von *Galvano della Volpe* wertvolle Beiträge geliefert.

nämlich nicht gratis existieren, aber auch nicht blindlings von der Natur gefüttert wie die Tiere, sondern daß sie leben nach Maßen ihrer Arbeit, also kraft ihrer von ihnen selbst getätigten, in Angriff genommenen und durchgeführten Produktion, hierin liegt die menschliche Naturbasis und der »Materialismus« der menschlichen Geschichte. »In der Produktion ihres Lebens ...« lauten die ersten Worte, mit denen Marx seine Exposition der Leitsätze der materialistischen Geschichtsauffassung beginnt. Man könnte auch sagen, das Grundgesetz des historischen Materialismus sei das Wertgesetz. Aber das Wertgesetz beginnt seinen Lauf erst, wo das menschliche Arbeitsprodukt die bloße Notdurft übersteigt und zwischenmenschlicher »Wert« wird, und das ist die Grenzschwelle, wo Warentausch und Ausbeutung beginnen, also wo, unmarxistisch geredet, der »Sündenfall« anfängt oder, marxistisch gesprochen, die »Verdinglichung« und »Selbstentfremdung« des Menschen, seine Verderbnis ohne Verdammnis, seine Verblendung ohne Erblindung, die gesellschaftlich verursachte Naturkausalität der »Ökonomie« und die Herrschaft einer Naturwüchsigkeit einsetzen, die es dem Menschen anheimgestellt ist aufzuheben, wenn die Zeit gekommen ist. Das Wertgesetz wird, m. a. W., zum Grundgesetz des historischen Materialismus im Laufe der Epochen der Klassengesellschaft. Wie also gehört die Dialektik zu den marxistischen Instanzen: historischem Materialismus, Wertgesetz, Klassengesellschaft, Ökonomie, Selbstbefreiung der Menschheit aus ihrer Vorgeschichte? Der hier vertretenen Auffassung zufolge liegt die Dialektik nicht im marxistischen Denken, wie etwa die Hegelsche Dialektik in Hegels Logik liegt. Sie liegt aber auch nicht in der Geschichte als Teil ihrer Faktizität. Wenn jemand Positivist ist und darauf besteht, als Stein unter Steinen, Fakt unter Fakten »Wahrheit« zu registrieren, wird ihm nie und nirgends Dialektik heimleuchten. Dennoch liegt die Dialektik in der Geschichte, sie zeigt sich aber dort nur dem, der die Geschichte unterm methodologischen Postulat des historischen Materialismus betrachtet. Und ihm zeigt sie sich, weil die Dialektik das ist, als was Hegel sie entwickelt hat, Einheit von Denken und Sein, von Sinn und Realität, und weil diese Einheit, materialistisch verstanden, von Anfang an das Wesen der menschlichen Geschichte ausmacht, selbst wenn dem, der von nichts Besserem weiß als der Erscheinung, von diesem Wesen nie etwas zu dämmern braucht.

Wer war nun aber Marxens Täufer, Hegel oder Kant? Die Antwort ist weniger einfach, als gemeinhin unterstellt wird. In der ganzen von der Dialektik benetzten Konzeption des historischen Materialismus herrscht eine gefährliche Versuchung, das Erkenntnisproblem in Ansehung der Natur zu ignorieren. Die Natur scheint vermittels der Arbeit, ihrer Stoffe, Kräfte, Hilfsmittel, Werkzeuge stets schon als gegebener Faktor in die Menschengeschichte einbezogen und bewältigt. Sie übt ihre materielle Kausalität auf die Geschichte keineswegs als Konstante, sondern durch die Entwicklungsgrade der Produktivkräfte aus, wobei zwar gelegentlich Einbußen vorkommen, in der Hauptsache aber die Epochen sich eine auf den Schultern der anderen folgen, so fortschrittslos die Konsequenzen sich den menschlichen Bedeutungen nach in den gesellschaftlichen Produktionsverhältnissen auch immer auswirken mögen. Die Natur erscheint also als eine durch die Produktionspraxis immer schon verdaute Materie in der Geschichte enthalten. Die dabei erforderliche Naturerkenntnis und Wissenschaft wird entsprechend von Marx mit einem Anschein von Selbstverständlichkeit behandelt, sofern ihrer überhaupt gesondert Erwähnung geschieht. Daraus ein Erkenntnisproblem zu machen nach der Kantschen Art, scheint sich gar keine Gelegenheit zu bieten. Und doch stellt es sich.

Selbstredend stellt es sich nicht auf der philosophischen Grundlage wie bei Kant, als unhistorische Frage »der Erkenntnis überhaupt« oder gar der »Möglichkeit von Erfah rung«. Es stellt sich aber als spezifisches historisches Phänomen durch die Scheidung zwischen geistiger und körperlicher Arbeit, die auf dem Boden der Klassenspaltung bei entwickelter Warenproduktion erwächst, in voll ausgebildeter Weise zuerst in der klassischen Antike und dann wiederum vor allem in der europäischen Neuzeit. Hier stellt sich ein theoretisches Erkenntnisproblem durch die historische Tatsache, daß die Formen der Naturerkenntnis sich von der manuellen Produktionspraxis loslösen, sich dieser gegenüber verselbständigen und also offenkundig aus anderen Quellen als denen der Handarbeit fließen. Was für Quellen das sein können, ist in keiner Weise ersichtlich, es sei denn, man teile den Glauben der überlieferten Erkenntnistheorie in ein ursprüngliches, dem Menschen innewohnendes »Verstandesvermögen«. Das Phänomen selbst, wenigstens in seiner modernen europäischen Form ist genau das, dem die Kantschen Fragen gelten: Wie ist reine Mathematik möglich? Wie ist reine Naturwissenschaft möglich? Wie sind synthetische Urteile a priori möglich? Die Theorie, mit der er sie beantwortete, war auf mehr als zehnjährige eingehendste Analysen der Galileischen Methode und der Newtonischen Physik gestützt, ergänzt und erprobt durch eigene naturwissenschaftliche Arbeiten, und in wesentlichen Teilen bestand die Theorie einfach in Rückschlüssen aus den Befunden, die sich ihm ergeben hatten. *Daß* die »reine Naturwissenschaft« möglich ist, ist nicht zweifelhaft, denn sie ist Tatsache; folglich muß sich ergründen lassen, *wie* sie möglich ist. Das war die Argumentationsweise Kants, und dieselbe Argumentation nötigt sich dem historischen Materialisten auf, wenn er sich genügende Rechenschaft darüber gibt, wie wesentlich und unzertrennlich z. B. die Scheidung der naturwissenschaftlichen Geistesarbeit von der proletarischen Handarbeit mit der ökonomischen Kapitalherrschaft über die Produktion zusammengehört. Die ökonomische Herrschaft könnte nicht vom Kapital ausgeübt werden, wenn die technologische eine Sache der Arbeiter wäre. Es ergibt sich also, daß das Erkenntnisproblem in Kantscher Formulierung sich auf dem von Hegel induzierten Boden des Geschichtsmaterialismus stellt, nicht Kant oder Hegel sozusagen, sondern Kant im Rahmen Hegels. In Wahrheit handelt es sich weder um den einen noch um den andern, sondern um die Erscheinungsweisen der Geistesarbeit in ihrer Scheidung von der Handarbeit als geschichtsmaterialistisches Teilproblem.

Es erübrigt sich aber zu betonen, daß das Teilproblem von einer Bedeutung ist, die für uns in der Gegenwart ins Ungeheure anwächst. Wer heute von einer Revolutionierung der Gesellschaft, von der Umwandlung des Kapitalismus in den Sozialismus und gar von der Möglichkeit einer kommunistischen Ordnung redet, ohne zu wissen, wie sich die Wissenschaft und wissenschaftliche Technik in die Geschichte einfügt, woher sie stammt, welcher Natur und Herkunft ihre Begriffsform ist, wie also die Gesellschaft die Entwicklung der Wissenschaft meistern soll, statt von ihr bemeistert und überwältigt zu werden, setzt sich dem Vorwurf der Absurdität aus. In den bestehenden Erkenntnistheorien werden aber die Begriffsformen der wissenschaftlichen und philosophischen Geistesarbeit in keiner Weise als geschichtliches Phänomen begriffen. Im Gegenteil. Die Begriffsform der naturwissenschaftlichen Denkart zeichnet sich insgesamt durch die geschichtliche Zeitlosigkeit des Inhalts aus. In den Erkenntnistheorien wird diese Geschichtslosigkeit als gegebene Grundlage akzeptiert und der Gedanke einer geschichtlichen Ursprungserklärung nicht nur für eine Unmöglichkeit erklärt, sondern überhaupt nicht in den Bereich der Erwägung gezogen. Freilich wird in den Erkenntnistheorien das naturwissenschaftliche Denken der einen oder andern Epoche auch nicht als ein Phänomen von Geistesarbeit gewertet, die in einem bestimmten gesellschaftlichen Trennungsverhältnis zur körperlichen Arbeit von gegebener Art stehen muß. Solche Denkmaßstäbe gehören in den Geschichtsmaterialismus, sind aber bisher für die Kritik der Erkenntistheorie, zu der sie die Möglichkeit enthalten, wenig ausgewertet worden. Das soll in der vorliegenden Untersuchung nachgeholt werden, in der Überzeugung, daß eine gründliche Geschichtstheorie der Geistesarbeit und der Handarbeit zur wesentlichen Ergänzung und Fortführung der marxistischen Erkenntnisse beitragen würde.

Wie man dabei vorgehen soll, also die Methodologie der Sache, sollte wohl zu den Vorerwägungen gehören. Tatsächlich aber wird sie immer erst nachher angestellt und setzt voraus, daß man schon zu glaubwürdigen Ergebnissen gelangt ist. Erst dann wird sichtbar, worauf die zugehörige Methodologie überhaupt abzustellen hat. Dem Leser eine Methodologie ab ovo vorzuführen, ist ein Mißbrauch seiner Langmut. Das soll nicht heißen, daß auf die Methodologie nicht Wert zu legen sei. Es ist im Gegenteil so großer Wert auf sie zu legen, daß sie sich erst bei voller Kenntnis der Untersuchung adäquat beurteilen läßt. Darum wird sie hier der Untersuchung im Anhang nachgestellt. Natürlich steht es jedem frei, die Reihenfolge umzukehren, wenn ihm daran gelegen ist.

2. Denkabstraktion oder Realabstraktion?

Geistesform und Gesellschaftsform haben das gemeinsam, daß sie »Formen« sind. Die Marxsche Denkweise ist durch eine Formauffassung gekennzeichnet, in der sie sich von allen anderen Denkweisen unterscheidet. Sie leitet sich von Hegel her, aber nur um auch sogleich von Hegel abzuweichen. Form ist für Marx zeitbedingt. Sie entsteht, vergeht und wandelt sich in der Zeit. Form als zeitgebunden zu verstehen, ist Kennzeichen dialektischen Denkens und stammt von Hegel her. Aber bei Hegel ist der formgenetische und formverändernde Prozeß, wie schon ausgeführt, primär Denkprozeß. Er konstituiert die Logik. Formveränderungen anderer Art, etwa in der Natur oder der Geschichte, sind bei Hegel immer nur durch Beziehung auf die Logik und in Analogie zu ihr verständlich. Die Hegelsche Auffassung der Dialektik wirkt sich dahin aus, daß sie den Geist nicht nur zum Primat über die Handarbeit, sondern zur Alleinherrschaft ermächtigt.

Für Marx dagegen versteht sich die Zeit, die die Genesis und die Wandlung der Formen beherrscht, von vornherein als geschichtliche, natur- oder menschengeschichtliche Zeit.[2] Darum kann auch über die Formen nichts im Voraus ausgemacht werden. Prima philosophia in jeglicher Gestalt ist im Marxismus ausgeschlossen. Was ausgesagt werden soll, muß durch Untersuchungen erst herausgefunden werden. Historischer Materialismus ist, wie gesagt, nur der Name für ein methodologisches Postulat, und auch das hatte sich Marx erst »aus seinen Studien ergeben«.

So läßt sich bei der Bildung von historischen Bewußtseinsformen nicht über die Abstraktionsprozesse hinwegsehen, die sich darin betätigen. Die Abstraktion kommt der Werkstatt der Begriffsbildung gleich, und wenn die Rede von der gesellschaftlichen Seinsbestimmtheit des Bewußtseins einen formgerechten Sinn besitzen soll, so muß ihr eine materialistische Auffassung von der Natur des Abstraktionsprozesses zugrundegelegt werden können. Eine Bewußtseinsbildung aus dem gesellschaftlichen Sein setzt einen Abstraktionsprozeß voraus, der Teil des gesellschaftlichen Seins ist. Nur ein solcher Tatbestand kann verständlich machen, was mit der

[2] »Wir kennen nur eine einzige Wissenschaft, die Wissenschaft der Geschichte. Die Geschichte kann von zwei Seiten aus betrachtet und in die Geschichte der Natur und die Geschichte der Menschen abgeteilt werden. Beide Seiten sind indes von der Zeit nicht zu trennen...« *Deutsche Ideologie*, Feuerbach (*Frühschriften*, hg. von S. Landshut u. J. P. Mayer, Bd. I, S. 10) – Der Absatz, der mit diesen Sätzen beginnt, ist in der Handschrift von Marx quer durchgestrichen, aber als Ausdruck des Marxschen Denkens behalten sie ihren Wert.

Aussage gemeint ist, daß »das gesellschaftliche Sein der Menschen ihr Bewußtsein bestimmt«. Mit einer solchen Auffassung steht aber der historische Materialist in unvereinbarem Gegensatz zu aller überlieferten theoretischen Philosophie. Für die gesamte theoretische Denktradition steht es fest, daß Abstraktion die eigentliche Tätigkeit und das ausschließliche Privileg des Denkens ist. Von Abstraktion in einem anderen Sinne denn als Denkabstraktion zu sprechen, gilt als unzulässig, es sei denn, man gebrauche das Wort bloß in metaphorischem Sinne. Auf Grund einer solchen Auffassung wird aber das Postulat des Geschichtsmaterialismus undurchführbar. Wenn das Verfahren der Bewußtseinsbildung, nämlich Abstraktion, ausschließlich Sache des Bewußtseins selber ist, dann bleibt zwischen der Bewußtseinsform einerseits und seiner angeblichen Seinsbestimmtheit andererseits eine Kluft, die der historische Materialist im Prinzip in Abrede stellt, von deren Überbrückung er aber in concreto keine zureichende Rechenschaft geben kann.

Freilich ist zu bedenken, daß die theoretische Denktradition selber ein Produkt aus der Scheidung zwischen Kopfarbeit und Handarbeit ist und seit ihrem Beginn mit Pythagoras, Heraklit und Parmenides eine Tradition von Kopfarbeitern für Kopfarbeiter gewesen ist, und daran hat sich bis heute wenig geändert. Das Zeugnis dieser Tradition, selbst wenn es sich in ungebrochener Einmütigkeit darstellt, hat deshalb für einen Denkstandpunkt, der auf dem anderen Ufer steht, keine unanfechtbare Geltung. Und wir erkennen der Marxschen Warenanalyse zu Beginn des *Kapital* und schon in der Schrift *Zur Kritik der Politischen Ökonomie* von 1859 einzigartige Bedeutung fürs materialistische Denken zu aus dem Grunde, daß hier von einer Abstraktion in einem anderen Sinn als dem der Denkabstraktion die Rede ist.

3. Die Warenabstraktion

Marx spricht im Zuge seiner Formanalyse der Ware von der »Warenabstraktion« und der »Wertabstraktion«. Die Warenform ist abstrakt, und Abstraktheit herrscht in ihrem gesamten Umkreis. In erster Linie ist der Tauschwert selbst abstrakter Wert im Gegensatz zum Gebrauchswert der Waren. Der Tauschwert ist einzig quantitativer Differenzierung fähig, und die Quantifizierung, die hier vorliegt, ist wiederum abstrakter Natur im Vergleich zur Mengenbestimmung von Gebrauchswerten. Selbst die Arbeit, wie Marx mit besonderem Nachdruck hervorhebt, wird als Bestimmungsgrund der Wertgröße und als Wertsubstanz zu »abstrakt menschlicher Arbeit«, menschlicher Arbeit als solcher nur überhaupt. Die Form, in der der Warenwert sinnfällig in Erscheinung tritt, nämlich das Geld, sei es gemünztes Geld oder Geldschein, ist abstraktes Ding und in dieser Eigenschaft, genau genommen, ein Widerspruch in sich. Im Geld wird auch der Reichtum zum abstrakten Reichtum, dem keine Grenzen mehr gesetzt sind. Als Besitzer solchen Reichtums wird der Mensch selbst zum abstrakten Menschen, seine Individualität zum abstrakten Wesen des Privateigentümers. Schließlich ist eine Gesellschaft, in der der Warenverkehr den nexus rerum bildet, ein rein abstrakter Zusammenhang, bei dem alles Konkrete sich in privaten Händen befindet.

Das Wesen der Warenabstraktion aber ist, daß sie nicht denkerzeugt ist, ihren Ursprung nicht im Denken der Menschen hat, sondern in ihrem Tun. Und dennoch gibt das ihrem Begriff keine bloße metaphorische Bedeutung. Sie ist Abstraktion im scharfen wörtlichen Sinn. Der ökonomische Wertbegriff, der aus ihr resultiert, ist gekennzeichnet durch vollkommene Qualitätslosigkeit und rein quantitative Differenzierbarkeit und durch Anwendbarkeit auf jedwede Art von Waren und von Dienstleistungen, welche auf einem

Markt auftreten mögen. Mit diesen Eigenschaften hat die ökonomische Wertabstraktion in der Tat frappante äußere Ähnlichkeit mit tragenden Kategorien der quantifizierenden Naturerkenntnis, ohne daß freilich die mindeste innere Beziehung zwischen diesen gänzlich heterologen Ebenen ersichtlich wäre. Während die Begriffe der Naturerkenntnis Denkabstraktionen sind, ist der ökonomische Wertbegriff eine Realabstraktion. Er existiert zwar nirgends anders als im menschlichen Denken, er entspringt aber nicht aus dem Denken. Er ist unmittelbar gesellschaftlicher Natur, hat seinen Ursprung in der raumzeitlichen Sphäre zwischenmenschlichen Verkehrs. Nicht die Personen erzeugen diese Abstraktion, sondern ihre Handlungen tun das, ihre Handlungen miteinander. »Sie wissen das nicht, aber sie tun es.«

Um das Marxsche Unternehmen der *Kritik der politischen Ökonomie* adäquat zu verstehen, muß dem in der Warenanalyse aufgedeckten Phänomen der Waren- oder Wertabstraktion die vorstehende Kennzeichnung als einer Realabstraktion zuerkannt werden. Dies halten wir für unabdingbar. Andererseits steht die so verstandene Marxsche Entdeckung der Warenabstraktion in unvereinbarem Widerspruch mit der gesamten theoretischen Denktradition, und dieser Widerspruch muß zum kritischen Austrag gebracht werden. Mit kritischem Austrag ist hier ein Verfahren gemeint, in welchem keine der beiden einander widersprechenden Thesen als wahr unterstellt wird, sondern in dem nach kritischen Denkmaßstäben ausgemacht werden soll, welche von ihnen wahr ist. Ein solcher Austrag ist von seiten Marxens nicht zur Durchführung gelangt, und ich bin geneigt, Louis Althusser sowohl wie Jürgen Habermas darin zuzustimmen, daß in den theoretischen Grundlagen des *Kapital* viel mehr und bedeutend Tiefergreifendes in Frage steht, als in der ökonomischen Auswertung zum Ausdruck kommt. Louis Althusser ist der Ansicht, daß das *Kapital* als Antwort auf eine von Marx unterstellte, aber nicht formulierte Frage zu lesen sei.³ Jürgen Habermas geht weiter und wirft Marx vor, die erkenntnistheoretischen Implikationen seines Denkstandpunkts ignoriert zu haben. Auch darin stimme ich mit Habermas überein, daß, wenn man diese Implikationen aufnimmt und konsequent verfolgt, die Erkenntnistheorie selbst eine radikale Transformation erfährt, nämlich ihre Verwandlung in Gesellschaftstheorie durchmacht.⁴ Nur glaube ich, daß man sich der Fallstricke der erkenntnistheoretischen und idealistischen Denktradition wirksamer entledigt, wenn man überhaupt nicht mehr von »Erkenntnistheorie« spricht, sondern von der Scheidung zwischen Geistesarbeit und Handarbeit. Denn hier kommt die ganze Fragestellung auf den Nenner ihrer praktischen Bedeutung.

3 *Lire le Capital* von L. Althusser, Jacques Rancière, Pierre Macherey, Etienne Balibar u. Roger Establet, 2 Bde., bei François Maspéro, Paris 1965, 1967. — Ich könnte der Intention des Unternehmens zustimmen, wenn die Fundamentalstruktur, der die Suche gilt, in ihrem richtigen Formgewand der Abstraktion erkannt würde, in der sie doch allein ihre aktive Strukturgewalt auszuüben vermag. Aber gerade die Marxsche Rede von der »Warenabstraktion« wird metaphorisch verstanden, wo sie wörtlich zu nehmen ist. So etwa findet Althusser es nötig zu unterstreichen, »que la production de la connaissance.... constitue un processus qui se passe *tout entier dans la pensée*« (vol. I, p. 51). Der Formzusammenhang, den die gesuchte Struktur konstituieren müßte, wird hier im Gegenteil aufgespalten und zerrissen. Das unproklamierte Gesamtthema des *Kapital* und seiner Fundierung in der Warenanalyse ist die darin aufgedeckte Realabstraktion. Deren Reichweite geht weiter als bloß auf die Ökonomie, ja sie betrifft die überlieferte Philosophie eigentlich viel direkter als die politische Ökonomie. Nur in Kenntnis dieser Reichweite läßt sich die materialistische Form- und Strukturfrage überhaupt aufgreifen, und zwar einschließlich der Wahrheits- und Normenfrage. Hätte sich die Frage für Marx in diesem Umfang gestellt, so hätte er erkennen müssen, daß seine Konzeption der Warenabstraktion im *Kapital* entweder unhaltbar ist (nämlich eine bloße Metapher und ein Trugbild von Abstraktion) oder aber unvollständig.
4 Jürgen Habermas, *Erkenntnis und Interesse*, Suhrkamp 1968, insbes. I. Teil, z. B. S. 50/9, und das 3. Kapitel: »Die Idee einer Erkenntnistheorie als Gesellschaftstheorie«.

Wenn man nämlich den Widerspruch zwischen der Realabstraktion bei Marx und der Denkabstraktion in der Erkenntnistheorie zu keinem kritischen Austrag bringt, so heißt das, daß man sich mit der Beziehungslosigkeit der naturwissenschaftlichen Denkform zum historischen Gesellschaftsprozeß abfindet. Man beläßt es bei der Scheidung von Kopf- und Handarbeit. Das bedeutet aber, daß man es überhaupt bei der gesellschaftlichen Klassenherrschaft beläßt, nehme diese auch die Formen von sozialistischer Bürokratenherrschaft an. Die Vernachlässigung der Erkenntnistheorie durch Marx wirkt sich aus als Mangel an einer Theorie vom Verhältnis der Kopfarbeit zur Handarbeit, d. h. als theoretische Vernachlässigung einer von Marx selbst als wesentlich erkannten Vorbedingung klassenloser Vergesellschaftung.[5] Die Berufung auf die praktische Bedeutsamkeit der Frage soll ihren theoretischen Wert nicht vermindern. Dieser Wert ist nicht nur in einer in sich einheitlichen, sondern in einer einheitlich kritischen Auffassung des marxistischen Denkens durch das Ziel der klassenlosen Gesellschaft, ihrer Möglichkeit und der Bedingungen ihrer Verwirklichung motiviert, nicht unähnlich dem Primat der praktischen vor der theoretischen Vernunft bei Kant. Die Ähnlichkeit geht sogar so weit, daß an der einheitlich kritischen Auffassung unseres marxistischen Denkens die Möglichkeit der Freiheit in einer klassenlosen Gesellschaft hängt.

Zu den Bedingungen einer klassenlosen Gesellschaft fügen wir aber, übereinstimmend mit Marx, Einheit von Geistes- und Handarbeit oder, wie er sagt, das Verschwinden ihrer Scheidung hinzu. Und wir gehen soweit zu sagen, daß sich in die realen Möglichkeiten und die formalen Bedingungen einer klassenlosen Gesellschaft kein zureichender Einblick erzielen läßt, wenn die genügende Einsicht in die Scheidung von Geistes- und Handarbeit und ihre präzisen Entstehungs-

5 Vgl. die »Kritik des Gothaer Programms« und »Deutsche Ideologie«, *Frühschriften*, 1. c., S. 22.

gründe fehlt. Solche Einsicht ist an die Voraussetzung gebunden, daß die begrifflichen Erkenntnisformen, die den spezifischen Gegenstand der Erkenntnistheorie einschließlich der theoretischen Philosophie der Griechen bilden, formell ableitbar sind aus derselben Ebene, zu der auch die Handarbeit gehört, der Ebene der gesellschaftlichen Existenz. Ob das der Fall ist, ist die Frage, die hier zur Untersuchung steht. Die Untersuchung hält sich also methodisch auf der Linie, auf der in einer künftigen Gesellschaft die Einheit von Kopf und Hand herstellbar sein mag.

Aufgabe ist der kritische Nachweis der Warenabstraktion. Das ist anders formuliert dasselbe, was oben unter dem Namen des »kritischen Austrags« gesagt war. Nachzuweisen ist erstens der formale Tatbestand von Abstraktion in einem von Erkenntnistheoretikern anerkannten Sinn des Wortes, und zweitens ihr Realcharakter so, daß er von den Argumenten der Erkenntnistheorie nicht bestritten werden kann. Der Nachweis der Warenabstraktion soll also die bündige Kritik der Erkenntnistheorie im traditionellen Verstande mit sich führen. Das Kriterium dieses traditionellen Verstandes ist, daß die Erkenntnistheorie die formelle Unmöglichkeit einer Einheit von Handarbeit und naturwissenschaftlicher Geistesarbeit impliziert. Ein genauerer Begriff von dieser Einheit ist freilich erst im Ergebnis der Erforschung der Scheidung beider und ihrer Entstehungsgründe zu erwarten.

Dem kritischen Nachweis der Warenabstraktion ist zunächst eine Bestimmung des Phänomens derselben vorauszuschicken.

4. Phänomenologische Beschreibung der Tauschabstraktion

Der Marxsche Begriff der Warenabstraktion bezieht sich genaugenommen auf die in den Waren verkörperte und ihre Wertgröße bestimmende Arbeit. Die wertschaffende Arbeit wird als »abstrakt menschliche Arbeit« bestimmt im Unterschied von der gebrauchswertschaffenden nützlichen und konkreten Arbeit. Weder ist die Arbeit von Haus aus abstrakt, noch ist ihre Abstraktion zur »abstrakt menschlichen Arbeit« ihr eigenes Werk. Die Arbeit abstraktifiziert sich nicht selber. Der Sitz der Abstraktion liegt außerhalb der Arbeit in der bestimmten gesellschaftlichen Verkehrsform des Austauschverhältnisses. Freilich gilt der Marxschen Auffassung gemäß auch das Umgekehrte, daß auch das Austauschverhältnis nicht sich selbst abstrahiert. Es abstrahiert, oder sagen wir, es abstraktifiziert die Arbeit. Das Ergebnis dieses Verhältnisses ist der Warenwert. Der Warenwert hat das abstrahierende Austauschverhältnis zur Form und die abstraktifizierte Arbeit zur Substanz. In dieser abstrakten Relationsbestimmtheit der *»Wertform«* wird die Arbeit als *»Wertsubstanz«* der rein quantitative Bestimmungsgrund der *»Wertgröße«*. In der Warenanalyse des ersten Bandes des *Kapital* steht die Natur der Wertgröße nicht minder als die der Wertform nur dem Wesen nach zur Untersuchung; die quantitativen Austauschverhältnisse der Waren, wie sie in der Geschichte tatsächlich »erscheinen«, werden erst viel später, im dritten Bande, erklärt. (Für ein angemessenes Verständnis der inneren Dialektik und Systematik des Marxschen Hauptwerks sei auf die hervorragenden Studien von Rosdolsky und Reichelt verwiesen.) Wie aber auch das Wesensverhältnis zwischen der gesellschaftlichen Verkehrsform des Austauschs auf der einen Seite und der Arbeit auf der anderen im genauen Sinne bei Marx beschaffen ist, darüber hätten analytische und kritische Erörterungen Platz zu greifen, die den hier fälligen Gedankenfortgang so sehr aufhalten und komplizieren würden, daß wir sie in einen gesonderten Anhang verlegen. Was uns hier beschäftigt, ist nicht das Gesamtverhältnis, sondern nur ein Teilaspekt von ihm, nämlich die dem Warenaustausch innewohnende abstraktive Kraft. Wir sprechen darum weiterhin von der Tauschabstraktion, nicht von der Warenabstraktion. Wie läßt die Tauschabstraktion sich zunächst als bloßes Phänomen isoliert beschreiben?

Der Austausch der Waren ist abstrakt, weil er von ihrem Gebrauch nicht nur verschieden, sondern zeitlich getrennt ist. Tauschhandlung und Gebrauchshandlung schließen einander in der Zeit aus. Solange Waren Gegenstände von Tauschverhandlungen sind, also sich auf dem Markt befinden, dürfen sie nicht in Gebrauch genommen werden, weder von den Verkäufern noch von den Kunden. Erst nach vollzogener Transaktion, also nach ihrem Übergang in die Privatsphäre ihrer Käufer, werden die Waren für die letzteren zum Gebrauch verfügbar. Auf dem Markt, in den Läden, Schaufenstern etc. stehen die Waren still, bereit für eine einzige Art der Handlung, d. h. ihren Austausch. Eine zu einem definitiven Preis ausgezeichnete Ware z. B. unterliegt der Fiktion vollständiger materieller Unveränderlichkeit, und dies nicht nur von seiten menschlicher Hände. Selbst von der Natur wird angenommen, daß sie gleichsam im Warenkörper ihren Atem anhält, solange der Preis der gleiche bleiben soll. Der Grund ist, daß die Tauschhandlung nur den gesellschaftlichen Status der Waren verändert, ihren Status als Eigentum ihrer Besitzer, und um diese gesellschaftliche Veränderung ordnungsgemäß und nach den ihr eigenen Regeln vollziehen zu können, müssen die Waren von allen gleichzeitigen physischen Veränderungen ausgenommen bleiben oder doch dafür angesehen werden können, daß sie materiell unverändert bleiben. Daher ist also der Austausch abstrakt in der Zeit, die er in Anspruch nimmt. Und »abstrakt« heißt hier abzüglich aller Merkmale möglichen Gebrauchs der Waren. »Gebrauch« versteht sich hier als produktiver wie als konsumtiver und als synonym mit dem gesamten Bereich des Stoffwechsels des Menschen mit der Natur im Sinne von Marx. »Im graden Gegenteil zur sinnlich groben Gegenständlichkeit der Warenkörper geht kein Atom Naturstoff in ihre Wertgegenständlichkeit ein.« (*MEW* 23, 62) Wo der gesellschaftliche *nexus rerum* auf Warenaustausch reduziert ist, muß ein Vakuum an aller physischen und geistigen Lebenstätigkeit der Menschen hergestellt werden, damit in diesem Vakuum ihr Zusammenhang zu einer Gesellschaft Platz greift. Warenaustausch ist Vergesellschaftung rein als solche, durch eine Handlung, die nur diesen einen, von allem übrigen abgesonderten Inhalt hat. Doch gilt all dies allein von den Handlungen des Austauschs, den wechselseitigen Akten der Besitzübertragung, es gilt nicht vom Bewußtsein der Tauschenden.

Denn während der Gebrauch der Waren derart aus den Handlungen der Interessenten während der Zeit der Tauschverhandlungen ausgeschlossen ist, ist er doch durchaus nicht aus ihren Gedanken verbannt. Im Gegenteil. Der Gebrauch und der Nutzen der im Markt zum Austausch stehenden Waren beschäftigt die Gedanken der Kunden aufs regste. Auch ist dieses Interesse keineswegs auf Mutmaßung beschränkt. Die Kunden haben ein Recht, sich des Gebrauchswerts der Waren zu versichern. Sie können die Waren in Augenschein nehmen, sie eventuell berühren, sie an- und ausprobieren, sich ihren Gebrauch vorführen lassen und die vorgeführte Gebrauchshandlung sollte identisch sein mit der, für welche die Waren erworben werden sollen. Dennoch dient die Demonstrierung der Waren auf dem Markt nur der gedanklichen Instruktion und Urteilsbildung der Kunden, bleibt also auf bloßen Erkenntniswert beschränkt und ist haargenau geschieden von der Praxis des Gebrauchs selbst, mögen beide auch empirisch gänzlich ununterscheidbar voneinander sein. Die Praxis des Gebrauchs ist aus der öffentlichen Sphäre des Marktes verbannt und gehört ausschließlich in den Privatbereich der Warenbesitzer. Im Markt bleibt der Gebrauch der Dinge für die Interessenten »bloße Vorstellung«. Mit der Herausbildung des Marktwesens trennt sich die Imagination vom Tun der Menschen und individualisiert sich nach und nach zu ihrem Privatbewußtsein. Dies Phänomen nimmt seinen Ursprung gerade nicht von der privaten Sphäre des »Gebrauchs«, sondern von der öffentlichen des Marktes.

Nicht also das Bewußtsein der Tauschenden ist abstrakt. Nur ihre Handlung ist es. Da beides Notwendigkeit hat, die Abstraktheit der Handlung und die Nichtabstraktheit des sie begleitenden Bewußtseins, werden die Tauschenden der Abstraktheit ihrer Tauschhandlung nicht gewahr. Sie entzieht sich ihrem Bewußtsein. Indes ist die Bewußtlosigkeit der Menschen gegenüber der Abstraktheit ihrer Tauschhandlungen nicht der Grund für diese Abstraktheit noch eine Bedingung ihrer.

Schon diese bloße Phänomenologie der Tauschabstraktion legt es nahe, daß der darin gebrauchte Sinn des Wortes »abstrakt« mit dem erkenntnistheoretischen Sprachgebrauch den formalen Kennzeichen nach eng zusammenstimmt. Wir nennen abstrakt das, was nicht-empirisch ist, und der von der Tauschhandlung ausgeschlossene Gebrauch deckt sich in dem ihm angehörigen Vorstellungsbereich mit dem Begriff der Empirie innerhalb seiner praktischen Grenzen. Was über diese Grenzen hinausliegt, d. h. Eigenschaften der Waren, die für ihren Gebrauch irrelevant sind, entzieht sich zwar der Gebrauchsempirie, wächst aber dadurch in keiner Weise etwa der Tauschhandlung zu. Diese ist abstrakt im Sinne des Nicht-Empirischen, gleichgültig wie eng oder wie weit in den verschiedenen Epochen der Warenproduktion die Grenzen des Warengebrauchs gezogen sind. Im übrigen steht hier nicht die Gleichheit, sondern nur die Gleichartigkeit der Abstraktion in beiden Feldern, dem des Warentauschs und dem der Erkenntnistheorie, in Rede. Etwas anderes kommt auf dieser Stufe des Gedankens nicht in Betracht.

Der Realcharakter der Tauschabstraktion kann ebensowenig zweifelhaft sein. Die Abstraktheit der Tauschhandlung ist die direkte Wirkung einer Kausalität durch *Handlung* und bietet sich dem *Begriff* unmittelbar überhaupt nicht dar. Sie entsteht als Ergebnis der Tatsache des Nichtgeschehens von Gebrauchshandlungen während der Zeit und an dem Ort, wo der Austausch statthat. Für gewöhnlich sind Gesetze oder zumindest Marktordnungen in Kraft, um diese Grundbedingung des Warenhandels zu garantieren. Aber es ist nicht das Gesetz als solches, nicht das Verbot, das es über Verletzungen der Grundbedingung verhängt, was die Abstraktion bewirkt. Die Abstraktion ist ein raumzeitlicher Vorgang; sie geschieht hinter dem Rücken der Beteiligten. Was sie so schwer entdeckbar macht, ist der negative Charakter ihrer Konstellation, daß sie nämlich in der bloßen Absentia eines Geschehens gründet. Was hier den Raum und die Zeit »ausfüllt«, ist das Nichtgeschehen von Gebrauch im Bereich des Austauschs, die Leere an Gebrauch und die Sterilität, die sich durch den Ort und die Zeit erstreckt, welche die Transaktion beansprucht. Darum ist jede Tauschhandlung, welche geschieht, nicht bloß akzidentell, sondern wesensmäßig abstrakt, weil sie andernfalls, nämlich ohne den abstraktifizierenden Umstand, gar nicht hätte geschehen können.

5. Ökonomie und Erkenntnis

Im Unterschied zu der Tauschhandlung versteht sich der »Gebrauch« der Waren sowohl im produktiven wie im konsumtiven Sinne und, bei vollentwickelter Warenproduktion, als synonym mit der Gesamtheit dessen, was Marx als den Stoffwechselprozeß des Menschen mit der Natur zusammenfaßt. Indem die Tauschhandlung die Trennung vom Gebrauch, genauer: von Gebrauchshandlungen unterstellt, postuliert sie also den Markt als zeitlich und örtlich bemessenes Vakuum an menschlichem Stoffwechselprozeß mit der

Natur. Innerhalb dieses Vakuums vollzieht der Warenaustausch die Vergesellschaftung als solche rein für sich, in abstracto. Unsere Frage: Wie ist Vergesellschaftung in den Formen des Warentauschs möglich? ließe sich auch stellen als Frage nach der Möglichkeit von Vergesellschaftung, losgelöst vom menschlichen Stoffwechselprozeß mit der Natur. Was den Warentausch zu seiner vergesellschaftenden oder, wie ich sage, gesellschaftlich-synthetischen Funktion befähigt, ist seine Abstraktheit. Unsere Ausgangsfrage könnte daher auch heißen: Wie ist reine Vergesellschaftung möglich? – nach denselben Kriterien von »Reinheit«, welche dem Begriff der »reinen Naturwissenschaft« bei Kant zugrunde liegen. Der Ansatzpunkt unserer Untersuchung impliziert somit die These, daß es eine Frage gibt des Inhalts: Wie ist reine Vergesellschaftung möglich? Sie enthält den Schlüssel zur raumzeitlichen Beantwortung der Kantschen Frage nach den Bedingungen der Möglichkeit reiner Naturwissenschaft. Diese von Kant idealistisch gemeinte Frage lautet, ins Marxistische übersetzt: Wie ist verläßliche Naturerkenntnis aus andren Quellen als denen der Handarbeit möglich? Auf diese Form gebracht, zielt die Fragestellung ab auf den Springpunkt der Scheidung zwischen geistiger und körperlicher Arbeit als gesellschaftlich notwendiger Bedingung kapitalistischer Produktionsweise. – Diese Korollarien zur Fragestellung sollen den systematischen Zusammenhang verdeutlichen, kraft dessen die hier in Angriff genommene erweiterte Formanalyse der Warenabstraktion den Zwecken der geschichtsmaterialistischen Kritik der Erkenntnistheorie dient – in Ergänzung zur Marxschen Kritik der politischen Ökonomie. Dies sei weiter erläutert.

Im Warenaustausch fallen Handlung und Bewußtsein, Tun und Denken der Tauschenden auseinander und gehen verschiedene Wege. Nur die Handlung des Austauschs ist abstrakt vom Gebrauch, das Bewußtsein der Handelnden ist es nicht. Vermöge ihrer Abstraktheit eignet sämtlichen Tauschhandlungen, gleich welchen Inhalts, zu welcher Zeit, an welchem Ort vollzogen, eine strikte formale Einheitlichkeit, kraft deren sie von sich aus einen Bezugszusammenhang bilden, so daß jede Transaktion unzählige Rückwirkungen auf den Abschluß anderer Transaktionen seitens unbekannter Warenbesitzer ausübt. Derart erfolgt eine Verflechtung der Menschen »hinter ihrem Rücken« zu einem nach Funktionen der Einheit sich regelnden Daseinszusammenhang, in dem auch die Produktion und die Konsumtion noch nach Warengesetzen vor sich gehen. Aber nicht die Menschen bewerkstelligen das, nicht sie verursachen diesen Zusammenhang, sondern ihre Handlungen tun es, indem sie eine Ware unter allen als den Träger und »Kristall« ihrer Abstraktheit aussondern und sich auf diesen als den identischen Vergleichsnenner ihrer »Werte« beziehen. »Erst innerhalb des Austauschs erhalten die Arbeitsprodukte eine von ihrer sinnlich verschiedenen Gebrauchsgegenständlichkeit getrennte, gesellschaftlich gleiche Wertgegenständlichkeit.« (*MEW* 23, 87) Die gesellschaftliche Aktion aller anderen Waren schließt daher eine bestimmte Ware aus, worin sie allseitig ihren Wert ausdrücken. [...] Allgemeines Äquivalent zu sein wird durch den gesellschaftlichen Prozeß zur spezifisch gesellschaftlichen Funktion der ausgeschlossenen Ware. So wird sie – Geld.« (ib., 101) »Der Austauschprozeß gibt den Waren, die er in Geld verwandelt, nicht ihren Wert, sondern ihre spezifische Wertform.« (ib., 105) »Das Bedürfnis, diesen in den Waren schlummernden Gegensatz von Gebrauchswert und Wert für den Verkehr äußerlich darzustellen, treibt zu einer selbständigen Form des Warenwerts und ruht und rastet nicht, bis sie endgültig erzielt ist durch die Verdoppelung der Ware in Ware und Geld.« (ib., 102) »Der Geldkristall ist ein notwendiges Produkt des Austauschprozesses, worin verschiedenartige Arbeitsprodukte einander tatsächlich gleichgesetzt und daher tatsächlich in Waren verwandelt werden.« (ib., 101) »Der Witz der bürgerlichen Gesellschaft besteht ja eben darin, daß a priori keine bewußte, gesellschaftliche Regelung der Produktion stattfindet. Das Vernünftige und Notwendige setzt sich nur als blindwirkender Durchschnitt durch.« (Brief an Kugelmann vom 11. Juli 1868) Dies kennzeichnet mit genügender Klarheit den Konstitutionsprozeß der Ökonomie auf kapitalistischer Basis als bewußtlose Kausalität menschlicher Handlungen, der Handlungen im Warentausch.

Aber die Rede von der Bewußtlosigkeit des Prozesses stellt natürlich den Warenbesitzern nicht das individuelle Bewußtsein in Abrede. Sie sind und bleiben die Akteure im Spiel. »Die Waren können nicht selbst zu Markt gehen und sich nicht selbst austauschen. Wir müssen uns also nach ihren Hütern umsehen, den Warenbesitzern.« (*MEW* 23, 99) Die Warenbesitzer sind im Tausch mit ihrem Bewußtsein ganz und gar bei der Sache, erpicht, daß ihnen nichts entgeht. Aber woher nehmen sie die Begriffe, die ihnen dazu zu Gebote stehen? Sie nehmen sie nicht aus ihrem eigensten Bewußtseinsschatz; hätten sie einen solchen, er wäre ihnen in der Anarchie einer Warengesellschaft zur Erlangung selbst des nötigsten Bedarfs nichts nütze. Sie wissen überhaupt nicht aus sich, wie sie sich hier zu verhalten haben, sie müssen es sich von den Waren sagen lassen. Sie müssen auf die Preise der Waren achten, sie mit anderen vergleichen, ihre Schwankungen verfolgen. Erst mit dieser Warensprache im Bewußtsein werden die Warenbesitzer zu rationalen Wesen, die ihres Tuns mächtig sind und erreichen können, was sie wollen. Ohne diese Sprache wären die Menschen in ihrer eigenen Warengesellschaft verloren wie im verzauberten Wald. Diese Übertragung des menschlichen Bewußtseins auf die Waren und die Ausstattung des menschlichen Hirns mit Warenbegriffen, diese »menschlichen Verhältnisse der Sachen und sachlichen Verhältnisse der Menschen« sind es, die Marx Verdinglichung nennt. Hier gehorchen nicht die Produkte ihren Produzenten, sondern umgekehrt, die Produzenten handeln gemäß dem Gebot der Produkte, sobald diese in der Warenform zur Verfügung stehen. Die Warenform ist die Realabstraktion, die nirgendwo anders als im Tausch selbst ihren Sitz und Ursprung hat, von wo sie sich durch die ganze Breite und Tiefe der entwickelten Warenproduktion erstreckt, auf die Arbeit und auch auf das Denken.

Das Denken wird von der Tauschabstraktion nicht unmittelbar betroffen, sondern erst, wenn ihm ihre Resultate in fertiger Gestalt gegenübertreten, also erst post festum des Werdegangs der Dinge. Dann freilich vermitteln sich ihm die verschiedenen Züge der Abstraktion ohne jedes Merkmal von ihrer Herkunft. »Die vermittelnde Bewegung verschwindet in ihrem eigenen Resultat und läßt keine Spur zurück.« (*MEW* 23, 107) Wie dies geschieht, wird uns an geeigneter Stelle noch näher zu beschäftigen haben. Hier sollte nur in allgemeinster Weise der Funktionszusammenhang sowohl wie die wesensmäßige Getrenntheit der Welt des menschlichen Tuns und der Welt des menschlichen Denkens in Gesellschaften entwickelter Warenproduktion gekennzeichnet werden. Das war in der ersten Auflage dieses Buches unterlassen worden.

Hinzugesetzt seien noch ein oder zwei weitere Punkte von wesentlicher Bedeutung für das Verständnis des Gesamtzusammenhangs. Die für die Ökonomie der bürgerlichen Gesellschaft fundamentale Wirkung des Abstraktionszusammenhangs der Tauschhandlungen ist, daß darin eine Kommensuration der auf die Waren verwendeten und in ihnen vergegenständlichten »toten« Arbeit zuwege gebracht wird. Als Bestimmungsgrund der Wertgröße oder als »Wertsubstanz« ist die Arbeit selbst abstrakt, ist »abstrakt menschliche Arbeit« oder Arbeit von unmittelbar gesellschaftlichem Formcharakter. Diese Arbeitskommensuration ermöglicht überhaupt erst den Zusammenhalt der »membra disiecta« der bürgerlichen Gesellschaft zu einer Ökonomie. Dies ist die vitale Bedeutung der im Austausch bewirkten Realabstraktion für den Produktions- und Reproduktionsprozeß der bürgerlichen Gesellschaft, also fürwahr »der Springpunkt, um den sich das Verständnis der politischen Ökonomie dreht« *(MEW* 23, 56). »Indem sie [die Menschen] ihre verschiedenartigen Produkte einander im Austausch als Werte gleichsetzen, setzen sie ihre verschiedenen Arbeiten einander als menschliche Arbeit gleich. Sie wissen das nicht, aber sie tun es.« (ib., 88) Die Wirkung dieser Gleichsetzung oder Kommensurierung der Arbeiten ist die Größenbestimmung der Austauschverhältnisse. »Es bedarf vollständig entwickelter Warenproduktion, bevor aus der Erfahrung selbst die wissenschaftliche Einsicht herauswächst, daß die unabhängig voneinander betriebenen, aber als naturwüchsige Glieder der gesellschaftlichen Teilung der Arbeit allseitig voneinander abhängigen Privatarbeiten fortwährend auf ihr gesellschaftlich proportionelles Maß reduziert werden, weil sich in den zufälligen und stets schwankenden Austauschverhältnissen ihrer Produkte die zu deren Produktion gesellschaftlich notwendige Arbeitszeit als regelndes Naturgesetz gewaltsam durchsetzt, wie etwa das Gesetz der Schwere, wenn einem das Haus über dem Kopf zusammenpurzelt. Die Bestimmung der Wertgröße durch die Arbeitszeit ist daher ein unter den erscheinenden Bewegungen der relativen Warenwerte verstecktes Geheimnis.« (ib., 89) Solange die Arbeit in der Produktion der Waren in der Form voneinander unabhängig betriebener Privatarbeiten stattfindet, hängt die Funktionsfähigkeit der bewußtlosen Gesellschaft ab von der Kommensuration der vergegenständlichten Arbeit nach Gesetzen der Marktökonomie. Erst wenn diese Grundform der Arbeit, welche Waren produziert, von einer andersartigen ersetzt wird, kommt auch eine andersartige Ökonomie ins Spiel, gleichgültig, ob sich die Menschen dessen bewußt werden oder nicht. Im dritten Teil dieser Schrift werden wir auf diese Bemerkung zurückgreifen.

Es ist ferner Wert darauf zu legen, daß, wie hier die Bestimmung der *Wertgröße* der Waren von Marx als Resultat einer rein funktionalen und blindwirkenden Kausalität dargestellt wird, auch die Bildung der *Wertform* als ein bloß funktionaler und ebenso bewußtloser Realprozeß in Raum und Zeit erwiesen wird. Nur dann entspricht er der Anforderung einer materialistischen Ableitung. Und ich erhebe den Anspruch, daß meine Ableitung diesem Erfordernis gerecht wird. Die abstrakte Formbestimmtheit der Tauschhandlung kommt zustande durch die kausale Unmöglichkeit, zu einem Tauschvertrag zu gelangen, wenn angenommen werden muß, daß die Objekte des Austauschs während der Verhandlungen und in der Besitzübertragung in physischen Veränderungsprozessen befindlich sind. Nur wenn der gesellschaftliche Status der Waren, d. h. ihre Besitzfrage, von ihrem physischen Status und ihrem Gebrauch klar und eindeutig geschieden werden kann, kann Warenaustausch als regelmäßige gesellschaftliche Einrichtung funktionieren und eine Transaktion sich auf eine andere beziehen. Daß dies der Tauschhandlung einen abstrakten Charakter verleiht, gehört nicht zum Zweck der Scheidung und ihrer juristischen Institutionalisierung; sie ist aber deren unvermeidliche Folgewirkung, und zwar erst dann, wenn Transaktionen wirklich zustande kommen und ihr Vollzug zur Tatsache wird. Der *Vollzug* der Tauschhandlung setzt die Abstraktion in Kraft, gänzlich ohne Bewußtsein der Tauschenden von dieser Wirkung. Welche Spuren dieser Abstraktion sich immer im Denken der Menschen vorfinden mögen, es muß als ausgemacht gelten, daß die Realabstraktion des gesellschaftlichen Austauschs ihnen als primäre Quelle zugrunde liegt.

Was es in der nachfolgenden Formanalyse zu etablieren gilt, sind die Kriterien, nach denen entschieden werden kann, welche im Bewußtsein lebendigen Abstraktionen auf die Realabstraktion des Austauschs zurückgehen und welche nicht. Dadurch, daß Tun und Denken im Austauschprozeß auf seiten der Tauschenden auseinanderfallen, ist eine unmittelbare Verifizierung des Zusammenhangs unmöglich. Die Menschen wissen nicht, woher die Formen ihres Denkens stammen und wie sie überhaupt in den Besitz solcher Formen gekommen sein können. Ihr Denken ist von seiner Basis abgeschnitten. Aber selbst mit einer formellen Identifikation von Denkabstraktion und Realabstraktion ist eine eindeutige Ursprungserklärung der ersteren aus der letzteren noch nicht gesichert. Gerade wegen der Dualität von Tun und Denken, die hier herrscht, würde die formelle Identifikation unmittelbar nur eine Parallelität zwischen beiden Ebenen erweisen, die ebensogut ein bloßes Analogieverhältnis wie einen Begründungszusammenhang indizieren könnte. Um den Begründungszuammenhang zu beweisen, muß gezeigt werden können, auf welche Weise die Realabstraktion ins Denken übergeht, welche Rolle sie im Denken spielt und welche gesellschaftlich notwendige Aufgabe ihr zufällt.

6. Analyse der Tauschabstraktion

a. *Die Fragestellung*

Die Bedeutung und geschichtliche Notwendigkeit der Tauschabstraktion in ihrer raumzeitlichen Realität liegt darin, daß sie in warenproduzierenden Gesellschaften der Träger der Vergesellschaftung ist. Keine der Gebrauchshandlungen, konsumtiven oder produktiven, in denen das Leben der Einzelnen sich abspielt, kann im arbeitsteiligen Zusammenhang der Warenproduktion zustandekommen, ohne daß Warenaustausch sie vermittelt. Jede Wirtschaftskrise lehrt uns, daß in dem Maße ihrer Ausdehnung und Dauer Produktion und Verbrauch behindert sind, in dem das gesellschaftliche System des Austauschs ins Stocken geraten oder zusammengebrochen ist. Wir enthalten uns mit Absicht alles Eingehens auf die wirtschaftlichen Zusammenhänge, da es uns hier nicht um die Ökonomie zu tun ist. Es genüge, uns der Feststellung zu versichern, daß die Synthesis der warenproduzierenden Gesellschaften im Warentausch, genauer gesprochen, eben in der Tauschabstraktion zu suchen ist. Wir unternehmen dementsprechend die Formanalyse der Tauschabstraktion in Beantwortung der Frage: *Wie ist gesellschaftliche Synthesis in den Formen des Warenaustauschs möglich?*

Auch in dieser anfänglichen und einfachen Form ist dies ein Wortlaut der Fragestellung, der mehr an Kant denn an Marx erinnert. Es hat aber eine gute marxistische Bewandtnis damit. Der Vergleich, der impliziert ist, ist, wie angedeutet wurde, nicht der zwischen Kant und Marx, sondern zwischen Kant und Adam Smith oder, besser gesagt, zwischen der Erkenntnistheorie und der politischen Ökonomie, als deren systematische Begründer die Genannten gelten können. Adam Smith' *Wealth of Nations* von 1776 und Kants *Kritik der reinen Vernunft* von 1781 (erste Auflage) sind vor allen anderen die beiden Werke, in denen bei vollkommener systematischer Unabhängigkeit auf begrifflich unverbundenen Feldern dasselbe Ziel angestrebt wird: der Nachweis der normgerechten Natur der bürgerlichen Gesellschaft.

Auf der Voraussetzung fußend, daß es in der Natur der menschlichen Arbeit gelegen ist, ihre Produkte als Wert hervorzubringen, beweist Adam Smith, daß es nur einen besten Kurs gibt, den die Gesellschaft nehmen kann, und das ist, jedem Warenbesitzer die uneingeschränkte Verfügungsfreiheit über sein Privateigentum zu geben. Das ist für die Gesellschaft, ob zu ihrem Heil, wie Adam Smith überzeugt war, oder zu ihrem Unheil, wie Ricardo zu argwöhnen begann, der im Wesen der Gesellschaft selbst begründete normgerechte Weg. Wir wissen, daß die Warenanalyse von Marx dazu dient, eben diese tragende Voraussetzung der gesamten politischen Ökonomie zu demolieren und von da aus den Blick in die wahre innere Dialektik der bürgerlichen

Gesellschaft zu eröffnen. Das ist die Sache der marxistischen *Kritik der politischen Ökonomie*.

Kants Werk hat nicht zur Voraussetzung, aber es führt zu der Schlußfolgerung, daß es in der Natur des menschlichen Geistes liegt, seine Arbeit geschieden und unabhängig von der körperlichen Arbeit zu verrichten. Gewiß ist bei Kant von der Handarbeit und den »arbeitenden Ständen« nur selten namentlich die Rede, obwohl ihre unentbehrliche gesellschaftliche Rolle natürlich nie in Zweifel steht. Diese Rolle erstreckt sich aber eben nicht auf die Möglichkeit exakter Naturerkenntnis. Die Theorie von der »reinen Mathematik« und der »reinen Naturwissenschaft« triumphiert darin, daß der körperlichen Arbeit in ihr keine Erwähnung gebührt. Sie ist Erkenntnis auf rein geistiger Basis und wie eben dies möglich, ist die erklärende Aufgabe ihrer Theorie. Die empiristischen Anschauungen Humes waren Kant ein Ärgernis, weil darin an der apodiktischen Urteilsqualität der reinen Verstandesbegriffe gerüttelt wurde, und nur diese Qualität rechtfertigt die Scheidung zwischen Prinzipien a priori und Prinzipien a posteriori der Erkenntnis, die Aussonderung also eines von der körperlichen und Sinnesbeschaffenheit unableitbaren Teils unseres Wesens, der zugleich mit der Möglichkeit der theoretischen Naturerkenntnis die Autonomie der geistigen Person begründet. Dieser Autonomie gemäß bedarf es zur Sicherung der gesellschaftlichen Ordnung keiner äußeren Privilegien einerseits und künstlichen Beschränkungen der »Mündigkeit« andererseits. Je unbehinderter »öffentlicher Gebrauch ihrer Vernunft« den Menschen gewährt wird, um so besser wird den gesellschaftlichen Notwendigkeiten, d. h. Moral, Recht und geistigem Fortschritt, gedient.[6] Es ist der einzige, in der Natur unserer geistigen Vermögen selbst begründete, also normgerechte Weg, derjenige, in dem der Gesellschaft die ihr gemäße Ordnung zuteil werden kann. Daß diese Ordnung die Klassen-

6 Vgl. »Beantwortung der Frage: Was ist Aufklärung?« von 1784.

scheidung gegenüber den arbeitenden Ständen in sich trägt, verbarg sich Kant ebenso wie den anderen Philosophen der bürgerlichen Aufklärung. »Die Philosophie der französischen Revolution« nannte Marx die Kantsche, nicht zum wenigsten wegen dieser Illusion. Aber die Scheidung zwischen den »gebildeten« und den »arbeitenden Ständen«, das war der Begriff, unter dem im wirtschaftlich unentwickelten Deutschland die bürgerliche Gesellschaft weiterhin Gestalt annahm, im Unterschied zu den Begriffen von Kapital und Arbeit im Westen, wo die politische Ökonomie das bürgerliche Denken beherrschte. – Worin besteht hier nun die Sache der »Kritik der Erkenntnistheorie«, die wir zu leisten bezwecken?

Die Voraussetzungen der Kantschen Erkenntnistheorie sind insofern völlig korrekt, als die exakten Wissenschaften tatsächlich Aufgabe von Geistesarbeit sind, die in völliger Geschiedenheit und Unabhängigkeit von der Handarbeit in den Produktionsstätten stattfindet. Darauf wurde bereits früher von uns hingewiesen. Die Scheidung zwischen Kopf- und Handarbeit, und zwar besonders im Bezug auf Naturwissenschaft und Technologie, ist von ähnlich unentbehrlicher Bedeutung für die bürgerliche Klassenherrschaft wie das Privateigentum an den Produktionsmitteln. An der Entwicklung mancher der heutigen sozialistischen Länder läßt sich die Wahrheit ablesen, daß man das kapitalistische Eigentum abschaffen kann und doch den Klassengegensatz noch nicht los ist. Zwischen dem Klassengegensatz von Kapital und Arbeit einerseits und der Scheidung von Kopf- und Handarbeit andererseits besteht ein tiefverwurzelter Zusammenhang. Aber der Zusammenhang ist ein rein kausaler und geschichtlicher. Begrifflich sind sie gänzlich disparat, d. h. es gibt zwischen ihnen, sei es im Ganzen oder in den Einzelheiten, keine Querverbindungen, die von dem einen auf das andere zu schließen erlauben. Deshalb muß also auch die Kritik der Erkenntnistheorie in vollständiger systematischer Unabhängigkeit von der Kritik der politischen Ökonomie vorgenommen werden.

Die Ausgangsfrage könnte natürlich auch einfacher lauten: Wie ist Vergesellschaftung vermittels Warentausch möglich? Der Gebrauch des Wortes »Synthesis« bietet jedoch einen dreifachen Vorteil. Erstens läßt sich bequem von den gesellschaftlich-synthetischen Funktionen des Warentauschs sprechen. Zweitens stellt der Ausdruck »synthetische Gesellschaft« die Warenproduktion in Gegensatz zu der naturwüchsigen Ordnung urkommunistischer oder überhaupt primitiver Gemeinwesen in entsprechender Weise, wie man etwa von Buna als synthetischem Gummi gegenüber Kautschuk als Naturprodukt spricht. Tatsächlich geht ja in die Wertgegenständlichkeit der Waren, an der die vergesellschaftende Wirkung des Austauschs hängt, »kein Atom Naturstoff« ein. Die Vergesellschaftung hier ist von rein menschlicher Faktur, losgelöst vom Stoffwechsel des Menschen mit der Natur, und es besteht guter Grund zu der Vermutung, daß hierin letzten Endes auch die geschichtstranszendentale Bedingung für die Möglichkeit der gesamten heutigen synthetischen Produktion verborgen liegt. Ich brauche also den Ausdruck »synthetische Gesellschaft« in einem anderen Sinne und mit anderem Begriffsumfang als den Ausdruck »gesellschaftliche Synthesis«. Der erstere trifft nur auf Warengesellschaften zu, der letztere wird als allgemeine Grundbedingung menschlicher Existenzweise ohne geschichtliche Einschränkung behandelt. In diesem letzteren Sinn erlangt der Ausdruck seine dritte Bedeutung, nämlich die eines polemischen Stachels meiner Fragestellung gegen Kants Hypostasierung einer Synthesis a priori aus der Spontaneität des Geistes, zahlt also dem transzendentalen Idealismus mit gleicher Münze heim.

Keine dieser drei Bedeutungen von Synthesis ist für die Zwecke dieser Untersuchung unabdingbar. Die Ableitung des reinen Verstandes aus der Tauschabstraktion läßt sich auch ohne alle anti-idealistischen Anleihen zur Darstellung bringen. Der polemische Bezug bietet aber den Vorteil, daß damit der essentiell kritische Charakter der Marxschen Methode die ihm gebührende Betonung erhält. Und das ist angesichts der heutigen autoritätsgestützten Dogmatisierung des Marxismus kein gering zu achtender Vorzug. Nur durch die Wiederbelebung seines kritischen Wesens läßt sich der Marxismus aus der Erstarrung lösen, in der er unter verkehrten Vorzeichen zur Legitimation uneingestandener Herrschaftsverhältnisse mißbraucht wird.

Unserem kritisch-polemischen Gegensatz zu Kant liegt eine essentielle Übereinstimmung als Vergleichsmaßstab zugrunde. Wir stimmen also mit Kant überein, daß die tragenden Erkenntnisprinzipien der quantifizierenden Naturwissenschaften unableitbar sind von dem physischen und physiologischen alias manuellen Vermögen des Individuums. Die exakten Naturwissenschaften gehören zu den Ressourcen einer Produktion, die die individuellen Schranken der Einzelproduktion vorkapitalistischer Observanz endgültig verlassen hat. Die dualistische Zusammensetzung der Erkenntnis bei Kant aus Prinzipien a posteriori und Prinzipien a priori entspricht dem Beitrag der individuellen Sinnesinhalte, die immer nur soweit reichen wie jeweils die »Rezeptivität« von einem Paar Augen, einem Paar Ohren etc., und dem Beitrag unmittelbar universellen Inhalts, den die mit Mathematik verknüpften Begriffe leisten. In der Praxis der experimentellen Methode ist der Beitrag der individuellen Sinnesleistung auf das »Ablesen« von Daten an wissenschaftlich konstruierten Meßinstrumenten reduziert. Die Sinnesevidenz hat Gewißheit nur für die jeweils ablesende Person, für alle anderen hat sie nicht mehr als Glaubwürdigkeit. Sie wird, wo sie nicht überhaupt eliminierbar ist, auf ein Minimum zurückgeschraubt, und dieses Minimum ist, was vom manuellen Arbeiter im Experiment übrigbleibt, da dessen Person eben den »subjektiven Faktor« bildet, auf dessen Ausschaltung die wissenschaftliche Objektivität abgestellt ist. Logische Notwendigkeit wohn allein der mathematisch formulierten Hypothese und den Schlußfolgerungen aus ihr inne. Diese Zweiheit der Erkenntnisquellen gilt uns als unbestreitbares Faktum. Was zur Frage steht, ist der geschichtliche, raumzeitliche Ursprung des logischen Vermögens der Hypothesen, genauer gesagt, die Herkunft der Formelemente, worauf sich dies Vermögen gründet. Aber weder Kant noch irgendein anderer bürgerlicher Denker vermag diese Frage des Ursprungs zum Erfolg zu führen oder auch nur als Frage durchzuhalten. In den ersten Zeilen der Einleitung zur zweiten Ausgabe der *Kritik* wird die Frage angeschlagen, aber im weiteren Verfolg versiegt sie. Kant zieht die fraglichen Begriffsformen zu einem letztlichen Grundprinzip zusammen, der »ursprünglich-synthetischen Einheit der Apperzeption«, aber für dieses Prinzip selbst weiß er keine andere Erklärung, als daß es kraft seiner eigenen »transzendentalen Spontaneität« existiere. Die Erklärung verläuft sich in den Fetischismus dessen, was zu erklären war. Alle Insistenz gilt fortan der Versicherung, daß es eine genetische, d. h. raumzeitliche Ursprungserklärung des »reinen Verstandesvermögens« schlechterdings nicht geben könne. Die Frage ist durch eines der geheiligtesten Tabus der philosophischen Denktradition versiegelt. Nietzsches Spott – Kant frage, »wie sind synthetische Urteile a priori möglich?« und er antworte, »durch ein Vermögen« – ist vollkommen begründet. Nur weiß Nietzsche selbst nichts Besseres. Das Tabu besagt, daß die existierende Scheidung zwischen Kopfarbeit und Handarbeit keine raumzeitlichen Gründe besitzt, sondern ihrer Natur nach zeitlos ist, so daß also auch die bürgerliche Ordnung ihre Normgerechtigkeit bis zum Ende der Zeiten behält.

Nun stellen wir der Kantschen Frage die unsere entgegen: Wie ist Vergesellschaftung durch Warentausch möglich? Diese Frage steht außerhalb des ganzen erkenntnistheoretischen

Begriffskreises und ist also in keiner Weise schon in irgendeine gängige erkenntnistheoretische Voraussetzung verwikkelt. Wäre es uns nicht um die Parallelisierung mit dem Kantschen Wortlaut zu tun, so könnten wir ebensogut die Fragestellung wählen: Woher stammt die Abstraktheit des Geldes? Beide Fragestellungen halten sich im raumzeitlichen Rahmen des historisch-materialistischen Denkens und sind gleichwohl auf Formabstraktionen gerichtet, die im ökonomischen Felde gleichartig sind mit denen der »reinen« Erkenntnisprinzipien. Es scheint ausgeschlossen, daß keine echte Verbindung zwischen beiden aufgespürt werden sollte, wenn den ersteren auf den Grund gegangen wird.

b. Praktischer Solipsismus

Es ist auf den ersten Blick keineswegs offenkundig, wie der Warentausch die gesellschaftliche Synthesis ermöglichen soll zwischen Individuen, die die Waren in privatem, also getrenntem Eigentum besitzen. Denn der Warentausch ist auf das genaueste dasjenige Verhältnis zwischen Warenbesitzern, das ganz nach Prinzipien ihres Privateigentums, und keinen anderen, geregelt ist. »Dinge sind an und für sich dem Menschen äußerlich und daher veräußerlich. Damit diese Veräußerung wechselseitig, brauchen Menschen nur stillschweigend sich als Privateigentümer jener veräußerlichen Dinge und eben dadurch als voneinander unabhängige Personen gegenüberzutreten. Solch ein Verhältnis wechselseitiger Fremdheit existiert jedoch nicht für die Glieder eines naturwüchsigen Gemeinwesens...«[7] Es existiert auf der

[7] *Das Kapital*, Band I, MEW 23, S. 102. — Hiernach könnte es scheinen, als ob der normative Begriff des Eigentums (im Gegensatz zu Besitz) ideelles Apriori der Tauschabstraktion wäre, im Widerspruch zu unserer materialistischen Auffassung von ihr. In Wirklichkeit ist aber das Folgeverhältnis gerade das umgekehrte. Der Eigentumsbegriff ist selbst erst ein Resultat der Tauschabstraktion. Der Zwang, Gebrauchshandlungen mit Gegenständen zu unterlassen, die für den

Grundlage der Warenproduktion. Auf ihrem Boden geht aller Gebrauch der Waren, sei es zur Konsumtion oder zur Produktion, ausschließlich im Privatbereich der Warenbesitzer vor sich. Der Vollzug der Vergesellschaftung dagegen, formell für sich betrachtet, geschieht allein im Austausch der Waren seitens ihrer Eigentümer, in Handlungen also, die unvermischt mit dem Gebrauch der Waren und in genauer zeitlicher Trennung von diesem vor sich gehen. Deshalb muß der Formalismus der Warenabstraktion und der gesellschaftlichen Synthesis, welcher sie dient, innerhalb des Austauschverhältnisses in seinem derart präzis bemessenen Spielraum zu finden sein.

Tausch und im Tausch bereitstehen, ist ein einfaches Erfahrungsdatum: wenn es ignoriert wird, hört das Tauschverhältnis auf. Aber dadurch, daß die Erfahrung eine Negation zum Inhalt hat, wird daraus ein Gebrauchsverbot, das sich auf alle involvierten Personen erstreckt und für alle anderen Fälle der gleichen Art normativen Allgemeincharakter gewinnt, es sei denn, der Austausch bliebe ein isolierter Einzelfall. Erst durch die Subsumtion unter den Austausch werden aus den Besitzfakten Eigentumsnormen. Diese Folgewirkung des Austausches haftet an seiner Natur als zwischenmenschliches Verhältnis. Wo er begann, dort nämlich, »wo die Gemeinwesen enden, an den Punkten ihres Kontakts mit fremden Gemeinwesen« (*MEW* 23, 102), wurde erforderlich, daß sie sich zueinander nicht als zur Natur verhalten, nämlich nicht sich totschlagen oder berauben, wie sie es mit Tieren machen würden, sondern daß sie miteinander reden – durch Worte oder durch Zeichen –, sich also gegenseitig als Menschen anerkennen. Auch das ist noch eine Tatfrage, aber eine solche, aus welcher Normen erwachsen, weil sie das Naturverhältnis durchbricht und an seine Stelle ein gesellschaftliches Verhältnis setzt zwischen Gruppen, die selbst ihrerseits schon zu gesellschaftlichen Gebilden geworden waren. (Der Gang dieses letzteren Prozesses findet sich in überzeugender Rekonstruktion von George Thomson im 1. Kap. seines Buches *Die ersten Philosophen*, 1961, dargestellt.) Ganz dasselbe drückt Marx aus, wenn er sagt: »Dies Rechtsverhältnis, dessen Form der Vertrag ist, ob nun legal entwickelt oder nicht, ist ein Willensverhältnis, worin sich das ökonomische Verhältnis [das faktische Besitzverhältnis – SR] widerspiegelt. Der Inhalt dieses Rechts- oder Willensverhältnisses ist durch das ökonomische Verhältnis selbst gegeben.« (*MEW* 23, 99)

Entsprechend seiner Verankerung im Privateigentum, als Verkehrsform gemäß den Regeln des Privateigentums, untersteht der Warenaustausch in jedwedem Einzelfall dem Prinzip der privaten[8] Entgegensetzung der beiderseitigen Eigentumsbereiche. Mein – also nicht dein; dein – also nicht mein: ist das Prinzip, das die Logik des Verhältnisses beherrscht. Dieses Prinzip ergreift jegliche Einzelheit in dem Maße, als sie für die Transaktion Relevanz gewinnt. Es bewirkt auch das Verhältnis jedes der Kontrahenten zu den Gegenständen, die zum Austausch stehen. Daß sein Interesse an denselben *sein* Interesse und nicht das des anderen ist, seine Vorstellung von ihnen eben die seinige, daß die Bedürfnisse, Empfindungen, Gedanken, die im Spiele sind, polarisiert sind darauf, wessen sie sind, ist das, was zählt, während die Inhalte zu monadologisch oder solipsistisch unvergleichbaren Realitäten für die Tauschpartner einander gegenüber werden. Der Solipsismus, demzufolge unter allen jeder für sich der Einzige (solus ipse) ist, der existiert, und wonach ferner alle Daten, soweit sie Tatsächlichkeit besitzen, privat die seinigen sind[9], – der Solipsismus ist die genaue Beschreibung des Standpunktes, auf dem im Warenaustausch die Interessenten zueinander stehen. Richtiger gesagt, ihr tatsächliches Verhalten zueinander im Warentausch ist praktischer Solipsismus, gleichgültig was sie selbst über sich und ihr Verhalten denken.[10] In der Begriffsweise von

---

8 Der Ausdruck ist der logischen Figur des privativ-kontradiktorischen Gegensatzes entnommen.
9 »... to the effect that all my data, in so far as they are matters of fact, are private to me....«, Bertrand Russell, *Human Knowledge*, 1966, p. 191, in dem Kapitel »Solipsism«. Was hier bei Russell »datum« heißt, heißt bei Kant »Apperzeption«.
10 Dieser praktische Solipsismus braucht nicht mit Selbstinteresse zusammenzufallen. Jemand, der im Auftrage oder zum Vorteil von anderen verfährt, muß sich nach genau denselben Prinzipien verhalten. Täte er das nicht, so würde das Verhältnis, in dem er agiert, nicht länger ein Warenaustausch sein, sondern in andersartige Beziehungen übergehen.

Nationalökonomen ausgedrückt, begegnen die Warenbesitzer im Austausch einander genau, als ob sie jeder ein Robinson auf seiner privaten Eigentumsinsel wären, so nämlich, daß die Veränderungen im Besitzstand, um welche sie verhandeln, ihre Eigentumsbereiche unverändert lassen. Dafür sorgt die Reziprozität, die jede Veränderung durch eine andere aufzuwiegen gebietet. Die Reziprozität kompensiert nicht etwa für die Eigentumsexklusion durch ein entgegengesetztes Prinzip, sie universalisiert dieselbe im Gegenteil. Da die Kontrahenten sich beiderseitig als Privateigentümer anerkennen, wird jede Eigentumsexklusion, die in der einen Richtung statthat, erwidert durch eine gleichartige in der anderen. Der Grund für die Reziprozität ist eben die zwischen den Eigentümern waltende private Exklusion des Eigentums, die unversehrt bleibt durch die Transaktion als »Austausch«. Was die Einwilligung zum Austausch zum Ausdruck bringt, ist die Anerkennung, daß die ausgehandelte Besitzveränderung die einander gegenüberstehenden Eigentumsbereiche unbeschädigt läßt. Der Warentausch ist somit artikuliert als eine gesellschaftliche Verkehrsform zwischen unvermischbar getrennten Eigentumsbereichen.

Dies ist, so kurz wie möglich gefaßt, eine Beschreibung des Verhältnisses von Warenbesitzern zueinander im Austausch,

Die Prinzipien, von denen wir hier handeln, gehören zur Verkehrsform des Warenaustauschs, nicht zur Psychologie der darin agierenden Personen. Vielmehr prägt umgekehrt die Verkehrsform des Tausches die psychologischen Mechanismen der Menschen, deren Leben er beherrscht, Mechanismen, die ihnen dann als ihre eingeborene menschliche Natur erscheinen. Entsprechend diesem Sachverhalt handeln sehr oft die Beherrschten im Auftrag oder zum Vorteil der Herrschenden. Sie meinen aber, im Selbstinteresse zu handeln, obwohl sie doch bloß den Gesetzen des Austauschzusammenhanges gehorchen. Der Überbaustruktur des Spätkapitalismus im besonderen nachzugehen, ist hier kein Platz. Es wäre aber gewiß für eine materialistische Sozialpsychologie in Zukunft fruchtbar, die Theorien von W. Reich, Fromm, Marcuse etc. mit dem Begründungszusammenhang zwischen Tauschabstraktion und Denkabstraktion zu erweitern, um ihre materialistische Grundlage zu verstärken.

die wir für zutreffend halten in dem Grade, daß sie jeder Vertiefung in die nahezu unbegrenzte Kasuistik dieses Feldes standhält, die man unternehmen könnte, mit der wir aber den Leser hier verschonen. M. a. W., diese Beschreibung gibt den Tatbestand des Verhältnisses, das im Austausch zwischen den Warenbesitzern vorliegt. Daß es erst umständlicher Analyse bedarf, um diesen Tatbestand ans Licht zu bringen, da er uns doch tagtäglich umgibt, erklärt sich nach derselben Logik, nach der uns der Geruch der Luft, die wir atmen, unwahrnehmbar geworden ist. Der übliche Warenverkehr ist so sehr in die Routine seiner institutionellen Bahnen eingefahren und in den Fällen, wo er sich in harte Interessenkämpfe verfängt, so wenig der Ort des Philosophierens, daß ein Bewußtsein der zugrundeliegenden Struktur an Ort und Stelle unmöglich ist. Erst in der Entfernung vom Markt kommt seine Struktur zu abstrakter Reflexion, aber die Systematisierung, die sie dann erfährt, wird zu dem Grund, der ihren historischen Ursprung unkenntlich macht.

c. Die Austauschbarkeitsform der Waren

Die genaue Herausarbeitung der Bedingungen der wechselseitigen Eigentumsexklusion und des praktischen Solipsismus, unter denen das Tauschverhältnis steht, ist nötig, um die Frage nach der Möglichkeit der Vergesellschaftung durch den Warentausch auf den rechten Boden zu stellen. Der erste Schritt in der Analyse der Waren- oder Tauschabstraktion bereitet die meiste Schwierigkeit, weil die Abstraktion tiefer durchschlägt, als man vermuten kann und als man auf den ersten Blick zu akzeptieren bereit sein wird. Die Frage muß gestellt werden, wie die Waren zwischen den solipsistischen Welten, die um sie verhandeln, überhaupt austauschbar sind, in welcher Eigenschaft oder Form, und wie also der Tausch selber möglich ist. Worin begegnen die auf ihren privaten

und gegeneinander privativen Eigentumsinseln fußenden Robinsons einander, welches ist der Kommunikationspunkt ihrer Handlungen zwischen ihnen?
Es ist offenbar der Punkt, der es macht, daß ein beiderseitiger Anspruch auf Eigentum an ein und demselben Ding zur privativen Kontradiktion führt. Das Prinzip: mein – also nicht dein; dein – also nicht mein, setzt eine Einheit voraus, hinsichtlich derer das »mein« und das »dein« erst gegeneinander privativ werden. Es kommt darauf an, diese Einheit richtig zu bestimmen, denn sie ist offenbar die Austauschbarkeitsform der Waren und die erste Grundbedingung einer gesellschaftlichen Synthesis im Wege privativer Eigentumsexklusion zwischen den Warenbesitzern.
Die fragliche Einheit der Waren ist offensichtlich nicht ihre materielle Unteilbarkeit. Ob eine Tonne Eisen oder ein Zentner Eisen zum Tausche steht, macht für das Wesen der Sache keinen Unterschied. Man könnte das Material bis auf seine nicht weiter aufteilbaren Atome reduzieren, und das Problem würde sich für jedes von ihnen in der gleichen Weise stellen, wenn es so käme, daß sie zum Austausch stünden. Auch um die Einzigkeit und Unvertretbarkeit der Waren kann es sich nicht handeln, denn die meisten Waren sind Massenartikel und darauf berechnet, daß ein Exemplar für das andere einstehen kann. Aber welches individuelle Exemplar es nun auch sein möge, eines muß jeweils doch sein, welches zum Tausch steht, und dieses hat dann die Einheit, welche es macht, daß es nicht zu gleicher Zeit dem einen Besitzer *und* dem anderen, sondern nur dem einen *oder* dem anderen in getrenntem Eigentum gehören kann. Wenn man nun diese Einheit, die sich da herausschält, gehörig aufs Korn nimmt, so wird man finden, daß das überhaupt keine Einheit des Warendinges in seiner körperlichen Natur, seiner Materie oder Beschaffenheit, ist. Die Einheit, die es macht, daß eine gegebene Ware nicht gleichzeitig zwei Warenbesitzern in getrenntem Eigentum gehören kann, son-

dern zwischen ihnen gegen eine andere Ware »getauscht« werden muß, ist in Wahrheit die Einheit ihres Daseins, die Tatsache nämlich, daß jede Ware ein unteilbares und einziges Dasein hat. Es ist die Einzigkeit des Daseins jedes Dinges, warum dies Ding nicht verschiedenen Privateigentümern zugleich angehören kann, weil die private Aneignung den Sinn hat, daß der Betreffende das Ding zum Teil seines eigenen Daseins macht.[11] Wir erhalten somit das Ergebnis, daß die Austauschbarkeitsform der Waren die Einzigkeit ihres Daseins ist.

Man kann der Sache auch noch von einer anderen Seite beikommen. Es wurde gezeigt, daß der Tausch als Verkehrsform die Tauschenden zum praktischen Solipsismus gegeneinander nötigt. Während aber derart jeder sein Dasein mit der ganzen Welt seiner privaten Daten (oder Apperzeptionen) gegen jeden anderen und dessen Daseinswelt setzt, jedesmal wenn sie zum Tausch ihrer Waren aufeinandertreffen, ist gleichwohl doch die Welt selbst in ihrer Wirklichkeit zwischen ihnen allen bloß *eine*. Worauf reduziert sich aber diese Einheit der Welt in ihrer Wirklichkeit zwischen den Tauschenden? Alles, was in der Welt und an den Dingen apperzipierbar ist, ist als ihr privates Datum zwischen ihnen monadologisch aufgeteilt. Einheit hat also die Welt zwischen ihnen nur abgesehen von ihrer Beschaffenheit. Und nicht nur die Apperzeptionen von den Dingen werden zwischen ihren Besitzern getauscht, sondern die Dinge selbst, während die Apperzeptionen von diesen den einzelnen verbleiben. Dem Dasein bloß als solchem nach werden also die Waren zwischen ihren Eigentümern bewegt, abzüglich all dessen, was die private Apperzeption der Eigentümer bildet. Bloß in ihrer Wirklichkeit ist die Welt zwischen den an ihr partizipierenden Eigentümern *eine,* während die Art der Partizipation die subjektive Verneinung der Einheit der

[11] Tatsächlich hat im Griechischen z. B. das Wort »ousia« den Sinn von Dasein und von Eigentum.

Welt ausübt und der Nötigung zum Tausch nur als äußerem Zwang der objektiven Tatsachen gehorcht. Der Tausch sorgt selbst für seine Blindheit als gesellschaftlich-synthetische Verkehrsform. Der Tausch geschieht nur kraft des praktischen Solipsismus der Tauschenden, der die Vergesellschaftung, die sie darin begehen, ihrer möglichen Einsicht entzieht. Was ist es aber, was die Einheit der Welt im Gegensatz zum Solipsismus der Tauschenden konstituiert? Es ist wiederum nicht die materielle Unteilbarkeit der Welt oder der Bestandteile oder der Dinge, woraus sie besteht, noch auch die Einzigkeit und Unersetzlichkeit der individuellen Exemplare ihrem Wesen nach.[12] Vielmehr ist es allein die Einzigkeit des Daseins jedes Teils, was die Einheit aller Teile zu *einer* Welt ausmacht, wie weit man den Bereich der »Welt« auch ziehen wolle. Das Ergebnis ist also dasselbe wie vorher: Die Austauschbarkeitsform der Waren ist die Einzigkeit des Daseins einer jeden, und zwar diese Einzigkeit des Daseins in abstracto, nämlich »abzüglich« alles dessen, was zur Apperzeption der Warendinge gelangt und in den praktischen Solipsismus der Tauschenden gegeneinander eingeht.

Es bleibt noch zu fragen, was diese Natur der Austauschbarkeitsform der Waren zur Vergesellschaftung durch Austausch beiträgt. Sie verleiht der gesellschaftlichen Synthesis durch Warenaustausch ihre Einheit. Wenn der Warenverkehr die Entwicklungsstufe erreicht, auf der er der ausschlaggebende nexus rerum wird, muß die »Verdoppelung der Ware in Ware und Geld« eingetreten sein; möglicherweise auch umgekehrt führt diese Verdoppelung (welche erstmals in der Geschichte um 700 v. Chr. am jonischen Rande des griechischen Orbis geschah) dazu, daß der Wa-

---

[12] Die Bestimmung der Einheit der Welt durch die Interdependenz aller Teile ist ein theoretischer Begriff, kann also keine Rolle spielen, wo wir mit der »Welt« nur als Feld des Daseins und Ort von Handlungen, Tatort der Tauschhandlungen, zu tun haben.

rentausch sehr bald zu einem bestimmenden Medium der Vergesellschaftung wird. Das Geld ist dann der dingliche Träger der Austauschbarkeitsform der Waren, agiert als deren allgemeine Äquivalent- und Austauschbarkeitsform. Das Wesen derselben als Einzigkeit des Daseins der Waren bewirkt die Tatsache, daß das Geld seinem funktionellen Wesen nach eines ist, anders gesagt, daß es nur *ein* Geld geben kann.[13] Natürlich existiert eine Vielzahl von Währungen; sofern aber jede von diesen in ihrem Umlaufsbereich tatsächlich wirksame Geldfunktionen ausübt, gilt zwischen ihnen allen das Postulat, daß sie zu einem eindeutigen Wechselkurs ineinander umrechenbar sein müssen, also funktionell zu einem und nur einem universellen Geldsystem kommunizieren. Dem entspricht die funktionelle Einheit aller kommunizierenden Tauschgesellschaften. Tauschverkehr, welcher sich an verschiedenen Orten der Welt in geographischer Isolierung herausgebildet hat, fließt bei Herstellung von unbehindertem Kontakt mit Notwendigkeit über kurz oder lang zu einem Nexus von blindwirkender, aber unteilbarer Interdependenz der Warenwerte zusammen. Diese essentielle interkommunikative Einheit aller Währungen zu einem Geldsystem und die Einheit der gesellschaftlichen Synthesis durch Warentausch, welche dadurch vermittelt wird, ist formell und genetisch, also sagen wir formgenetisch, dieselbe wie die Daseinseinheit der Welt. Die abstraktifizierte Einheit der Welt kursiert als Geld zwischen den Menschen und ermöglicht ihren bewußtlosen Zusammenhang zu *einer* Gesellschaft.

Um uns der bisherigen Analyse zu versichern, sei wiederholt:

---

[13] »Dienen daher zwei verschiedene Waren, z. B. Gold und Silber, gleichzeitig als Wertmaße, so besitzen alle Waren zweierlei verschiedene Preisausdrücke, Goldpreise und Silberpreise, die ruhig nebeneinander laufen, solange das Wertverhältnis von Silber zu Gold unverändert bleibt, z. B. 1:15. Jede Veränderung dieses Wertverhältnisses stört aber das Verhältnis zwischen den Goldpreisen und den Silberpreisen der Waren, und beweist so tatsächlich, daß die Verdoppelung des Wertmaßes seiner Funktion widerspricht.« ibid., I. Bd., S. 111.

die Austauschbarkeitsform eignet den Waren abgesehen von ihrer materiellen Beschaffenheit, nämlich abzüglich dessen, was in die Apperzeption und den praktischen Solipsismus der tauschenden Individuen eingeht. Die Abstraktionsform der Austauschbarkeit ist also Produkt der zwischenmenschlichen Betätigung dieses Solipsismus bzw. Privatcharakters des Eigentums an den Waren. Die Abstraktion entspringt der zwischenmenschlichen Verkehrsrelation; sie entspringt nicht im Einzelbereich, nicht im Apperzeptionsbereich eines Eigentümers für sich. Sie entspringt in einer Weise, die sich dem Empirismus, welcher sich auf den Apperzeptionsstandpunkt des Individuums versteift, gänzlich entzieht. Denn nicht die Individuen bewirken ihre gesellschaftliche Synthesis, ihre Handlungen tun das. Die Handlungen bewirken eine Vergesellschaftung, von der die Handelnden in dem Augenblick, da sie geschieht, nichts wissen. Und doch ist der Warentausch eine Verkehrsweise, in der die Akteure ihre Augen offen halten, eine Verkehrsweise, in der die Natur stillsteht, also eine Verkehrsweise, in die sich absolut nichts Außermenschliches hineinmischt, eine Verkehrsweise endlich, die sich auf einen bloßen Formalismus reduziert, einen Formalismus von »reinem« Abstraktionscharakter, aber von raumzeitlicher Realität. Dieser Formalismus nimmt gesonderte dingliche Gestalt an im Geld. Geld ist abstraktes Ding, ein Paradox in sich, und dieses Ding tut seine gesellschaftlich-synthetische Wirkung ohne alles menschliche Begreifen von dem, was es ist. Nichtsdestoweniger ist der Sinn von Geld keinem Tier, sondern nur Menschen zugänglich. Wir haben nun diesen Formalismus weiter zu beschreiben.[14]

14 »Im graden Gegenteil zur sinnlich groben Gegenständlichkeit der Warenkörper geht kein Atom Naturstoff in ihre Wertgegenständlichkeit ein.« ibid., I. Bd., S. 62. Ferner: »Die vermittelnde Bewegung verschwindet in ihrem eignen Resultat und läßt keine Spur zurück... Daher die Magie des Geldes. Das bloß atomistische Verhalten der Menschen in ihrem gesellschaftlichen Produktionsprozeß und daher die von ihrer Kontrolle und ihrem bewußten individuellen Tun unabhängige,

d. Abstrakte Quantität

Tatsächlich spielen in der Erzeugung dieses Formalismus zwei Abstraktionsvorgänge ineinander. Der erste ist die Abstraktion, die der gesamten Warentransaktion in Form ihrer Isolierung und zeitlichen Trennung von den Gebrauchsakten zu Grunde liegt. Der zweite spielt innerhalb der Transaktion in Gestalt der Aussonderung der Austauschbarkeitsform der Waren und ist Wirkung des gegeneinander privativem Solipsismus der tauschenden Individuen. Diese zweite Abstraktion haftet am Vollzug des Tauschaktes. Die Aussonderung der Austauschbarkeitsform ist dadurch unmittelbar mit der Tauschgleichung verknüpft. Die Tauschgleichung als Gleichsetzung der Warenposten durch den Tauschvollzug ist ein dem Tausch in seiner Eigenschaft als gesellschaftlicher, zwischenmenschlicher Verkehrsform innewohnendes Postulat. Nicht für die tauschenden Warenbesitzer subjektiv, sondern zwischen ihnen objektiv gelten die getauschten Warenposten als gleich. Die Gleichheit ist impliziert in der beiderseitigen Anerkennung der Transaktion als »Tausch«, nämlich als eine Besitzveränderung, welche den Eigentumsstand eines jeden unversehrt läßt. Ich spreche von Eigentumsstand statt von Eigentumsrecht, um damit kenntlich zu machen, daß die juristische Form des Verhältnisses zu seiner Erklärung nichts hinzutut. Die juristische Formulierung setzt die Tauschgleichung voraus, nicht umgekehrt.

Die Tauschgleichung, wir wiederholen, ist relationales Postulat des Tausches als gesellschaftlicher Verkehrsform. Das Postulat ist gesellschaftlichen Ursprungs und hat rein objektive gesellschaftliche Geltung. Die Waren sind nicht gleich, der Tausch setzt sie gleich. Diese Setzung vollzieht eine

sachliche Gestalt ihrer eignen Produktionsverhältnisse erscheinen zunächst darin, daß ihre Arbeitsprodukte allgemein die Warenform annehmen. Das Rätsel des Geldfetischs ist daher nur das sichtbar gewordne, die Augen blendende Rätsel des Warenfetischs.« Ibid., S. 107/8.

weitere Abstraktion, die Abstraktion der zum Tausch stehenden Warenmengen zu abstrakten Quantitäten nur als solchen. Die Waren werden in einer bestimmten gebrauchsmäßigen Mengenbestimmung zu Markt gebracht, nach Gewicht oder in Stückzahl oder Mengeneinheiten, nach Volumen, Gradmaßen etc. Die Tauschgleichung löscht diese zum Gebrauchswert hörigen, untereinander nicht vergleichbaren Mengenbestimmungen aus. Sie ersetzt diese benannten Quantitäten durch eine unbenannte, die nichts mehr als Quantität schlechthin ist, unbezogen auf jegliche Art von Qualität. Diese Quantität an sich oder in abstracto ist wie die Tauschgleichung, aus der sie entspringt, relationaler Natur und *haftet* wiederum wie die Tauschgleichung *am Akt* des Tauschvollzuges. Wenn der Tauschvollzug nicht zustandekommt, so deshalb, weil zwischen den Warenposten ein zuviel oder zu groß (>) oder ein zuwenig oder zu klein (<) waltete anstatt der erforderlichen Gleichheit (=). Es ist diese absolute, von Qualität überhaupt »abgelöste« Quantität relationaler Natur, welche dem reinen mathematischen Denken als Formbestimmtheit zugrundeliegt. Demnach stünde das Auftauchen von rein mathematischem Denken in seiner ihm eigentümlichen Logik geschichtlich in dem bestimmten Entwicklungsstadium zu erwarten, in dem der Warenaustausch zur tragenden Form der Vergesellschaftung wird, zu einem Zeitpunkt, der durch die Einführung und Ausbreitung gemünzten Geldes kenntlich ist. Pythagoras, bei dem die mathematische Denkweise in ihrer eigentümlichen Ausprägung zum ersten Male auftritt, hat nach der heute vorherrschenden Annahme der Altertumsforscher wahrscheinlich an der Einführung des Münzsystems in Kroton selber mitgewirkt. Doch gehört die Frage, wie die Formelemente der Tausch bzw Warenabstraktion ins Bewußtsein treten, noch nicht hierher, da wir es vorerst allein mit der Analyse der Realabstraktion selbst zu tun haben.

e. Der Wertbegriff

Der Tausch setzt die Waren gleich, obwohl sie verschieden sind. Die Waren sind notwendig verschieden, da gleiches mit gleichem nicht füreinander ausgetauscht würde. »Rock tauscht sich nicht aus gegen Rock, derselbe Gebrauchswert nicht gegen denselben Gebrauchswert.«[15] Um das Postulat der Tauschgleichung auszudrücken und es überhaupt zu denken, bedarf es deshalb eines vermittelnden Begriffes, dank dessen die Gleichheit und die Verschiedenheit der Waren nebeneinander gelten können. Dies ist der Begriff des »Wertes«, durch den die Tauschgleichung als Äquivalenz, nicht Gleichheit, sondern Gleichwertigkeit gilt. Der »Wert« ist also nicht der Grund der Gleichung, sondern umgekehrt, das dem Tauschverhältnis inhärente und für die gesellschaftliche Synthesis notwendige Postulat der Tauschgleichung geht dem Wertbegriff voraus.[15a] Das gibt dem Wertbegriff den Anschein, als weise er auf ein in den Waren enthaltendes rein quantitatives Wesen hin. Aber dieses anscheinende Wesen ist nicht mehr und nichts anderes als eine aus dem Tun der Menschen hervorwachsende gesellschaftlich notwendige Relation, in der das gesellschaftliche Verhältnis der Menschen sich »verdinglicht«, nämlich sich zu einem Verhältnis zwischen ihren Waren verschiebt. Den Waren wird eine gesellschaftliche Natur aufgeladen, die mit ihnen als Dingen von Haus aus nichts zu tun hat. Daher der »Fetischcharakter«, der den Waren anhängt.

Obgleich die Vergleichung dieser erweiterten Formanalyse mit der Marxschen Warenanalyse einer ausführlichen Behandlung im Anhang vorbehalten bleiben soll, wird doch eine begrenzte Bemerkung hier unvermeidlich. Es ist die, daß wir der Wertform der Waren keine inhärente Bezie-

---

[15] ibid., S. 56.
[15a] »Erst innerhalb ihres Austauschs erhalten die Arbeitsprodukte eine von ihrer sinnlich verschiednen Gebrauchsgegenständlichkeit getrennte, gesellschaftlich gleiche Wertgegenständlichkeit.« Ibid., S. 87.

hung auf die Arbeit zuerkennen können. Hier befinden wir uns durchaus nicht in einem Zwiespalt mit Marx. Die Wertform verleugnet und verschleiert den Größenbezug des Werts zur Arbeit durch den »gegenständlichen Schein« des Warenwerts. »Es steht daher dem Werte nicht auf der Stirn geschrieben, was er ist.« Die Tauschabstraktion ist das Gespinst, aus dem der Schein gewoben ist, da sie nur dadurch entsteht, daß Produktion und Konsumtion im Tausch nicht statthaben. Die Arbeit, in der die Waren produziert, und die Akte, in denen sie verbraucht werden, sind die hauptsächlichen physischen Veränderungen, von denen der Warenaustausch isoliert werden muß, damit er stattfinden kann. Der Warenaustausch selbst ist nichts als wechselseitiges Aneignungsverhältnis. Die entscheidende, in der Warenproduktion vorliegende Tatsache ist, daß auf ihrer Grundlage die Vergesellschaftung nicht im gesellschaftlichen Charakter des Arbeitsprozesses und der mehr oder minder umfassenden Kollektivität der Produktionsweise wurzelt, wie etwa im primitiven Kommunismus, sondern in einem als Tauschverkehr formalisierten und verallgemeinerten System der Aneignung. Zugrunde liegt die Aufspaltung der ursprünglich kollektiven Produktion in ein arbeitsteiliges System spezialisierter Einzelproduktion. »Nur Produkte selbständiger und voneinander unabhängiger Privatarbeiten treten einander als Waren gegenüber.«[16] Natürlich muß der Mechanismus der privaten Aneignung in den Formen des Austauschs im Endresultat einen den gesellschaftlichen Bedürfnissen mehr oder minder gemäßen Zusammenhang der unabhängigen Privatarbeiten zustande bringen, damit die warenproduzierende Gesellschaft lebensfähig sein kann. »Und die Form, worin sich diese proportionelle Verteilung der Arbeit durchsetzt in einem Gesellschaftszustand, worin der Zusammenhang der gesellschaftlichen Arbeit sich als *Privataustausch* der individuellen Arbeitsprodukte geltend

16 ibid., S. 57, ähnlich auch S. 87.

macht, ist eben der Tauschwert dieser Produkte.«[16a] Alle in den warenproduzierenden Gesellschaften herrschenden, das Handeln der Individuen dirigierenden Begriffe entspringen dem Austauschmechanismus und dem gegenständlichen Schein, wodurch die bewußtlose Gesellschaft überhaupt möglich wird. So wie dieser Mechanismus aus nichts besteht als aus den reziproken Aneignungsakten des Privataustauschs der Arbeitsprodukte als Werte, so sind auch diese Begriffe von den Aneignungsverhältnissen geprägt, die ihnen gesellschaftliche Bedeutung verleihen. Ihre Beziehung zur gesellschaftlichen Realsubstanz, nämlich die Arbeit, durch die Auszutauschendes überhaupt erst existiert, ist insgesamt nur eine indirekte. Nur die formgenetische Kritik dieser verschleiernden Begriffe kann ihren Bezug zur Arbeit in Augenschein bringen. Kraft der Reziprozität als Austausch nimmt die Aneignung die Form des selbstregulativen, sich selber auswiegenden Mechanismus an, der sie befähigt, Träger der gesellschaftlichen Synthesis zu werden; im Unterschied zu der einseitigen, tributären Aneignung in den »direkten Herrschafts- und Knechtschaftsverhältnissen«, welche in den altorientalischen Zivilisationen und im Feudalismus vorherrschen.[17] Andererseits bringt der Austausch seine Objekte nicht hervor, sondern setzt die Produktion und die Arbeit voraus. Es kann insgesamt nicht mehr ausgetauscht werden, als produziert wird. Die Summe aller Preise (Aneignungspreise) muß essentiell gleich der Summe aller Werte (Arbeitswerte) sein, und auch innerhalb dieser globalen Gleichung ist die Relation zwischen Aneignung und Produktion eine Sache der kausalen und blindwirkenden ökonomischen Notwendigkeit. Aber die Wertform der Waren, d. h. die Warenabstraktion, steht in keinem inhärenten Zusammenhang mit der zur Pro-

---

16a Marx in Brief an Kugelmann vom 11. Juli 1868 (Hervorhebung von Marx).
17 Vgl. *Das Kapital*, III. Bd., S. 798.

duktion der Waren erforderlichen Arbeit. Nicht Zusammenhang, sondern Trennung kennzeichnet dieses Verhältnis. Anders gesagt, die Warenabstraktion ist Tauschabstraktion, nicht Arbeitsabstraktion. Die Arbeitsabstraktion, welche in der kapitalistischen Warenproduktion in der Tat stattfindet, hat, wie wir später (im 3. Teil dieser Schrift) sehen werden, ihren Ort im Produktionsprozeß, nicht im Austauschprozeß.

Die Robinsonadenökonomie der subjektiven Wertlehre hat keinen Blick für das Äquivalenzpostulat. In dieser theoretischen Disziplin ist der gesellschaftliche Aspekt des Tausches, seine Eigenschaft als gesellschaftliche Verkehrsform und Träger der gesellschaftlichen Synthesis, begrifflich ausgelöscht. Daß diese Auslöschung, systematisch gesprochen, fehlerhaft ist, zeigt sich daran, daß die subjektive Wertlehre von der Quantifizierung der Werte, auf die sie angewiesen ist, nämlich die Setzung von Zahlenwerten für die Waren bzw. »Güter«, keine Rechenschaft geben kann; die Quantifizierung gelangt in diese Theorie nur auf dem Wege der logischen Erschleichung. Aber die methodologische Auswirkung ist die Schaffung der sog. »reinen Ökonomie«, die dann ihrerseits Anlaß zur methodologischen Schaffung einer von der Ökonomie getrennten Gesellschaftslehre gab. Diese Aufteilung des Zusammengehörigen, die etwa so alt wie die Anfänge des Monopolkapitalismus ist, führt dazu, daß beide Disziplinen, die »reine Ökonomie« und die empirische Soziologie, den Kontakt mit dem Geschichtsprozeß verlieren; denn der Geschichtsprozeß wird von der Zusammengehörigkeit von Ökonomie und Vergesellschaftung beherrscht. Das schließt eindringende Analysen von Einzelphänomenen nicht aus. Aber auf dem Boden dieser Trennung sind die Kategorien nicht zu gewinnen, unter denen der Zusammenhang der Einzelphänomene zum Geschichtsprozeß bzw. mit dem Geschichtsprozeß allein begreiflich wird. Über das, was seit dem Beginn des Monopolkapitalismus mit der Gesellschaft eigentlich geschieht, ist weder von der »reinen Ökonomie« noch von der empirischen Soziologie Aufschluß zu erwarten; und das nicht bloß wegen des mangelnden Interesses an einem solchen Aufschluß von Seiten der großen Mehrzahl der Ökonomisten und Soziologen, sondern eben aus Gründen des methodologischen Unvermögens ihrer Disziplinen.

Die Rolle des Äquivalenzpostulats für die gesellschaftliche Synthesis durch Warentausch ist so offenkundig, daß sie kaum der expliziten Betonung bedarf. Die Tauschgleichung dient der zufälligen, rein kontengenten Tatsächlichkeit des Geschehens in Austauschzusammenhängen der Logik. Die Waren werden auf den Markt geworfen, herausgerissen aus ihren Herstellungszusammenhängen, herausgerissen z. B. durch Raubhandel aus den traditionsgeregelten Ordnungen von naturwüchsigen Gemeinwesen. Auf dem Markt treten sie anderen Waren von ähnlicher zufälliger Präsenz gegenüber. Solche Zufälligkeit braucht nicht vorzuherrschen, aber sie kann vorherrschen. Ob und wieweit sie vorherrscht, hängt letzten Endes vom Entwicklungsgrad der materiellen Produktivkräfte ab. Vorausgesetzt, daß ihre Besitzer über die Waren freie Verfügungsgewalt haben und sich solche gegenseitig zuerkennen, bietet die homologe Form der Tauschgleichung durch ihre vollständige Abstraktheit die Termen einer »Warensprache«, wie Marx sagt, die bei gehöriger Ausdehnung des Marktes einen allseitigen Daseinszusammenhang von Menschen als bloßer Wareneigentümer ermöglicht, wenngleich alle andersartigen Ordnungen zwischen den Menschen zerrissen wären und durch die Ausdehnung des Marktes tatsächlich zerrissen werden müssen. Das Netz, das die Formen der Tauschabstraktion, d. i. die Logik der »Wertform«, auf dem Warenmarkt herstellt, hat den nötigen Funktionalismus[18], um der materiellen Grundlage

---

18 Man könnte bei dieser Fernwirkung der Warensprache sehr wohl von funktionaler Vergesellschaftung sprechen.

der Warenexistenz, also der Produktion und Konsumtion der Waren, den interdependenten Formzusammenhang des Marktes aufzuzwingen. Diese Ordnung und ihr Charakter der ökonomischen Notwendigkeit hat in letzter Instanz nichts Lockereres zur Wurzel als die Daseinseinheit der Dinge, die durch die Konsequenzen der Austauschbarkeit der Waren die Menschen zwingt, sich ohne Verständigung miteinander in die Einheit derselben Welt zu fügen. Ihr Dasein regelt sich nach Gesetzen einer Gesellschaft nur noch überhaupt.

f. Substanz und Akzidenz

Es hat sich gezeigt, daß die Formen der Tauschabstraktion am Akt des Tauschvollzuges haften und dessen Regelcharakter besitzen. Wie bestimmt sich nun dieser Tauschvollzug selbst, also der Akt der Besitzübertragung der Waren zwischen ihren Privateigentümern? Oder um eine andere Frage voranzustellen: wie bestimmen sich die Tauschobjekte selbst im Akt der Besitzübertragung? Sie dürfen keiner physischen Veränderung ausgesetzt sein, haben also die Bestimmung absoluter materieller Konstanz, zwar nur als Postulat bzw. als Fiktion, aber als gesellschaftlich notwendige Fiktion. Im Akt der Besitzübertragung sind sie nicht Objekte von Gebrauchsakten, und dies nicht als einfache Negation, sondern als affirmativ gesetzte Negation. D. h. sie haben als Tauschobjekte, genauer gesagt, als Gegenstände des Tauschakts, nicht einfach nur keine Gebrauchsqualitäten, sind vielmehr positiv qualitätslos. Andererseits werden sie nur getauscht, um nach Abschluß der Tauschhandlung gebraucht zu werden. Ihre Qualitäten als Gebrauchsobjekte hängen ihnen also wesentlich an, während sie in materieller, aber qualitätsloser Konstanz getauscht werden. Die qualitätslose beharrliche Eigenschaft ist das, was ihnen im Markte die Realität gibt, während ihre Gebrauchseigenschaften zwar von verifizierbarer Realität, aber hier Gegenstand einer nur gedachten Tätigkeit sind. In dieser zwiefachen Natur der Waren ist unschwer das Verhältnis von Substanz und Akzidenzen wiederzuerkennen. Auch wenn sich in einem bestimmten Entwicklungsstadium durch die »Verdoppelung der Ware in Ware und Geld« beide Bestimmungen sozusagen leibhaftig gegenübertreten, bleibt die Ware mit ihrer Doppelnatur behaftet; nur spiegelt sich ihre qualitätslos und beharrliche Substantialität nun in der nondeskriptiven Materialität des Geldes außerhalb ihrer. Da es nondeskriptive Materie in der Natur nicht gibt, müssen Gold, Silber, Kupfer oder auch einfach Papier ihre Stellvertretung übernehmen.

g. Atomizität

Damit die nondeskripte Substanz jedes austauschbare Warending ungeteilt in seinem ganzen Raum und durch die Zeit hindurch einnehmen kann, muß, in scheinbarem Widerspruch hierzu, die Geldmaterie den verschiedenen Wertgrößen gemäß gestückelt werden können, also beliebig teilbar sein. Atomizität der Geldmaterie einerseits und Unteilbarkeit derselben innerhalb jedes Warendings als faktisch getauschter Einheit andererseits liefern einen der Widersprüche, mit denen die gesellschaftliche Funktion des Geldes durch ihre Formbestimmtheit dem Denken zu schaffen gibt, welches Hegel als »metaphysisches« bezeichnet.

h. Abstrakte Bewegung

Bewegung beschreibt den Vollzugsakt des Warentauschs, worin die vereinbarte Besitzübertragung der Waren zur Ausführung gelangt. Der Vollzugsakt beschränkt sich wesensmäßig auf die rein gesellschaftliche Änderung der Waren in ihrem Besitzverhältnis in eindeutiger raumzeitlicher Geschiedenheit von Veränderungen ihres physischen Bestandes.

Zwar ist diese Scheidung nicht mehr als ein Postulat, aber die implizierte Beschreibung von Bewegung hat gerade dieses Postulat zum Maßstab. Dementsprechend ist die Beschreibung die von reiner Bewegung in Raum und Zeit (als leerer Kontinua) von abstrakten Substanzen, welche dadurch keine materielle Veränderung erleiden und keiner anderen als quantitativer Differenzierung fähig sind. Da der Vollzug der Besitzübertragung das Ziel ist, dem die zeitliche und örtliche Trennung von Tausch- und Gebrauchshandlung dient, faßt sich in diesem abstrakten Schema der reinen Bewegung die ganze Tauschabstraktion zusammen. Die anderen, zuvor analysierten Teile und Phasen der Abstraktion liegen ihm zugrunde. Durch die Eliminierung jeglicher Gebrauchshandlung werden auch Zeit und Raum selbst abstrakt. Sie verlieren, ebenso wie die Waren in ihrer Bestimmtheit als »Substanzen«, jedwede Spur einer bestimmten Örtlichkeit im Unterschied zu einer anderen, jede Unterschiedlichkeit eines Zeitpunkts gegenüber einem anderen. Sie werden zu unhistorischen, also historisch zeitlosen Bestimmungen von abstrakter Zeit überhaupt und abstraktem Raum überhaupt. Dieselbe Abstraktifizierung trifft den Bewegungsvorgang selbst. Er wird zum Minimum dessen, was überhaupt noch einen materiellen Vorgang darstellt, überhaupt noch ein bestimmbares Ereignis in Raum und Zeit. Alle anderen Vorgänge und Ereignisse müssen sich letzten Endes in der einen oder anderen Weise auf dieses reine Bewegungsschema zurückführen lassen als »zusammengesetzte« Bewegungsformen, und alle Vorgänge bemessen sich entsprechend als rein materielle Vorgänge in Raum und Zeit.[19]

19 »Die Bewegung ist die Daseinsweise der Materie. Nie und nirgends hat es Materie ohne Bewegung gegeben, oder kann es sie geben. Bewegung im Weltraum, mechanische Bewegung kleinerer Massen auf den einzelnen Himmelskörpern, Molekularschwingungen als Wärme oder als elektrische oder magnetische Strömung, chemische Zersetzung und Ver-

Die Waren befinden sich durch den ganzen Verlauf ihrer Besitzübertragung hindurch in ihrer Austauschbarkeitsform und in unveränderter quantitativer Bestimmtheit. Sie sollen unvermindert ihre bestimmte Wertgröße, ihren Tauschwert behalten. Diese Bedingung verleiht dem Raum und der Zeit, worin sie sich bewegen, ihre eigentümliche Kontinuität und Gleichförmigkeit. Die Bewegung mag sich ändern und Unterbrechungen erleiden, aber Raum und Zeit müssen ihren gleichförmigen ununterbrochenen Zusammenhang behalten, da ohne das die Kontrolle über die gleichbleibende Wertgröße der Waren sich verlieren würde. Andererseits ist die Daseinsidentität der Waren in der Abstraktheit ihrer Austauschbarkeitsform eine relationale, ursprünglich zwischenmenschliche Bestimmtheit, in der zu jedem gegebenen Zeitpunkt und an jedem gegebenen Ort der Bewegung Dasein und Wertgröße der Waren im Verhältnis zu ihrem Gegenwert und in der reziproken Eigentumsexklusion ihrer Besitzer fixiert, festgehalten und verifizierbar sind. Mit Bezug auf diesen gesellschaftlich relationalen Charakter ihrer Austauschbarkeitsform und Wertbestimmtheit zerfällt die Be-

---

bindung, organisches Leben – in einer oder der anderen dieser Bewegungsformen oder in mehreren zugleich befindet sich jedes Stoffatom der Welt in jedem gegebenen Augenblick.« Fr. Engels, *Anti-Dühring*, S. 70 (Dietz Verlag, Berlin).

»The theory that the physical world consists only of matter in motion was the basis of the accepted theories of sound, heat, light, and electricity.« Bertrand Russell, *A History of Western Philosophy*, London 1946, p. 630.

Es ist bemerkenswert, daß noch Galilei die abstrakte Bewegung einem rein mathematischen Begriff gleichachtet. Die ganze traditionelle Scheidung zwischen reinen und empirischen Begriffen verliert ihre Basis und macht einer anderen Platz, wenn der Rückschluß von der theoretischen Naturerkenntnis und ihrer Methode auf die ursprüngliche Autonomie der »reinen ratio« hinfällig wird. An ihre Stelle tritt die Unterscheidung zwischen den im Tauschwert (kurz gesagt) implizierten Abstraktionen und den zum Gebrauchswert gehörigen Begriffs- und Vorstellungsweisen.

wegung der Waren im Tauschvollzug ebensosehr in diskrete Momente, wie sie andererseits die Bedingung der Kontinuität zu erfüllen hat. Diese Widersprüchlichkeit entstammt dem gesellschaftlichen Ursprung der dinglichen Abstraktionen bzw. umgekehrt der Verdinglichung der gesellschaftlichen Relation. Sie hat in der Antike in den Paradoxien des Zenon Ausdruck gefunden und in der Neuzeit die Form der Bewegungsanalyse durch den Kalkulus angenommen.[20]

20 Der Gedanke, die Transportprobleme des Kaufmannskapitals im 16. und 17. Jahrhundert zur Erklärung der mechanischen Philosophie und Naturwissenschaft heranzuziehen, ist von Prof. Bernhard Hessen (»The social and economic roots of Newton's Principia«, Amsterdam 1931, als Vortrag gedruckt), von Stephen F. Mason (»Some historical roots of the Scientific Revolution«, *Sciences & Soc.*, vol. XIV, No. 3, Summer 1950, und *A history of the Sciences, main currents...*, London 1953) und anderen vertreten worden. So interessant und erhellend die Behandlung des reichen Materials ist, das in diesen Studien untersucht wird, verfehlen diese ihren theoretischen Zweck doch meist dadurch, daß der springende Punkt des Zusammenhangs außer acht bleibt, nämlich daß es sich um den Transport und die Produktion von *Waren* handelt und daß deshalb die Formanalyse der Ware die Voraussetzung bildet dafür, daß die gestellten Erklärungsaufgaben erfüllbar werden. Tatsächlich werden gewöhnlich die Abstraktionen des mechanistischen Denkens schon in die Transportprobleme hineininterpretiert, um sie hernach daraus abzuleiten, ohne sich Rechenschaft darüber zu geben, daß der Transport als solcher an den zur Erklärung stehenden Begriffsformen ganz unschuldig ist oder sie im Alten Ägypten oder Mesopotamien ebensogut hätte hervorrufen können wie zur Zeit Demokrits oder Newtons. Eine ähnliche Verkennung der Natur des Problems widerfährt auch Henryk Großmann in seiner ansonsten materialiter wiederum faszinierenden Kritik an Franz Borkenaus *Übergang vom feudalen zum bürgerlichen Weltbild, Studien zur Geschichte der Philosophie der Manufakturperiode*, 1934 (H. Großmann, »Die gesellschaftlichen Grundlagen der mechanistischen Philosophie und die Manufaktur«, Ztschr. f. Sozialforschung, IV, 2 (1935) S. 161–229). Hier sollen die Begriffe des mechanistischen Denkens abgeleitet werden aus der praktischen Betätigung experimentierender Handwerksmeister in der Erfindung und Herstellung von neuartigen mechanischen Apparaturen. Tatsächlich werden aber diese Apparaturen von H. Großmann schon

i. Strikte Kausalität

Die Tauschabstraktion ist nicht der Quell des Kausalbegriffs, der auf viel ältere Schichten zurückgeht. Wohl aber scheint sie die Wurzel der Gleichung zwischen Ursache und Wirkung zu sein, welche die »strikte Kausalität« kennzeichnet. Die strikte Kausalität ist, nach unserer Auffassung, die Form, in der Naturveränderung an Objekten erscheint, die unter dem Postulat der Nicht-Veränderung im Markte zum Austausch stehen. Gegenüber Veränderungen von menschlicher Seite ist dieses Postulat mit marktpolizeilicher Autorität erzwingbar. Was Naturveränderungen angeht, ist es nicht mehr als eine Fiktion, die die Realität von Veränderungen nicht ausschließt, dieselben aber einer bestimmten begrifflichen Form unterwirft. Es ist die Form der genauen, mathematisch formulierbaren Ausgleichung von Ursache und Wirkung, so daß der Kausalvorgang, wenn er sich als spezifisch begrenztes Einzelereignis isolieren läßt, sich vor wie nach seinem Ablauf dem Postulat der Negation der Veränderung einfügt. Die Negation der Veränderung wäre demnach das logische Postulat, von dem das strenge Gleichungsverhältnis zwischen Ursache und Wirkung seine Denknotwendigkeit erhält. Hier wird die Wurzel eines neuen, von der magischen und mythologischen Denkart scharf abgesetzten Begriffs von Natur und Naturveränderung sichtbar. Es ist der Begriff von Vorgängen, die nicht nur ohne alles menschliche Zutun aus bloßer Natur geschehen, sondern die entgegen allen Vorkehrungen und entgegen dem gesellschaftlichen Postulat der Unveränderlichkeit der Waren im Markt Platz greifen. In

---

nach der Logik des mechanistischen Denkens verstanden und gedeutet, der Erklärungsgegenstand also in nuce vorausgesetzt statt abgeleitet. Die Argumentation läuft deshalb unwillkürlich auf die seltsame Auffassung hinaus, daß die Maschinen die Naturwissenschaften erzeugen anstelle des Umgekehrten. Dies ist gesagt unbeschadet der Anerkennung der Großmannschen Abhandlung als einer der interessantesten und aufschlußreichsten, die zu diesem Thema geschrieben worden sind.

ihnen betätigt sich die Natur als eine von der menschlichen Sphäre genau geschiedene, außer aller Gemeinschaft mit dem Menschen stehende Macht, die Macht der Natur als bloßer Objektwelt. Auf sie bezieht sich der Begriff der strikten Kausalität als einer im Objekt stattfindenden Verursachung und Wirkung. Dieser Begriff von Natur ist unverkennbar verschieden von der Naturerfahrung des Menschen in der Arbeit, in der, wie Marx sagt, der Mensch selbst als Naturmacht auf die Natur einwirkt. Als Agent des Marktverkehrs ist der Mensch von der Natur kaum weniger getrennt als die Wertgegenständlichkeit der Waren selbst.

Daß im Kausalbegriff und seiner strikten Form sowenig wie in irgendeiner anderen »Kategorie des reinen Verstandes« die geringste Spur von einem solchen gesellschaftlichen Ursprung anzutreffen ist, daß in ihnen im Gegenteil der Gedanke eines solchen Ursprungs als Sache der Unmöglichkeit erscheint, ist kein Einwand gegen die hier vorgenommenen Ableitungen. Es wird sich noch zeigen, daß diese genetische Blindheit der Verstandeskategorien in der Reflexion der Tauschabstraktion ihre zureichende Begründung findet. Die Tauschabstraktion selbst hat in allen ihren Zügen eine streng zeitlose, mit dem Gedanken eines Ursprungs unverträgliche Inhaltsform. Aus Charakteristiken von historischer und geographischer Bestimmtheit werden sie zu solchen von nur mehr mathematischer Bestimmbarkeit.

Die Kausalität, genauer gesprochen, ihre Formbestimmtheit als strikte Kausalität, nimmt eine Ausnahmestellung unter den hier betrachteten Kategorien ein. Sie ist nicht Teil der Tauschabstraktion, sondern eine Konsequenz, ein Korollarium ihrer. Die Tauschhandlung läßt keinerlei materielle Veränderung der Tauschobjekte zu, ob sie nun nach adäquater Verursachung beurteilt wird oder nicht. Die strikte Kausalität übt keine gesellschaftlich synthetische Funktion aus. Nur um zu vermeiden, daß ihre Auslassung unter den Kategorien des »reinen Verstandes« moniert würde, ist sie in diese Betrachtung hineingenommen worden. Tatsächlich kommt auch in der mathematischen Naturwissenschaft der Kausalgedanke niemals unmittelbar zur Verwendung, sondern erst auf dem Umwege und vermittels der experimentellen Verifizierung von Bewegungshypothesen. Das reine Bewegungsschema ist die eigentlich tragende, durch den Warentausch erzeugte Formabstraktion.

k. Schlußbemerkungen zur Analyse

Das Bewegungsschema der Tauschabstraktion bringt einen definitiven Begriff von Natur als materieller Objektwelt mit sich. Sie ist eine Objektwelt, aus der der Mensch selbst als Subjekt – Subjekt des Warentauschs nicht nur, sondern auch des Warenverbrauchs – sich zurückgezogen hat. Sie leitet sich ab von einer gesellschaftlichen Synthesis durch reine Warenbewegungen, genügt also einer Logik von bloßen (wennzwar reziproken) Aneignungsprozessen, keineswegs von Arbeitsprozessen. Im Gefolge der Abstraktion und Trennung der Austauschprozesse von den Gebrauchsvorgängen (in Produktion und Konsumtion) verfallen in dieser Begriffsweise Natur und Menschenwelt selber einer scharfen Scheidung.[21]

Die Grundlage des Bewegungsschemas der Tauschabstraktion bildet ein Widerspruch von eigentümlicher Art. Im Tausch muß abstrahiert werden von allen physischen Vorgängen in und an den Waren. Nichts Physisches, die Materie der Dinge Veränderndes ereignet sich (dem Postulat oder der Fiktion nach) im Tausch, dessen Handlung auf bloße Eigentumsbewegungen, also Veränderungen von rein gesellschaftlicher

---

[21] An die Antike denkend, beobachten wir diese Scheidung als Charakteristikum der philosophischen Denkweise im Unterschied von der vorangegangenen und noch fortdauernden mythologischen Vorstellungswelt, in der Natur und Menschenwelt sich vermengen.

Signifikation beschränkt ist[22]. Nichtsdestoweniger ist aber diese Tauschhandlung selbst ein physischer Vorgang, bestehend aus realen Bewegungen materieller Substanzen in Raum und Zeit. Der Tauschvorgang, also die Besitzübertragung der Waren, hat den gleichen Realitätsgrad wie die physischen Veränderungen, die er ausschließt. Nur deswegen, d. h. des gleichen Realitätsgrades wegen, schließt er sie aus. Diese Ausschließung oder Negation ist also selbst affirmativ gesetzt, die Abstraktion von der Natur wird ihrerseits zur abstrakten Natur. Sie ist, um es paradox zu beschreiben, die Natur, die übrigbleibt, wenn die konkrete Natur, nämlich die im Gebrauch der Waren engagierte, die Stofflichkeit der Dinge verändernde Natur, abgezogen worden ist. Daher ihr Charakter eines absoluten, realen und doch unsinnlichen Minimums von Naturvorgang. Diese abstrakte Natur beschreibt sich in reinen, alles Wahrgenommene, qualitativ Sinnliche der Quantifizierung unterwerfenden Begriffen und Prinzipien, die nirgends ihren Sinn haben und verstanden werden können als unter »zivilisierten Menschen«,[23] Menschen nämlich, die wissen, was Warenaustausch und was Geld ist und die darin unterstellten Eigentumsbegriffe teilen, kurz Menschen, die in einer durch und durch synthetischen Gesellschaft leben. Wir können diese Begriffe und Prinzipien unter dem Namen »mechanistisches Denken« zusammenfassen. Es sind Begriffe und Prinzipien, die nur im menschlichen Denken existieren, – aber nicht aus dem Denken entspringen. Sie sind Begriffe und Grundsätze des »reinen Verstandes« im Sinne Kants. Sie haben einen Ursprung, d. h. sie entstammen einer Vorformung, welche bei Kant »transzendental« heißt, weil sie die Möglichkeit der Erkenntnis, nämlich der quantifizierenden Naturerkenntnis, bedingt. Kant verlegt diese Vorformung ins »Bewußtsein«, in den »Intellekt«

---

22 Man denke der Verdeutlichung halber etwa an ein Schild »Eintritt verboten« in einer überschwemmten Landschaft.
23 Dies ist der Engelssche Begriff von Zivilisation.

oder den »Geist«, aber dies sind Fetischbegriffe. Die Vorformung ist geschichtlicher Natur und gehört, mit Marx zu sprechen, einer bestimmten Form des »gesellschaftlichen Seins« an, nämlich der Warenproduktion. Die Vorformung der »reinen Verstandesbegriffe« ergibt sich in Beantwortung der Frage: Wie ist Vergesellschaftung durch Warentausch möglich?, und es zeigt sich, daß die gesellschaftliche Synthesis, durch welche Warenproduktion möglich ist, dasjenige tatsächlich enthält, was Kant in einer geschichtlich zeitlosen »Synthesis a priori« geistiger Art zu finden geglaubt hat, ja mehr noch: es findet sich die Form- *und* die Ursprungserklärung in einem der reinen Verstandestätigkeit. Dieses ist die These, die wir hier unter dem Namen einer »Kritik der Erkenntnistheorie« zu beweisen unternommen haben, und wir müssen es dem Urteil des Lesers überlassen, wieweit uns dieser Beweis mit der genügenden Schlüssigkeit gelungen ist.[24]

[24] Die hier vertretene These bildet einen der Grundpfeiler im Denken Th. W. Adornos, obgleich er sich m. W. mit ihrer systematischen Begründung im einzelnen nicht befaßt hat. In den Jahren 1936 bis 1939 hat zwischen uns und mit Walter Benjamin ein enger sachlicher Kontakt über diese Dinge bestanden. In seiner *Negativen Dialektik* bezeichnet er mich als den ersten, der darauf aufmerksam gemacht habe, »daß in dem transzendentalen Prinzip, der allgemeinen und notwendigen Tätigkeit des Geistes, unabdingbar gesellschaftliche Arbeit sich birgt« (S. 176). Diese Formulierung kann ich indes nicht ohne Vorbehalt akzeptieren, da sie geeignet ist, im Wesen der Sache Mißverständnisse zu erwecken. Adorno sowohl wie J. Habermas und andere, die sich zur »Frankfurter Schule« rechnen (was ich im gewissen Sinn ebenfalls tue), sprechen des öfteren von der kapitalistischen Ökonomie als einer »Synthesis der gesellschaftlichen Arbeit«. Das ist im Sinne des Marxschen Briefes an Kugelmann vom 11. Juli 1868 gewiß richtig. Keine Gesellschaft, welcher Art immer, wäre lebensfähig, wenn nicht durch ihren Mechanismus letzten Endes eine Synthesis der gesellschaftlichen Arbeit zustände käme. Die Frage von Interesse ist aber, *wie* sie zustande kommt. Und da liegt das Spezifische der »Gesellschaften, in welchen kapitalistische Produktionsweise herrscht« (1. Satz des *Kapital*), eben darin, daß sie keine Synthesen *kraft* der gesellschaftlichen Arbeit,

Die Erkenntnistheorie ist mit dem Wahrheitswert gegebener Erkenntnisbegriffe beschäftigt. Der Idealismus der Kantschen sondern *kraft* des Warenaustauschs sind, also vermöge der Funktionen wechselseitiger Aneignung der Arbeitsprodukte anderer. Dieser Tatbestand erklärt den Klassencharakter dieser Gesellschaften sowohl wie die Scheidung von geistiger und körperlicher Arbeit in ihnen. Die Alternative wäre eine gesellschaftliche Synthesis, die kraft der gesellschaftlichen Natur des Arbeitsprozesses der Produktion zustande kommt, also im emphatischen Sinne als »Synthesis der gesellschaftlichen Arbeit«. Eine solche Gesellschaft böte die Möglichkeit der Klassenlosigkeit und der Einheit von Hand und Kopf. Die zitierte Formulierung Adornos ist geeignet, diesen kardinalen Unterschied zu verwischen. Zu keinem Zeitpunkt meines Denkens hat sich mir Kants »transzendentales Subjekt« damit empfohlen, daß es die gesellschaftliche Arbeit birgt. Meine Einschätzung der Kantschen Philosophie kann ich am besten dadurch kennzeichnen, daß ich es für nötig erachte, auf die Begriffsmasken der Transzendentaltheorie den Steckbrief auszustellen, der sie zu identifizieren gestattet. Vor mehr als dreißig Jahren habe ich im Verkehr mit Adorno und Benjamin den Begriff des Transzendentalsubjektes in diesem Sinne »identifiziert« als, wörtlich, einen Fetischbegriff der Kapitalfunktion des Geldes. Dementsprechend wäre Adornos Hinweis auf mich in der *Negativen Dialektik* zu rektifizieren. Selbstredend ist damit nicht impliziert, daß etwa Adorno in seinem eigenen Denken Klarheit über diese Unterschiede vermissen lasse. Noch in der letzten von ihm selbst besorgten Veröffentlichung – *Stichworte, Kritische Modelle 2*, edition suhrkamp 347 – finden sich Ausführungen, die die hier gemahnte Rektifizierung in aller Deutlichkeit in sich schließen. Obwohl ohne namentlichen Bezug auf mich bewegen sie sich doch so vollkommen auf meiner Linie, daß sie hier, wenigstens auszugsweise, eingefügt seien. »... In der Lehre vom transzendentalen Subjekt erscheint getreu die Vorgängigkeit der von den einzelnen Menschen und ihrem Verhältnis abgelösten, abstrakt rationalen Beziehungen, die am Tausch ihr Modell haben. Ist die maßgebende Struktur der Gesellschaft die Tauschform, so konstruiert deren Rationalität die Menschen; was sie für sich sind, was sie sich dünken, ist sekundär ... Unter diesem Aspekt ist das transzendentale Subjekt ›konstitutiv‹ ... Der Fetischcharakter, gesellschaftlich notwendiger Schein, ist geschichtlich zum Prius dessen geworden, wovon er seinem Begriff nach das Posterius wäre. Das philosophische Konstitutionsproblem hat sich spiegelbildlich verkehrt; in seiner Verkehrung jedoch drückt es die Wahrheit über den erreichten geschichtlichen Stand aus; eine Wahrheit freilich, die durch eine zweite Kopernikanische Wendung wieder zu negieren wäre...« (S. 155)

Theorie, die berühmte »kopernikanische Wendung«, erwächst aus der Notwendigkeit, die »objektive Realität und notwendige Allgemeingültigkeit« des reinen Verstandesbegriffs zu erklären unter der Voraussetzung ihres Ursprungs »im Subjekt«. Ihr Ursprung im gesellschaftlichen Sein – Adornos »zweite kopernikanische Wendung« – erklärt den Wahrheitswert dieser Begriffe ohne Schwierigkeit. Sie haben die objektive Realität der gesellschaftlichen Warenbewegungen, die sie beschreiben (obgleich unter Auslöschung jedweder Spur ihrer empirischen Bedeutung), und sie haben notwendige Allgemeingültigkeit durch ihre Identität für alle Mitglieder des gesellschaftlichen Warenzusammenhangs. Wissenschaftliche Gültigkeit erlangt die Anwendung dieser Begriffe freilich nicht ohne experimentelle Bestätigung für die Reduzierbarkeit der konkreten Natur auf die abstrakte Natur, genauer für die Reduzierbarkeit spezifischer Naturphänomene und generelle mathematische Bewegungshypothesen. Aus dem Gesagten dürfte sich zeigen, daß der auf die Marxsche Formauffassung gegründete Geschichtsmaterialismus die Aufgaben wirklich zu lösen vermag, welche in der überkommenen Erkenntnistheorie infolge ihres Begriffsfetischismus bloße Scheinlösungen erfahren. Die Behandlung der Erkenntnisfragen hört auf, Sache einer besonderen und isolierten Disziplin zu sein, und stellt sich in den Zusammenhang des materialistischen Geschichtsverständnisses überhaupt.

7. Die Reflexion der Tauschabstraktion

Unsere bisherige Analyse hat der im Warenverkehr getätigten Tauschabstraktion gegolten. Diese Abstraktion ist im Warenverkehr als solchem enthalten unabhängig von seinem Entwicklungsgrad, ökonomischen Hintergrund, geschichtlichen Zeitpunkt etc. Auch ist sie in ihren Grundzügen keiner

Veränderung fähig. Was sich ändert, ist die Rolle, die der Warenverkehr und mit ihm die in ihm tätigen Formabstraktionen auf den verschiedenen Stufen der Gesellschaftsentwicklung spielt, die Bedeutung, die er für den gesellschaftlichen Daseinszusammenhang annimmt, der Grad, in dem er dessen Gefüge durchdringt. Die Frage stellt sich daher, wie die Tauschabstraktion ins Bewußtsein tritt und wie es sich erklärt, daß sie sich nicht von vornherein in formentsprechenden Begriffen der Warenbesitzer spiegelt, sondern erst im griechischen Altertum, also nach Zehntausenden von Jahren der Verkehrsentwicklung.

Die offenkundige Antwort auf diese Frage ist, daß die Tauschabstraktion sich dem Bewußtsein nur in dem Maße aufdrängt, als sie in Erscheinung tritt. In der »einfachen Wertform«[25], in einzelnen zufälligen Tauschvorgängen ist das noch gar nicht der Fall. Auf einer höheren Stufe, derjenigen des »entfalteten Wertausdrucks«, auf der sich indirekter Tausch und ein mehr oder minder regelmäßiger Marktverkehr mit einer Vielfalt verschiedener Warenarten entwickelt, sondert sich eine Warenart aus, die den Austausch der übrigen vermittelt. Obgleich diese als »besondere Äquivalentform« fungierende Ware noch keine von ihrer gebrauchswerten »Naturalgestalt« verschiedene »Wertgestalt« annimmt, tritt das Besondere ihrer Funktion doch in dem Postulat hervor, daß sie, wenngleich bloß vorübergehend, in der Zeit, da sie diese Vermittlerrolle spielt, als frei von jeder materiellen Veränderung unterstellt werden muß. Dieses Postulat entspringt zweifellos nicht ihrem Gebrauchswert. Andererseits wird die zum Äquivalent dienende Ware so gewählt, daß sie ihm durch ihre physische Beschaffenheit nach Möglichkeit entspricht. Auf diese Weise erscheint der in der Wertform begründete Charakter dann fürs allgemeine Bewußtsein dennoch wieder

25 Vgl. für das Folgende die Marxsche Analyse der Wertform im *Kapital*, I. Bd., S. 63.

an die Besonderheit dieses bestimmten Gebrauchswerts geknüpft und in ihm begründet. Die Wertform ist hier also noch von der Naturalform verdeckt, obgleich oder gerade weil der letzteren durch ihre besondere gesellschaftliche Rolle ein fetischhafter Glanz zuwächst. Das ist erst recht der Fall, wenn sich diese besondere Äquivalentform an die Edelmetalle heftet. Die Edelmetalle versehen als erste diese Funktion praktisch bereits in internationalem Maßstab und erhalten also für ihre Äquivalentform effektiv eine allgemeine und universelle Geltung. Dennoch behalten sie viele Jahrhunderte lang in dieser Rolle noch ihre rohe Metallform als Barren, Klumpen oder Körner, müssen jedesmal zersägt oder zusammengeschmolzen, gewogen, auf ihren Feingehalt geprüft werden, kurz sie müssen ihrer metallischen Naturalform gemäß behandelt werden. Gerade diese physikalischen Operationen sind indes für das, was der Markt verlangt, lästige Hindernisse und Unvollkommenheiten, die zu einem bestimmten Zeitpunkt durch die Münzprägung behoben werden. Dieser folgenreiche Schritt ist zum ersten Male in der Geschichte um etwa 680 v.u.Z. wahrscheinlich in Lydien, im jonischen Randgebiet des griechischen Kulturbereichs, erfolgt. Über die Einzelheiten, die zu der Erfindung geführt haben, herrscht vollkommenes Dunkel. Einige allgemeine Voraussetzungen liegen indes auf der Hand. Die Erfindung konnte nur fällig werden in einer Entwicklungsepoche des Handelsverkehrs, in der die Produktion für den Markt einen solchen Grad erreicht hatte, daß der innere und der äußere Warenaustausch sich einander anglichen und auf denselben Nenner gebracht zu werden verlangten, wo also das »Verhältnis wechselseitiger Fremdheit«, das der Tauschbeziehung eignet, auch das innere gesellschaftliche Gefüge durchdrang. Solche Bedingungen bilden sich am ehesten in den Berührungszonen und Schnittpunkten verschiedener und verschiedenartiger Produktionsgebiete heraus und dort, wo die Primärproduktion die Formen naturwüchsiger Gemeinwirtschaft abgestreift hatte, die Tätigkeit und die Bedürfnisse der aufsteigenden Kaufmannsklasse daher führende Bedeutung gewinnen konnten. Es waren Bedingungen, wie sie an zahlreichen Stellen des griechischen Orbits, vor allem in den maritimen Stadtstaaten zur Ausbildung drängten. »Von Ionien aus breitete sich das neue Zahlungsmittel über die Ägäis nach Aigina, Euboia, Korinth, Athen und, ein wenig später, auf die griechischen Kolonien in Italien und Sizilien aus. Daher war die griechische Gesellschaft die erste, die auf Geldwirtschaft beruhte. Die volle Bedeutung dieser Entwicklung ist selten richtig eingeschätzt worden.«[26]

Die geprägte Münze ist sichtbar gewordene Wertform. Denn hier ist einem Naturstoff in aller Form aufgestempelt, daß er nicht zum Gebrauch, sondern nur noch zum Austausch und Wertträger bestimmt ist. Die münzprägende Autorität – mag diese nun anfänglich privater Handelsherr oder »Tyrann« mit usurpierter Königsmacht gewesen sein[27] – garantiert das Gewicht und den Feingehalt der Münzen und verspricht, Geldstücke, die einen gewissen Verschleiß erlitten

---

[26] George Thomson, *Die Ersten Philosophen*, Akademie-Verlag Berlin 1961, S. 159/160. Auf dieses grundlegende Werk, in welchem die Untersuchungen von Fr. Engels in *Ursprung der Familie* etc. um ein wesentliches Stück vorwärtsgeführt worden sind, verweise ich hier für den historischen Aspekt der von mir behandelten Probleme, soweit sie die Antike betreffen. In diesem Buch ist zum ersten Male die Entstehung des philosophischen Denkens in Griechenland, also das »griechische Mirakel«, im ursächlichen historischen Zusammenhang mit der Entwicklung der Warenproduktion in ihrer »vollen Ausgestaltung« (Engels) verstanden worden. In gewissem Grade kann die in der vorliegenden Abhandlung unternommene Formanalyse der Tausch- und Geldabstraktion als die systematische Untermauerung betrachtet werden, auf welche Prof. Thomson als erforderliche Ergänzung zu seinen historischen Untersuchungen hinweist (l. c., S. 254).

[27] P. N. Ure hat in *The Origin of Tyranny* (Cambr. 1922) diesen Erscheinungen in einer Weise auf den Grund geleuchtet, die durch die Einwendungen J. Hasebroeks (*Staat und Handel im alten Griechenland*, Tübingen 1928 und Hildesheim 1966) lediglich modifiziert, aber keineswegs abgetan worden ist.

haben, durch vollwertige zu ersetzen. M. a. W., hier wird das Postulat der materiellen Unveränderlichkeit des Äquivalents auf unbegrenzte Zeit formell anerkannt und als gesellschaftliches Postulat von empirisch-physikalischen Eigenschaften dieses oder jenes Metalls ausdrücklich unterschieden.

Hier hat sich das bisherige Verhältnis, worin die Wertform der Ware ihrer Naturalform untergeordnet war, umgekehrt: die gesellschaftliche Wertform bedient sich einer bestimmten und besonderen Naturalform zu ihren funktionellen Zwecken. Selbstredend bedeutet das nicht, daß die ersten Münzherren die wahre Natur ihrer Schöpfung erkannt und die Wertform und die Tauschabstraktion verstanden haben müssen. Sie haben die Tauschabstraktion keineswegs geschaffen, sie haben lediglich den praktischen Blick dafür gehabt, wie auf der bereits erreichten Entwicklungsstufe die von der Tauschabstraktion erzeugten Anforderungen technisch erfüllt werden können. Das ist, falls die ökonomischen Voraussetzungen erfüllt sind, bloße Sache des Kaufmannsverstandes. Das ändert aber nichts an der wichtigen Tatsache, daß jedermann, der Münzen in der Tasche trägt, ganz bestimmte begriffliche Abstraktionen im Kopfe haben muß, mag er sich dessen bewußt sein oder nicht. Denn er behandelt diese Münzen faktisch, als ob sie aus einer unzerstörbaren und ungeschaffenen Substanz bestünden, einer Substanz, über die die Zeit keine Macht hat. Nur wenn die Münzen eine solche Behandlung gestatten, sind sie von der Art, wie sie der Markt erfordert. Der Geldbesitzer mag sich von seinen neuartigen Begriffen nur ungenügend Rechenschaft geben, und es mag ihm vollständig entgehen, daß und wodurch sie von der physischen Natur seiner Geldstücke und überhaupt der wahrnehmbaren Welt abweichen. Ein deutliches Bewußtsein von diesen Begriffen zu gewinnen, sie voneinander zu unterscheiden und zu formulieren (also Worten der praktischen Umgangssprache neue, sehr spezielle Bedeutungen zuzulegen), ihre inneren Beziehungen und Widersprüche zu ergründen, ihre scharfe Gegensätzlichkeit zur Sinnenwelt und gleichwohl enge Verknüpfung mit dieser zu entdecken, ihren Erkenntniswert zu gewahren usf., das war nicht mehr Sache des Kaufmannswitzes, sondern das Werk der Philosophen, die in Ionien, Süditalien und Griechenland vom 7. und 6. Jahrhundert an aufzutreten beginnen. Was aber diese Geister zu ihrer ungeheuren Denkanstrengung angestachelt und ihren Ehrgeiz befeuert hat, das ist nicht die bloße Einführung des Geldes und die Ausdehnung des Handels gewesen, sondern das waren die ökonomischen und gesellschaftlichen Krisenwirkungen und die tiefgreifenden Klassenkämpfe, die diese Neuerungen im Innern der griechischen Staatswesen überall im Gefolge hatten. Der erworbene Geldbesitz kämpfte um die Macht gegen den angestammten Bodenbesitz, Begriff und Argument gegen Tradition und Gewohnheit.[28]

Auf diese wenigen Bemerkungen beschränken wir uns hier. In eine geschichtsmaterialistische Betrachtung der griechischen Philosophie, einzelner ihrer Erscheinungen oder gar ihres Zusammenhangs einzutreten, gehört nicht zu unseren Intentionen in dieser Schrift. In diesem kurzen Abschnitt sollte lediglich auf das wesentliche Verbindungsglied zwischen dem Formalismus der warengesellschaftlichen Synthesis und der ideologischen Reflexion hingewiesen werden. Dieser Hinweis dient der Feststellung: daß die kategorialen *Formen* des philosophischen Bewußtseins der »materiellen Basis« der Gesellschaft entstammen, daß aber das *Bewußtsein* dieser Formen vielfältig vermittelt und klassenmäßig bedingt ist und dem ideologischen Überbau angehört. Hier sollte nicht mehr geschehen, als gewissermaßen die Tür zu zeigen, durch welche der Weg zum geschichtsmaterialistischen Verständnis spezifischer Bewußtseinsbildungen hinausführt.

[28] Vgl. hierzu auch meinen Aufsatz »Warenform und Denkform«, *Wiss. Ztschr. Humb. Univ.*, Ges.-Sprachwiss. Reihe; Jg. X (1961), 2/3

Aber durch diese Tür zu treten, ist nicht unsere Aufgabe hier. Unsere Intentionen sind auf den bloßen Innenraum der kategorialen Formation und vorformenden Bedingtheit möglichen Bewußtseins beschränkt. Über diese Formfragen muß vorweg Klarheit geschaffen werden können. Zur Illustration dieser Wahrheit sei auf eine der besten und tiefgründigsten Einzelstudien verwiesen, die mir im geschichtsmaterialistischen Felde bekannt sind, die Studie über die Philosophie Spinozas von *Jean-Toussaint Desanti*[29]. Darin wird die Philosophie Spinozas materiell und formell in einen begründeten Zusammenhang mit der Rolle der Bank von Amsterdam und der Partei von de Witt in dem entscheidenden Jahrzehnt 1660-1670 gebracht. Der Begründungszusammenhang wird aufgewiesen bis an die Schwelle der Begriffsformation (vgl. z. B. p. 257), aber nicht weiter. Es ist, als ob jemand eine formgenetische Kritik von Adam Smith's *Wealth of Nations* unternehmen wollte, ohne vorher durch die Marxsche Formanalyse der Ware und die Genesis der ökonomischen Wertkategorie gegangen zu sein. Ebenso nötig ist es, die Warenanalyse als Formanalyse der gesellschaftlichen Synthesis bis zur formgenetischen Erklärung der Erkenntnisbegriffe des einseitigen, von der Handarbeit geschiedenen Intellektes forzuführen, bevor systematische Philosophie einer materialistischen Wahrheitskritik zugänglich werden kann.

8. Der autonome Intellekt

Da der formgenetische Zusammenhang ungeheuer verschlungen ist, greifen wir zum Behelfsmittel der Bezifferung einzelner Züge. Das ist gewiß ein sehr undialektisches Verfahren, aber zu einer dialektischen Darstellung sind intel-

[29] *Introduction à l'Historie de la Philosophie*, Paris 1956, éd. nouvelle critique.

lektuelle Fähigkeiten erfordert, die die meinen entschieden übersteigen.

(1) Die Tauschabstraktion *ist* nicht Denken, aber sie hat die *Form* des Denkens. Dieser Sachverhalt liefert den Schlüssel zum Verständnis der geschichtlichen Genesis des »reinen Verstandes« aus dem gesellschaftlichen Sein. Die Elemente der Tauschabstraktion reflektieren sich – zureichende geschichtliche Bedingungen vorausgesetzt – im Bewußtsein der Geldbesitzer als reine Begriffe, weil sie reine im gesellschaftlichen Sein enthaltene Formabstraktionen sind. Die beliebte und oft mißbrauchte Redeweise von der »Spiegelung« des Seins im Bewußtsein verliert hier die bloße metaphorische Bedeutung und wird zur genauen Bezeichnung des Tatbestandes einer vorher erweislichen Formadäquatheit des gesellschaftlichen Seins zum Bewußtsein.[30]

(2) In den kategorialen, d. h. gesellschaftlich vorgeformten und daher apriorischen Begriffen des »reinen Verstandes« ist – kraft der Trennung der Tauschvorgänge von jeglicher Art von Gebrauchsvorgängen – jeder Bezug aufs gesellschaftliche Leben ausgelöscht. In diesen Begriffen ist nichts zu fin-

---

30 »Bei mir ist umgekehrt [umgekehrt zu Hegel – S. R.] das Ideelle nichts andres als das im Menschenkopf umgesetzte und übersetzte Materielle.« (Vorwort zur 2. Aufl. des *Kapital*.) Dieser Ausspruch, in einem Stil gesagt, der mit Absicht jeder Übersetzung in Schulphilosophie spottet, macht gleichwohl Anspruch auf vollhaltigen, die Schulphilosophie völlig übertrumpfenden Erklärungswert. Derselbe ist indes nur einzulösen durch eine beweiskräftige Theorie von der gesellschaftlichen Realabstraktion, die als Teil der materiellen Basis sich in Bewußtseinsform »umsetzen und übersetzen« kann. Der »Menschenkopf« ist selbstredend kein isolierter Einzelschädel oder Einzelhirn, sondern das Ganze der gesellschaftlichen Basis, zusammengehalten durch eine Synthesis als raumzeitlicher Vorformung von Bewußtseins- und Erkenntnisbegriffen seitens der Vertreter bestimmter Klassen. »Das herrschende Bewußtsein einer Gesellschaft ist nur das Bewußtsein ihrer herrschenden Klassen.« – Warum Marx es aber bei diesen und ähnlichen Aussprüchen belassen und ihren Erklärungswert nicht selber zur Einlösung gebracht hat, darüber mehr in der Kritik seiner Warenanalyse am Ende dieses Bandes.

den als ein Bezug auf die Natur als bloße Objektwelt. Wie erklärt sich dieser Tatbestand? Welchen Ursprungs sind, in letzter Instanz, die Formelemente der Tauschabstraktion? Sie sind Elemente, die Waren in ihrer Natur als Dinge betreffend. Der Austausch *abstraktifiziert* diese Elemente zu reinen Formen, er *schafft* sie aber nicht. Die Bewegung von etwas in Raum und Zeit ist keine Erfindung des Warentauschs, ebensowenig Raum und Zeit selbst, denen der Austausch bloß die Formbestimmtheit abstrakter Kontinuen verleiht. Noch ist der Stoff der Waren, den er der physischen Veränderung entzieht, vom Tausch hervorgebracht. Auch die Einzigkeit des Daseins von allem, was in Raum und Zeit existiert, seien es Dinge, Menschen oder Tiere, ist nicht erst vom Austausch erzeugt; nur ihre Trennung als Austauschbarkeitsform von dem, *was existiert*, ist seine Leistung. Diese Elemente sind Grundeigenschaften der Natur nicht nur schon vor dem Austausch, sondern vor aller Gesellschaft und vor der Existenz von Menschen in der Naturgeschichte. Das gesellschaftliche Tauschgeschehen in seiner raumzeitlichen Tatsächlichkeit sondert aber diese Elemente ab und macht sie zu etwas von der Bedeutung einer *Natur in abstracto*. Oder dazu werden sie, genauer gesagt, in der Bewußtseinsspiegelung. Was auf diesem Wege vermittelt wird, ist eine Selbstbegegnung der Natur im menschlichen Denken, wo die in apriorische reine Formbegriffe gefaßte abstrakte Natur konfrontiert wird mit der konkreten, empirisch erscheinenden oder phänomenalen Natur. Diese Konfrontierung mag sich auf die Natur im Ganzen beziehen und die spekulative Form von naturphilosophischen Begriffskonstruktionen annehmen wie z. B. in der Antike; oder sie mag auf spezifische Einzelphänomene abzielen und, wie in der Neuzeit, vermittels der experimentellen Methode Grundlage einer gesicherten Naturwissenschaft werden. Aber ob nun die aus der Tauschabstraktion stammenden Formbegriffe auf die eine oder die andere Weise zur denkenden

Anwendung gelangen, jedenfalls ist klar, daß jede andere Anwendung als auf die Natur nur einen Mißbrauch dieser Begriffe darstellen kann. Für die gesellschaftliche Welt der Menschen als Subjekte sind diese Begriffe blind. Natürlich wird es, wenn hier von Grundeigenschaften der Natur vor aller Existenz von Menschen die Rede ist, Leute von idealistischer Erziehung geben, die das für krasse Metaphysik erklären. Man gebe sich aber Rechenschaft darüber, daß das, was mit dieser Bezichtigung attackiert wird, der Konstellation nach essentiell gleichwertig ist dem naturwissenschaftlichen Experiment, welches doch von denselben Leuten als beweiskräftig anerkannt wird. Denn in der Formabstraktion des Warenaustauschs ist eine Begriffstätigkeit, die als Irrtumsquelle in Frage kommen könnte, gar nicht im Spiel. Raumzeitliches Geschehen wirkt blindlings auf raumzeitliche Gegebenheiten. Eine Qualifikation als »metaphysisch« könnte, wenn hierauf, dann ebensogut auf ein Gemisch von chemischen Stoffen gerichtet werden, die durch Einwirkung aufeinander ein seltsames Resultat erzeugten, das von niemandem erwartet worden war. Was Naturwissenschaftler in solchem Falle täten, wäre, unter genauester Prüfung der experimentellen Bedingungen den Vorgang solange zu wiederholen, bis an dem Resultat kein Zweifel übrig bleibt. Und zu solcher Wiederholung seien im Falle unserer Tauschanalyse hier die Idealisten, die sich von ihr im Kern ihrer Überzeugungen getroffen finden, nachdrücklich eingeladen. Zuzugeben ist, daß die Tauschanalyse nicht durchgeführt werden kann, ohne gewissermaßen Drähte zu berühren, die andernorts, nämlich in ihrer Fernwirkung aufs Bewußtsein, seit eh und je metaphysische Anklänge erweckt haben. Aber hier stehen diese Elemente nicht in ihren Bewußtseinswirkungen zur Analyse, sondern an der geschichtlichen, raumzeitlichen Quelle, die zu diesen Wirkungen erst den Anlaß enthält.

(3) Unter den Elementen der Tauschabstraktion ist aber

eines, das in der Verkehrsrelation des Warenaustauschs nicht bloß abstraktifiziert, sondern tatsächlich erzeugt wird. Das ist das Postulat der Tauschgleichung und die mit ihm verknüpfte Abstraktion von reiner (unbenannter) Quantität, die die Grundlage zum selbständigen mathematischen Denken liefert. Die reine Mathematik ist eine auf die Tauschabstraktion und ihre Reflexion gegründete freie Kreierung. Sie ist daher die gedankliche Betätigung, deren Entfaltung für die Entwicklung der Naturerkenntnis das logisch fortbildende Element darstellt. Die anderen und eigentlichen Objektkategorien hingegen sind konstant und höchstens ihrer Reflexion in sich fähig.[31]

---

[31] Die Auffassung von Fr. Engels im Anti-Dühring über Mathematik – »Keineswegs (aber) befaßt sich in der reinen Mathematik der Verstand bloß mit seinen eigenen Schöpfungen und Imaginationen. Die Begriffe von Zahl und Figur sind nirgend anders hergenommen, als aus der wirklichen Welt... Zum Zählen gehören nicht nur zählbare Gegenstände, sondern auch schon die Fähigkeit, bei Betrachtung dieser Gegenstände von allen übrigen Eigenschaften abzusehen außer ihrer Zahl – und diese Fähigkeit ist das Ergebnis einer langen geschichtlichen, erfahrungsmäßigen Entwicklung... Die reine Mathematik hat zum Gegenstand die Raumformen und Quantitätsverhältnisse der wirklichen Welt, also einen sehr realen Stoff... Um diese Formen und Verhältnisse in ihrer Reinheit untersuchen zu können, muß man sie aber vollständig von ihrem Inhalt trennen... Auch die scheinbare Ableitung mathematischer Größen auseinander beweist nicht ihren apriorischen Ursprung, sondern nur ihren rationellen Zusammenhang....«(S. 44/5, Dietz) – erfährt durch unsere Analyse teils Bestätigung, teils spezifische Ergänzung. Bestätigt wird der erste der zitierten Sätze, ebenso die Wiederholung seiner Aussage unter Benutzung des Begriffs vom »apriorischen Ursprung«, womit der Ursprung apriori im Verstande gemeint ist, nicht eine Vorformung außerhalb des Verstandes. Die eigentlich triftige Frage nach dem Ursprung der Abstraktionsform, worauf Mathematik sich gründet, wird aber von Engels nicht gestellt. Bloß beantwortet wird sie mit dem Hinweis auf »eine lange geschichtliche, erfahrungsmäßige Entwicklung«, und damit ist im Grunde nur gesagt, daß er den spezifischen Ursprung der Abstraktionsform nicht weiß, daher auch keinen Grund, warum die reine Mathematik erst bei den Griechen auftritt und dort zur Zeit des Pythagoras, nicht wesentlich frü-

(4) Die Formbegriffe der abstrakten Natur sind Erkenntnisbegriffe vermöge ihres normativen Charakters, durch den sie mit einem Sinn von wahr oder falsch, zutreffend oder unzutreffend gehandhabt zu werden verlangen. Diese normative Natur der reinen Verstandesbegriffe erklärt sich aus der Tatsache, daß die Tauschabstraktion insgesamt aus einem gesellschaftlichen *Postulat* entspringt. Es ist ein Postulat, daß der Gebrauch der Waren einzustellen und damit zu warten ist, bis der Austausch stattgefunden hat; ein Postulat, daß in den zum Tausch stehenden Waren keine physischen Ver-

her, nicht etwa schon bei den Ägyptern und Babyloniern anders als in empirischen Vorformen von begrenzter Art. Auch der bekannte Leninsche Hinweis auf die millionenfache Wiederholung elementarer Erfahrung, aus der schließlich die logischen Begriffe von Identität, Widerspruch etc. hervorgegangen seien, ist nur eine Art, sich über die Unerfindlichkeit eines spezifischen Ursprungs hinwegzutrösten. Die Schwäche dieser Argumentationsweisen, der Mangel an historischem Materialismus in ihnen, rührt offenbar daher, daß unter dem Namen des »Seins« oder »Gegenstandes«, der »Realität« usf. nur an das »dem Menschen gegenüberstehende Sein der »Außenwelt« als außermenschliche Natur gedacht wird, obwohl doch der wesentliche Fortschritt der Marxschen Denkweise sich auf die Einsicht in die entscheidende Bedeutung des »gesellschaftlichen Seins« für die Begriffs- und Bewußtseinsbildung gründet. Doch wenn es sich um die erkenntnisbildenden Begriffsformen handelt, dann wird von Lenin und von Engels das geschichtsmaterialistische Denken beiseite gelassen, und auch Marx bleibt in allgemeinen Aussprüchen stecken, die er freilich in eine unphilosophische Frakturspräche zu kleiden Sorge trägt (anders als etwa Engels im 2. Kapitel des *Feuerbach*). Solange die Erkenntnisfragen aus Philosophie und Wissenschaft nicht in den historischen Materialismus einbezogen werden, bleiben sie für eine prima philosophia vorbehalten, ob dieselbe nun formuliert oder verschwiegen werde. Und das hat, abgesehen von der systematischen Unvereinbarkeit, die fatale Folge einer unbehebbaren Heimatlosigkeit der Wahrheitsfrage im marxistischen Denken. Solange die Erkenntnistheorie ausgeklammert bleibt, kann der historische Materialismus keines der ideologischen Phänomene, die er betrachtet, unterm Gesichtswinkel ihres Wahrheitsgehalts verstehen. Die volle Eindeutigkeit seines Denkstandpunktes kann der Marxismus erst gewinnen, wenn seine Methode nach den Maßstäben der genetischen Erklärung des Wahrheitsbegriffs in der Geschichte ausgerichtet wird.

änderungen vor sich gehen, das aufrechterhalten werden muß, selbst wenn ihm die Tatsachen widersprechen; ein Postulat, daß die Waren in der Tauschrelation einander gleich gelten unerachtet ihrer faktischen Verschiedenheit; ein Postulat, daß zwischen Privateigentümern die Veräußerung und Erwerbung von Dingen an die Bedingung der Austauschbarkeit geknüpft ist; ein Postulat, daß die Waren im Wege bloßer Ortsveränderung in der Zeit die Hände wechseln, ohne daß sie davon materiell affiziert würden (ein Postulat, das sich z. B. durch Einstein verändert hat). Keiner dieser Formbegriffe indiziert faktische Daten. Sie sind alle bloß Normen, die das Geschehen des Warenaustausches zu erfüllen hat, um möglich zu sein. Wenn aber das Tauschgeschehen zur Tatsächlichkeit geworden ist, dann schließt diese Tatsächlichkeit die Erfüllung jener Normen als gesetzliche Notwendigkeit in sich. Genau so verhält sich in den Begriffen des »reinen Verstandes« die abstrakte Natur zur phänomenalen: sie sind Erkenntnisbegriffe für die Notwendigkeit, die in der Tatsächlichkeit jedes Naturgeschehens als Bedingung seiner Möglichkeit eingeschlossen ist. »Natur ist das Dasein der Dinge nach Gesetzen«, lautet die Kantsche Definition.[32]

(5) Aus der Begriffsspiegelung der Tauschabstraktion erwächst somit die Möglichkeit einer theoretischen Naturerkenntnis. Es ist eine Erkenntnis aus geistiger Arbeit, unabhängig und getrennt von der körperlichen Arbeit und der

---

[32] Zweifellos sind zu einer stringenten genetischen Erklärung des Wahrheitsbegriffs in der Geschichte sehr viel eingehendere Einzelheiten nötig. Dennoch halte ich die Zurückführung der normativen Verstandesbegriffe auf ein Postulat (oder eine Gruppe von Postulaten), wovon als Bedingung die Möglichkeit warenproduzierender Gesellschaften abhängt, für das tragende Prinzip einer solchen Erklärung. Das Überleben der Menschheit auf dem Boden der Vergesellschaftung durch Warenaustausch (anstatt durch den Arbeitsprozeß der Produktion, wovon sie faktisch lebt) verlangt die Formung des Wahrheitsbegriffs als Leitsterns des dort herrschenden falschen Bewußtseins.

direkten Produktionserfahrung. Damit soll selbstredend nicht gesagt sein, daß die Entwicklung der Wissenschaft unabhängig von der Produktionsgeschichte vor sich ginge. Das Gegenteil ist der Fall. Obwohl aber, wie Engels sagt, ein Bedürfnis der Industrie der Wissenschaft mehr voranhilft als zehn Universitäten, liefern die industriellen Bedürfnisse als solche für sich nicht auch schon die begrifflichen Erkenntnismittel und Methoden mit, die ihre Erfüllung verlangt. Zwar ist der historische Verlauf der Entdeckungen und erst recht der praktischen Erfindungen von den gesellschaftlichen Bedürfnissen maßgeblich bestimmt, aber die wissenschaftlichen Grundlagen der Entwicklung von Produktivkräften unmittelbar gesellschaftlicher Potenz wie der modernen benötigen Begriffsmittel entsprechend gesellschaftlicher Formbestimmtheit, die daher nicht aus der unmittelbaren Produktionserfahrung hervorwachsen können. Um den Ursprung dieser Begriffsmittel dreht sich die Frage. Was aus unserer Analyse hervorgeht, ist die Einsicht, daß die Begriffsformen des exakten naturwissenschaftlichen Denkens überhaupt nicht dort entspringen, wo sie ihre vorzügliche Anwendung haben, nicht also in den Produktionsprozessen der großen Industrie, sondern daß sie im Gegenteil der Zirkulationsphäre entstammen, wo die Menschen in ein Verhältnis zueinander, aber nicht zur Natur treten. Dies ist das Paradoxe des Sachverhalts. Derselbe ist aber nicht widersprüchlicher als die Tatsache, daß im Kapitalimsus die Produktion selbst nur durch die Vermittlungen und nach den Gesetzen nicht der Produktion, sondern des Warenaustauschs vor sich geht. Auch sollte unschwer einleuchten, daß Begriffsmittel, welche selbst dem Arbeitsprozeß entstammen, schwerlich denselben Arbeitsprozeß von den organischen Schranken der menschlichen Arbeitskraft befreien können, also die ungeheuren mit den modernen Naturwissenschaften und mit der diskursiven Begriffsform des Denkens verknüpften emanzipatorischen Wirkungen erklärlich machen könnten. Die Emanzipation des Menschen von den Naturschranken ist der Gesellschaftlichkeit der menschlichen Existenzweise zuzuschreiben. Fraglos ist diese Gesellschaftlichkeit ihrerseits eine Wirkung des Trennungsgrundes der menschlichen von der tierischen Existenzweise, eine Wirkung also der Arbeit, in der der Mensch sich seine eigenen Lebensmittel produziert. Im Prozeß der Menschwerdung des Affen spielt die Arbeit die kreative Rolle, wie Engels überzeugend dargestellt hat, und ebenso überzeugend ist von George Thomson der Zusammenhang der Arbeit mit der Umwandlung der bloß biologischen in die gesellschaftliche Form des Daseins sowohl wie mit der menschlichen Sprachentwicklung dargestellt worden. In Betrachtung der Anfangsgründe der menschlichen Geschichte will es deshalb als eine Unmöglichkeit erscheinen, die Arbeit und die Gesellschaftlichkeit des Menschen voneinander zu trennen. Es muß aber mit dem größten Nachdruck geltend gemacht werden, daß mit der Entstehung der Warenproduktion eben diese Trennung zur geschichtlichen Tatsache geworden ist und zur Kenntnis genommen werden muß, weil sie den Schlüssel zum Verständnis sämtlicher Formen und Entfremdungsphänomene der Warenproduktion von ihren Anfängen bis zu ihrer vollen kapitalistischen Entfaltung bildet. Marx spricht diese Tatsache aus in der Feststellung, daß »nur Produkte getrennter und unabhängig voneinander betriebener Privatarbeiten einander als Waren gegenüber [treten]« (*MEW* 23, 57). Warenproduktion beginnt, wo die Kollektivarbeit gemeinschaftlicher Produktionsweisen zu Ende geht. Diese fundamentale Wende macht Epoche in der Geschichte infolge der Entwicklung der Produktivkräfte in der Eisenzeit, und zu ihren Konsequenzen gehört, wie die Vereinzelung der Arbeit, die Vergesellschaftung vermittels des Warenaustauschs. Arbeit und Vergesellschaftung werden zu zwei verschiedenartigen, einander entgegengesetzten, zeitlich und räumlich notwendig voneinander abgesetzten menschlichen Tätigkeiten. Nach wie vor ist die Gesellschaftlichkeit der Existenz die Quelle der menschlichen Emanzipation von den Naturschranken. Aber die Gesellschaftlichkeit entfremdet sich fortan zu den besonderen, von der Arbeit als bloßer Handarbeit getrennten und ihr polar entgegengesetzten geistigen Potenzen des abstrakten Verstandes. Auf der Stufe der kapitalistischen Warenproduktion, wo die Privatarbeit der Lohnarbeiter in Produktionsprozessen von zunehmend gesellschaftlicher Skala zur Verausgabung gelangt, sind dies die »geistigen Potenzen des Produktionsprozesses«, von denen Marx sagt, daß die Verwandlung derselben in Mächte des Kapitals über die Arbeit sich [...] in der auf Grundlage der Maschinerie aufgebauten großen Industrie [vollendet]« (*MEW* 23, 44). Die Dienstbarkeit zu den Zwecken der Kapitalverwertung tut weder der Wissenschaftlichkeit noch den emanzipatorischen Wirkungen dieser geistigen Potenzen Abbruch; sie hat im Gegenteil die Erkenntniskraft derselben zur Voraussetzung. Die Annahme, daß die exakten Wissenschaften um der Gültigkeit ihrer Resultate für den Produktionsprozeß willen auch ihren formgenetischen Ursprung im Produktionsprozeß haben müßten, entbehrt der Begründung.

(6) Die geistige Arbeit leistet ihren Beitrag zum gesellschaftlichen Produktionsprozeß in keinem unmittelbaren Zusammenwirken mit der manuellen Arbeit, vielmehr hat zwischen beiden das Kapital die unentbehrliche Vermittlerstelle inne. Weder das Zusammenwirken noch seine Vermittlung gemäß den Interessen der Kapitalverwertung affiziert, zum mindesten in der klassischen Epoche der modernen Naturerkenntnis, die Geistestätigkeit in ihrer Arbeit als Wissenschaft. Geld und Kapital sind selbst schon gesellschaftliche Potenzen – in der »Form des unmittelbaren Gegenteils« zur »Arbeit des vereinzelten Einzelnen«[32a] –,

[32a] »Die Arbeit, die sich im Tauschwert darstellt, ist vorausgesetzt als

aber Potenzen von bloß funktionaler Wirkungsweise »hinter dem Rücken« der Beteiligten. Erst als Abzweigung von ihnen, nämlich, wie gezeigt worden ist, durch Reflexion der im Geld kristallisierten Abstraktion, gelangt die reine Verstandestätigkeit zur Ausbildung in vollkommener Blindheit gegenüber ihrer Genesis. Nur durch diese Blindheit ist ihre logische Autonomie ermöglicht, gleichsam als erhabene Unwissenheit von sich selbst. Keine Verstandeserkenntnis und keine Wissenschaft ist ohne solche Autonomie – ohne Entscheidung von »ja« oder »nein« in Erwägung von Propositionen – möglich, und die Erklärung derselben fanden wir darin, daß die Verstandesbegriffe auf den gesellschaftlich-synthetischen Funktionen des Warentauschs in ihrer Vollständigkeit fußen und dadurch ein Denken für die Gesellschaft begründen, das gleichermaßen für alle Teile der Gesellschaft, unerachtet ihrer Klassengegensätze, verbindlich ist. Was es zu erklären galt, ist das Phänomen des reinen verstandesmäßigen Denkens und seiner objektiven Gültigkeit für die Wahrnehmungsrealität der Dinge, von der es Abstraktion macht.[32b] Die Objektivität der reinen verstandesmäßigen Begrifflichkeit ist die erkenntnistheoretische Crux der exakten Wissenschaften und der Maßstab, an dem die hier vertretene geschichtsmaterialistische Auflösung des Rätsels gemessen sein will. Die Lösung liegt, in einem Wort zusammengefaßt, darin, daß die verstandesmäßige (durch und durch mathematisierbare)

---

die Arbeit des vereinzelten Einzelnen. Gesellschaftlich wird sie dadurch, daß sie die Form ihres unmittelbaren Gegenteils, die Form der abstrakten Allgemeinheit annimmt. (*MEW* 13, 21.)

[32b] Alexandre Koyré hat die Paradoxie dieses Phänomens in wünschenswerter Schärfe herausgestellt. Die Tat Galileis bestand darin, daß er die Mechanik auf einen Begriff der Bewegung gründete (in Gestalt des Trägheitsprinzips), der nur gedacht werden konnte und der nach Maßen der Wahrnehmungsrealität eine »komplette und absolute Unmöglichkeit« darstellt. (Vgl. Alexandre Koyré, *Études Galiléennes*, 1939, und die Aufsätze in *Études d'Histoire de la Pensée Scientifique*, 1966).

Denkabstraktion der Bewegung nur die Reflexion einer blindwirkenden gesellschaftlichen Realabstraktion von Bewegung ist, also eine auf keiner bewußten menschlichen Erfindung beruhende und dennoch gänzlich von Menschen gemachte abstrakte Natur auf die phänomenale Natur zur Anwendung bringt. – Ich stehe nicht an, die Warenabstraktion in ihrer ganzen Komplexität als den gordischen Knoten der gesamten Form- und Entfremdungsphänomene der menschlichen Geschichte zu bezeichnen, ihren gordischen Knoten in seiner auflösbaren, weil materialistischen Gestalt.

(7) Die von den Abhängigkeiten von der Handarbeit emanzipierte Tätigkeit des abstrakten Intellekts ist unentbehrliches Hilfsmittel für die Herrschaft der geld- und kapitalbesitzenden Klassen auf allen Stufen der Warenproduktion sowohl gegenüber den bodenbesitzenden Mächten als auch über die arbeitenden und produzierenden, freien oder unfreien Klassen. Diese klassenmäßige Zugehörigkeit der theoretischen, d. h. auf Geistesarbeit gegründeten Erkenntnis besteht unbeschadet der objektiven, von ihrer klassenmäßigen Bindung unbetroffenen Gültigkeit dieser Erkenntnis. Denn dieselbe ist, wie aufgewiesen wurde, gegenüber dem gesellschaftlichen Leben begriffsblind. Sie kann sich auf ihr Erkenntnisobjekt adäquat nur beziehen, wenn sie sich von allen gesellschaftlichen Rücksichten und daseinsmäßigen Motivationen losgelöst hat.[33] Die gesellschaftliche Klassenbin-

[33] »Es hat ja auch, mein Adeimantos, der, der in Wahrheit seinen Geist auf das Seiende gerichtet hält, gar keine Zeit, hernieder zu blicken auf das Treiben der Menschen und im Kampfe mit ihnen sich mit Neid und Feindseligkeit zu beladen; sondern ganz versunken in die Betrachtung eines wohlgeordneten Reiches von Wesen, die sich immer völlig gleich bleiben und weder Unrecht tun noch Unrecht voneinander leiden, sondern sich durchweg ordnungs- und vernunftmäßig verhalten, wird er alle Kraft daran setzen, diese nachzuahmen und soviel wie möglich sein Wesen ihnen ähnlich zu gestalten.« Platon, *Der Staat*, 500 (Übers. O. Apelt) – Dieselbe Voraussetzung liegt der entsprechenden Vorstellung der »tabula rasa« bei Locke zugrunde. Sie liegt aber auch, in viel generellerem Ausmaß, der Geistesdisziplin zugrunde, die in

dung und die objektive Gültigkeit der theoretischen Erkenntnis stehen also nicht im Widerspruch und schließen einander keineswegs aus. Sie gehören im Gegenteil untrennbar zusammen, und weder die eine Seite noch die andere lassen sich überhaupt erklären, wenn ihre Zusammengehörigkeit, ihr formgenetisch begründeter Zusammenhang nicht begriffen worden ist. Nur auf marxistischem Boden kann Erkenntnistheorie ihren Zwecken nachkommen, sie kann ihnen also nicht als Erkenntnistheorie, sondern nur als Geschichtsmaterialismus nachkommen.

(8) Es sei an die Engelssche Definition der Zivilisation erinnert: »Die Stufe der Warenproduktion, womit die Zivilisation beginnt, wird ökonomisch bezeichnet durch die Einführung 1. des Metallgeldes, damit des Geldkapitals, des Zinses und Wuchers; 2. der Kaufleute als vermittelnder Klasse zwischen Produzenten; 3. des Privateigentums und der Hypothek und 4. der Sklavenarbeit als herrschender Produktionsform.« (Vgl. die letzten Seiten des *Ursprungs der Familie* etc.)

Zu diesen ökonomischen Kennzeichen wären auf der Seite des Bewußtseins hinzuzufügen die Formung des diskursiven Denkens und die Scheidung von geistiger und körperlicher Arbeit. Von dieser sagt Marx in der *Deutschen Ideologie* (Feuerbach):

»Die Teilung der Arbeit wird erst wirklich Teilung von dem Augenblick an, wo eine Teilung der materiellen und geistigen Arbeit eintritt.«

Das Kernstück der geschiedenen geistigen Arbeit, des »blo-

---

seinem professionellen Training jedem Naturwissenschaftler zur zweiten Natur anerzogen werden muß. Gerade weil seine Denkweise das allerdirekteste Geistesdeterminat des zugrunde liegenden gesellschaftlichen Seins ist, ist sein Geist gegen die Einsicht in die Determination am stärksten gewappnet. Die Konfliktquelle liegt darin, daß die marxistische Einsicht die sich ihr verschließende professionelle Tugend unbeschadet lassen muß, während sie das falsche Bewußtsein beseitigt, mit dem dieselbe Tugend belastet ist.

ßen Intellekts«, ist die theoretische Erkenntnis. Mit ihr gewinnt der Mensch erstmalig selbständige intellektuelle Urteilsfähigkeit oder »Mündigkeit«. Dieser Ausdruck wird hier im Sinne des Kantschen Aufsatzes »Was ist Aufklärung?« von 1784 verstanden:
»Unmündigkeit ist das Unvermögen, sich seines Verstandes ohne Leitung eines anderen zu bedienen.«
Danach versteht sich Mündigkeit als das Vermögen, sich seines Verstandes selbständig zu bedienen. Als liberum arbitrium hat derselbe Begriff in der »heroischen Epoche« des Bürgertums im Kampf gegen Kirche und Feudalgewalt die Rolle einer revolutionären Parole gespielt. Auf die antike Entwicklung ist der Begriff der intellektuellen Mündigkeit in ähnlicher Weise anwendbar, wenn auch nur innerhalb der Grenzen der Gemeinschaftsbindungen an den Herrenstaat der Polis und der res publica. Diese Grenzen sind bedingt durch die Begrenzung der Vergesellschaftung durch Warentausch, der haltmachte an der Beschaffung der Produzenten als Sklaven, also durch einseitige Appropriation. Vergesellschaftung durch Warentausch war auf die Verhältnisse der Approprateure des Mehrprodukts nur unter sich beschränkt, wenigstens der charakteristischen Tendenz nach, die sich in der späteren Zeit auch auf die Agrarproduktion ausdehnte. Die Produzenten standen in der Antike außerhalb der Gesellschaft, welche daher den Fall einer Vergesellschaftung durch bloße Aneignung in der Tat in »klassischer« Reinheit verkörpert.
(9) Der Tatbestand der intellektuellen Mündigkeit präsentiert uns das Phänomen der formalen Logik des begrifflichen Denkens (in Unterscheidung von der Grammatik dieser oder jener Sprache). Das Phänomen bietet sich dar in zeitloser Form von unbegrenzt universeller Geltung, ist aber in Wahrheit auf die Zeiten der Warenproduktion (der einfachen sowohl als auch der kapitalistischen) und die durch sie bedingte Begriffsform beschränkt. In der versteinerten An-

sicht seines ausgegorenen Formalismus erscheint das Phänomen als geschichtlich undurchdringliches Mysterium. Auf seiner formgenetischen Grundlage begriffen, wird es jedoch erkennbar als gesellschaftlich vermitteltes Naturphänomen in total verfremdeter Gestalt. Da seine auch nur halbwegs vollständige Erklärung einen Band für sich beanspruchen würde, beschränken wir uns wiederum auf die Hauptzüge seiner Entstehung.

Die intellektuelle Mündigkeit entspringt der begrifflichen Reflexion der Tauschabstraktion, d. h. der Formelemente, welche eine gesellschaftliche Synthesis durch Warentausch ermöglichen. Intellektuelle Mündigkeit ist somit das Produkt eines Denkens in den Formen der gesellschaftlichen Synthesis. Sie ist die Eigenschaft eines Denkens in vollvergesellschafteter Form.[34] Nicht nur ist diese Form für das Denken aller Individuen in warenproduzierenden Gesellschaften identisch dieselbe, da sie ja in letzter Instanz von ein und demselben Gegenstand, nämlich dem Geld und seinen Funktionen abgelesen ist. Das Denken in dieser Form hat darüber hinaus, um uns hier des juristischen Jargons zu bedienen, die intellektuelle »pro cura« der Gesellschaft. Es denkt im wörtlichen Sinne »für« die Gesellschaft. Seine Funktionen sind in »unmittelbar gesellschaftlicher Form« (Marx mit Bezug auf die Wertform), aber ausschließlich geistiger Art und von körperlichen Funktionen unüberbrückbar getrennt. Es wäre nicht einmal falsch zu sagen, daß es die Gesellschaft ist, ihre Synthesis, welche in den Funktionen des bloßen Intellektes denkt. Die gesellschaftliche Synthesis etabliert sich blindlings als das »reine« oder bloß intellektuelle Denksubjekt, antik νοῦς, bürgerlich »ego cogito«. Es ist die Geburt des Subjektes aus dem Markt, der ’αγορα, auf der sich die griechischen Intellektuellen in Athen zum Philosophieren zu-

---

[34] Diese Vollvergesellschaftung bildet sich selbstredend nicht mit einem Male. Sie hat ihre geschichtlichen Vorstufen, von denen noch zu sprechen sein wird.

sammenfanden. Die Handarbeit ist individuell, die Geistesarbeit des von ihr geschiedenen Intellekts ist gesellschaftlich. Für den Handarbeiter ist sein Anteil an der gesellschaftlichen Gesamtarbeit niemals größer als der individuelle Bruchteil, den er davon leistet; der Beitrag des Geistesarbeiters dagegen ist unmittelbar gesellschaftliche Gesamtarbeit. Was ein Wissenschaftler erforscht, ist im Maß, als es Wahrheit hat, für alle gültig und für die Gesellschaft als Gesamtheit getan. Die Einheit seines Denkens ist eins mit der Einheit des Gesellschaftszusammenhangs durch die Synthesis des Warenverkehrs. Diese Synthesis ist abstrakter und erstreckt sich weiter als die Grammatik dieser oder jener Sprache und als das Umlaufsgebiet einzelner Währungen. Sie ist *eine* durch alle Differenzierungen innerhalb des Warentauschs hindurch, namentlich kraft der Austauschbarkeitsform der Waren, in der, wenn sie Geldgestalt annimmt, in verkürzter Ausdrucksweise gesagt, die Einheit der Welt in dinglicher Repräsentation für die Synthesis der Gesellschaft zwischen den Privateigentümern zirkuliert. Die funktionelle Einheitlichkeit und Vollständigkeit der gesellschaftlichen Synthesis vermöge der Tauschabstraktion ist der Grund und die Bedingung für die Einheitlichkeit und zureichende Vollständigkeit der Logik des gesonderten Intellekts, aber in einer Form, der von ihrem bedingenden Hintergrund nichts mehr anzusehen ist. Der Geistesarbeiter leistet seine gesellschaftliche Gesamtarbeit in seiner persönlichen und individuellen Denktätigkeit. Die logische Einheitlichkeit und Vollständigkeit, die sein Denken vermöge der gesellschaftlichen Genesis seiner Formbestimmtheit besitzt, manifestiert sich für ihn in seiner persönlichen Denkautonomie. Sie manifestiert sich also in Gestalt des genauen Gegenteils von dem, was sie ist. Von allen formgenetisch verursachten Widersprüchen ist dieser wohl der verwirrendste. In dieser spurlosen Abgetrenntheit von ihrer Wurzel ist es erst, daß die Funktionseigentümlichkeiten der gesonderten Geistesarbeit sich als »die Logik« präsentieren. Worauf reduzieren sich diese Eigentümlichkeiten? Darauf, daß abstrakte Prinzipien von streng universeller *Allgemeinheit* auf physisch *Einzelnes* bezogen werden, um es als *Besonderheit* des Allgemeinen zu begreifen. Diese Dreiheit von Allgemeinheit, Einzelheit und Besonderheit sowie die Bedeutung, die sie für Grund und Folge, also fürs »Rationale« des Denkens besitzt, ist alles, was sich noch darbietet in einer Formalisierung und Verkehrung, in der das Wesen der Sache und noch der eigene gute gesellschaftliche Sinn der Logik sich unkenntlich macht. Das Resultat ist die totale Selbstverfremdung, die Selbstverzauberung der intellektuellen Person. Sie findet ihren physischen raumzeitlichen Leib von einem zeitlosen Denkvermögen bewohnt, das sich mit nichts Körperlichem verträgt. Im modernen Europa reicht der gesonderte Intellekt zur bürgerlichen Einzelperson hinunter, zum »einzelnen lumpigen Individuum«, wie Engels sagt, das, wenn mit genügendem Gehirn und zur nötigen Weltaufmerksamkeit veranlagt, sein »empirisches Ich« mit dem »transzendentalen« ego cogitans des reinen Intellekts verschmolzen findet. Gerade wie der bürgerliche Kapitalist sich der gesellschaftlichen Potenz seines Kapitals, so bedient sich nämlich der empirische Kopf der seines Intellekts als seines persönlichen Eigentums, ad maiorem gloriam suam. Von dem gesonderten Intellekt macht Kant die klare Feststellung: »Es gibt in der theoretischen Vernunft keinen Grund, auf das Dasein eines anderen Wesens zu schließen.« Das andere Wesen sei nun Gott, Vater und Mutter, oder die Mitmenschen samt und sonders. Die *eine* gesellschaftliche Synthesis, deren Mandatar die »theoretische Vernunft«, läßt allerdings keinen Platz für eine zweite, so wenig wie das Universum für ein Pluriversum, und wie die Einzigkeit des Daseins eine Zweiheit oder Mehrheit erlaubt. Aber vom Denkstandpunkt des individuellen Geistes hat sich nun die Gesellschaft selbst in ein Agglomerat von Einzelmenschen verwandelt, die füreinander keine Notwendigkeit haben. An dieser Ansicht von der Gesellschaft nimmt auch die empirische Soziologie mit Überzeugung teil. Statt der Notwendigkeit der Gesellschaft als Präimplikat des ego sum findet sich die »Persönlichkeit« in einer Sphinxgestalt geboren vor, deren unvereinbare Teile theoretisch und moralisch in ihrer Brust im Streite liegen. In diesem kann es eine Versöhnung nicht geben.

9. Wahrheitsbegriff und falsches Bewußtsein

(10) Die synthetische Gesellschaft selbst ist es, die, abgekürzt gesprochen, in Gestalt des abgesonderten Intellektes denkt. Dieser Repräsentationscharakter für die abstrakte Gesellschaft, der dem Intellekte eignet kraft der gesellschaftlich-synthetischen Funktionen, in denen als reinen Formen er sich betätigt, ist der Grund für die selbständige Urteilsfähigkeit des Intellekts unter der Disziplin dieser Formen, der Grund also für seine Autonomie in Sachen der Wahrheit. Es muß gesagt werden, daß wir an diesem Punkt, also der Genesis der Denkautonomie, der Ableitung des Unableitbaren, an die crux des geschichtsmaterialistischen Denkens gelangt sind. Die Schlüssigkeit der Ableitung muß als das letztliche Kriterium für den Geschichtsmaterialismus als Denkstandpunkt, für seine Eindeutigkeit, herhalten. Der Wahrheitsbegriff kommt in der Geschichte auf als der Besitz des falschen Bewußtseins. Es ist der zeitlos absolute Begriff der Objektwahrheit, der aristotelische Wahrheitsbegriff, und das Bewußtsein, das ihn trägt, ist nicht falsch in seiner Objekterkenntnis. Aber diese Objektwahrheit ist weniger als die halbe, weil die Wahrheit nur des gesonderten Intellekts, der die manuelle Arbeit, zu deren Ausbeutung er beihilft, noch mit Vergeßlichkeit straft. Hinzu kommt seine Begriffsblindheit der Gesellschaft, sich selbst und seinem Ursprung gegenüber. Wäre die Selbstwahrheit, die ihm vor-

enthalten ist, von gleichen Modus wie die Wahrheit der Objekterkenntnis und also eine Denkwahrheit und in einer Logik greifbar wie bei Hegel, so wäre sie als dialektisch und die Dialektik selbst als die Logik der zeitgebundenen Wahrheit definierbar, im Gegensatz zur zeitlosen formalen oder aristotelischen Logik. Aber das setzt immer noch voraus, daß das falsche Bewußtsein nur irrtümlich falsch und deshalb korrigierbar wäre durch Dialektik, während es falsch ist als notwendig falsches Bewußtsein und an seinen legitimen Wahrheitsbegriff geschmiedet, in dessen Dienst es gesellschaftlich notwendige Leistungen verrichtet. In einer klassenlosen Gesellschaft, in der Kopf und Hand nicht mehr geschieden sind, in der vielmehr Theorie und Praxis zusammenfallen, wäre die Wahrheit zeitgebundene Wahrheit aber nicht mehr bloßer Erkenntniswert. Richtiges Bewußtsein setzt klassenlose Gesellschaft voraus. Wir werden uns dieser Frage im 3. Teil dieser Untersuchung zu nähern haben.

(11) Die intellektuelle Selbständigkeit des individuellen Geistesarbeiters, sein autonomer Intellekt, ist eine Wirkung des Tauschmechanismus, durch den der Mensch seine Herrschaft über den Gesellschaftsprozeß verliert.[35] Sein individueller Verstand geht dem Menschen auf als unentbehrliches Licht, um sich in einer verdunkelten Welt zu bewegen. Das Verstandeslicht der privaten Warenbesitzer vermag die Verdunkelung des gesellschaftlichen Seins nie zu beheben, so wenig es die Taschenlampen vermochten, mit denen es uns während des Krieges umherzuirren gelang. Die Philosophie erwächst aus der Einsicht von dieser Begrenzung, auf der Suche nach dem Tageslicht sozusagen. »Den Verstand zur Vernunft zu bringen«, war das erklärte Ziel Hegels. Das kann freilich dem gleicherweise gesonderten Geist der Phi-

---

[35] Wie das geschieht, findet sich am eindrucksvollsten dargestellt von Fr. Engels im *Ursprung der Familie* etc., besonders wiederum auf den letzten Seiten.

losophie nicht gelingen. »Vernunft« kann der Menschheit nur beschieden werden, wenn sie den Gesellschaftsprozeß einbezieht in die Veränderung in einer Weise, daß die Scheidung von der manuellen Arbeit verschwindet.[36]

(12) Wenn man »rationales Denken« mit dem materialistischen Prinzip raumzeitlicher Erklärung von Phänomenen identifiziert, so ist der von der Handarbeit geschiedene autonome Intellekt nur zur Hälfte rational. Seine Kategorien sind dazu gemacht, für Naturphänomene keine anderen als raumzeitliche Erklärungen als befriedigend zuzulassen. Aber durch seine Begriffsblindheit gegenüber dem gesellschaftlichen Sein und gegenüber seinen eigenen Entstehungsbedingungen ist ihm ein Gleiches in Ansehung der Bewußtseinsphänomene, die das Unterscheidungsmerkmal der Geschichte gegenüber seinen eigenen Entstehungsbedingungen ist ihm ein Gleiches in Ansehung der Bewußtseinsphänomene, die das Unterscheidungsmerkmal der Geschichte gegenüber der Natur als physischer Objektwelt ausmachen, unmöglich. Diesen Phänomenen gegenüber ist er zu idealistischen Mißdeutungen verurteilt. Auch mit Bezug auf die Rationalität der »Natur« in diesem von der Menschenwelt antithetisch geschiedenen Sinne ist zu unterscheiden zwischen dem Materialismus der griechischen Naturphilosophie und dem der modernen exakten Wissenschaft. Beide sind an die mechanistische Denkform gebunden, die aus den Kategorien der Tauschabstraktion fließt und durch die Eliminierung des Gebrauchs der Dinge keine Kategorien für die Qualität der Phänomene und keine Vermittlungsmöglichkeiten zwischen Quantität und Qualität und umgekehrt besitzt. Aber

---

[36] Das wird in der *Kritik des Gothaer Programms* von Marx in seinem Ausblick auf eine »höhere Phase der kommunistischen Gesellschaft« ausdrücklich betont, und die von uns hier in die Begriffe der geistigen und der körperlichen Arbeit und ihre Einheit gekleideten Formulierungen werden sich im weiteren Verlauf noch als nahe verwandt, wo nicht als gleichbedeutend mit den gebräuchlichen Definitionen von Sozialismus und Kommunismus erweisen.

beide, der naturphilosophische Materialismus der Antike und der wissenschaftliche der Neuzeit, sind ihrer gesellschaftlichen Bedeutung nach grundverschieden. In der Antike herrschte durchweg der Typ der individuellen Einzelproduktion, auf deren Basis der Warenaustausch erst zur dominierenden Form des gesellschaftlichen Nexus hatte werden können.

Aber auch die Produktion mit Sklavenarbeit brachte es nicht über die bloße Massierung von Einzelarbeitern oder die roheste Kooperation unter der Peitsche des Sklavenaufsehers hinaus, wenigstens nicht vor der hellenistischen Zeit. Die Verfügbarkeit von Sklaven versperrte den Weg zu einer Konzeption der Produktionstechnik auf der Basis vergesellschafteter Arbeit. Die antike Produktion hatte deshalb für die Naturkonzeption des intellektuell vergesellschafteten Denkens keine Verwendung. Dieses Denken war Instrument der Klassenherrschaft, nicht der Produktion. Erst mit dem Beginn echter kooperativer Produktionsweise, also mit dem Beginn kapitalistischer Produktion[37], änderte sich das, indem der manuelle Arbeiter die Herrschaft über den Produktionsprozeß verlor. Die dem manuellen Arbeiter entschwindende Konzeption der Produktion auf gesellschaftlicher Stufenleiter wurde in der theoretischen Naturwissenschaft zur Naturkonzeption des in der Begriffsform selbst vergesellschafteten Denkens. Darüber wird im 2. Teil ausführlicher gesprochen.

(13) Wie liegen Ökonomie und autonomer Intellekt in der Warenproduktion beieinander, wie gehören sie zusammen, wie sind sie getrennt? Die Vergesellschaftung durch Warenaustausch ist von solcher Art, daß sie sich selbst verleugnet.

---

37 »Diese Änderung [nämlich die »Subsumtion des Arbeitsprozesses unter das Kapital«] geht naturwüchsig vor sich. Ihre Voraussetzung, gleichzeitige Beschäftigung einer größeren Anzahl von Lohnarbeitern in demselben Arbeitsprozeß, bildet den Ausgangspunkt der kapitalistischen Produktion.« (ibid., S. 354, ebenso S. 341 u. 399)

Sie geschieht objektiv als Kausalität von Handlungen, in deren Subjektivität die Vergesellschaftung negiert ist. Diese Subjektivität ist von der Exklusivität des Privateigentums beherrscht, von dem, was wir den praktischen Solipsismus der Tauschhandlung genannt haben (mein – also nicht dein; dein – also nicht mein). Die Ausübung dieser Eigentumsexklusion im Verfolg ihrer Geschäftsinteressen ist, was das Bewußtsein der Tauschenden in Anspruch nimmt. Wenn dieses Interesse aussetzt, so auch der Tausch. Die Vergesellschaftung kann hier nur unbemerkt erfolgen. Bewußtsein von ihr würde eine mit der Tauschhandlung unvereinbare Reflexion erfordern; die Beobachtung des Vergesellschaftungsvorgangs würde dem Vorgang selbst den Faden abschneiden. Das Nicht-Gewußtsein der Realität liegt im Wesen ihrer. Die Tatsächlichkeit ihrer Vergesellschaftung aber kommt zu den Menschen zurück post festum, in der »verdinglichten« Gestalt der Tauschobjekte als »Werte«. In dieser Wertform, kraft ihrer Werteigenschaft, regulieren die Dinge das gesellschaftlich notwendige Handeln der Menschen, bedeuten die Dinge den Menschen, wie jeder von ihnen zu handeln hat. Die Menschen gehorchen der Notwendigkeit der Dinge, das ist der Inbegriff von bürgerlicher Vernunft. – Dieses ist aber nur der eine Aspekt der Art, wie die verschwundene Vergesellschaftung sich auswirkt. Der andere Aspekt ist die Determination der Denkform der Menschen, die nun freilich nichts mehr mit ihrem praktischen Handeln zu tun hat, sondern die ein vom Handeln und von der ganzen gesellschaftlichen Welt des Handelns abgewandtes Denken schafft. Dasselbe ist ausschließlich der Natur als physischer Objektwelt zugewandt, mit zeitloser Logik ausgestattet und mit dem Rücken der Gesellschaft zugekehrt. Erst dieser zwiefache Aspekt, diese gänzliche antithetische Geschiedenheit von praktischer Gesellschaft und theoretischer Natur beschreibt die volle Auswirkung der sich verleugnenden Vergesellschaftung. Diese Zweiheit erklärt das eigentümliche und schwer faßbare Phänomen völlig disparater Sphären aus ein und demselben Quell, der gesellschaftlichen Synthesis durch Warenaustausch erwachsend. Die eine Sphäre liefert die Rationalität des individuellen Handelns, die andere die Rationalität des universellen Denkens, und beide haben nicht einen Begriff gemein. Nur vermittlungslose Disparatheit herrscht zwischen ihnen. Der Geschäftsmann berechnet das Eisen nach seinem Preis, der Naturwissenschaftler nach dem Atomgewicht. Warensprache und Denksprache sind unübersetzbar ineinander. Zwischen beiden, aus beiden gespeist, verläuft der blinde Geschichtsgang warenproduzierender Gesellschaften. Alles was diese Gesellschaften sonst noch an Geistesleben zu bieten haben, müht sich mit dieser Antithetik ab.

(14) Eine Klasse wählt sich die Ideologie, die ihren Interessen entspricht, eine Wissenschaft dagegen sucht sich die Klasse aus, die sie adäquat zu handhaben vermag. Ihre formgenetische Bedingtheit enthält eine klassenmäßige Prädisposition. Für eine Wissenschaft, die auf gesonderter Geistestätigkeit basiert, kann die prädisponierte Klasse nicht die der Handarbeiter, sondern nur eine solche im Abhängigkeitsbereich ihrer Ausbeuter sein. Auf diese Weise löst sich die Schwierigkeit, wie die Objektivität der Erkenntnis sich mit der Klassenfunktion verbindet, die sie gesellschaftlich ausübt. Der abstrakte Intellekt leistet objektiv gültige Erkenntnis, aber er tut es mit falschem Bewußtsein.

Auf der Grundlage der Warenproduktion sind die Produkte der manuellen Arbeit Privateigentum, die Früchte der Geistesarbeit gesellschaftliches Eigentum. Die Wertform der Waren ist Verdinglichung der gesellschaftlichen Verhältnisse zwischen den Menschen. Das Geld ist die sinnfällige Erscheinungsform des Werts. Die zwischenmenschlichen Beziehungen verschwinden als solche und lassen keine andere Spur zurück als dieses abstrakte gesellschaftliche Ding. Der Geistbegriff der antiken Philosophie (λόγος, νοῦς) und der

Begriff des Subjekts in der neueren Philosophie ist die Vermenschlichung dieses Dings, die Entfremdung einer Entfremdung, eine Entfremdung der zweiten oder höheren Potenz. Und an diesem Subjektbegriff hängt das Immanenzpostulat der Philosophie, in dem die herrschende Klasse sich die Welt zulegt.

(15) Der autonome Intellekt, in seiner Geschiedenheit von der Handarbeit, ist über sich selbst und seine Bedingtheit blindgeboren. Es ist eine haargenaue Beschreibung der Sachlage zu sagen, daß er an seiner Wurzel durch diese Wurzel von ihr abgeschnitten sei. In dieser Abgetrenntheit von seiner Genesis findet der bloße Intellekt sich in seiner philosophischen Reflexion in die unversöhnlichen Dichotomien verstrickt, die das ganze abendländische Denken brandmarken, also die Dichotomien zwischen der Idealität des Denkens und der Realität der Gegenstände, worauf es sich bezieht, zwischen der Freiheit des Denkens und der Notwendigkeit des Gedachten, zwischen dem normativen Wesen der Begriffe und der faktischen Natur des Begriffenen, zwischen dem Individualcharakter des Denkaktes und der Universalität der Denkform, usw. Was immer dieses zeitlose Denken anrührt, wird von dem Mehltau solcher Dichotomien befallen. Wo aber, in welcher Ebene, ist nun die Dialektik zu suchen, in der diese Dichotomien ihre paralysierende Wirkung verlieren oder ganz verschwinden würden? Kann das die Ebene der antinomischen Begriffe selbst sein, die Ebene des Geistes, in der Hegels Dialektik verläuft, des Geistes also, der an den Widersprüchen krankt und in der Dialektik deren Lösung findet? Die Dialektik in dieser Ebene würde zwar dem Geist vielleicht von Nutzen sein, aber die Realität, aus der er stammt, unverändert lassen. Wir rechnen diese Dialektik noch selbst zum falschen Bewußtsein und stehen nicht an, sie als die falsche Dialektik zu klassifizieren, selbst wenn es Hegel darin gelungen ist, wie Marx sagt, »ihre (der Dialektik) allgemeine

Bewegungsformen zuerst in umfassender Weise« darzustellen.[38] Die wahre Dialektik gehört der geschichtlichen Ebene des gesellschaftlichen Seins an, in der die Genesis des Intellekts stattfindet, die ihm nach seinen eigenen Begriffen eine Unmöglichkeit dünkt, der Ebene deshalb, die es nicht nur anders zu denken, sondern die es selbst zu verändern gilt, um die Scheidung zwischen Geistesarbeit und Handarbeit zum Verschwinden zu bringen. Denn diese Scheidung ist es, die den Dichotomien der Philosophie außerhalb der Philosophie noch zugrunde liegt.

---

38 *Das Kapital* I, Vorwort zur 2. Aufl.

Zweiter Teil
Gesellschaftliche Synthesis und Produktion

1. Produktionsgesellschaft und Aneignungsgesellschaft

(Wir beschränken uns in diesem Teil, wie auch sonst in dieser Schrift, in der Hauptsache auf die Gesichtspunkte des Geschichtsverständnisses, ohne in die ausführliche Behandlung desselben einzutreten.)
Es wurde mehrfach schon auf das Kennzeichen hingedeutet, durch welches die Produktionsverhältnisse der Klassengesellschaft unterschieden sind von den klassenlosen. Der Gegensatz haftet an der verschiedenen Artung der gesellschaftlichen Synthesis. Wenn eine Gesellschaft durch den Arbeitszusammenhang im Produktionsprozeß die Form ihrer Synthesis erhält, also ihre bestimmende Ordnung direkt aus dem Arbeitsprozeß menschlicher Naturtätigkeit herleitet, so ist sie, zum mindesten der Möglichkeit nach, klassenlos. Eine solche Gesellschaft kann ihrer Strukturbestimmtheit nach *Produktionsgesellschaft* genannt werden. Die Alternative dazu ist eine auf Aneignung beruhende Gesellschaftsform. Aneignung wird durchweg hier wie auch früher schon im zwischenmenschlichen oder innergesellschaftlichen Sinne verstanden, nämlich als Appropriation von Arbeitsprodukten durch Nicht-Arbeitende. Dabei ist zwischen einseitiger und wechselseitiger Form der Appropriation zu unterscheiden. Einseitige Appropriation des Mehrprodukts führt zu Klassengesellschaft in den mannigfachen Formen von »direkten Herrschafts- und Knechtschaftsverhältnissen«, um diesen Marxschen Ausdruck zu benutzen. Solche Aneignung geschieht in der Form von tributären Abgaben erzwungener oder auch freiwilliger Art, oder in der Form von Raub und Diebstahl, kann gegründet sein auf Unterwerfung oder

»angestammte Rechte«, etc. Die uns interessierenden Fragen knüpfen sich indes vorwiegend an die Formen der Aneignungsgesellschaft auf Grund von wechselseitiger Appropriation oder Austausch, also an die verschiedenen Formen der Warenproduktion. Das gemeinsame Merkmal aller *Aneignungsgesellschaften* ist eine gesellschaftliche Synthesis durch Tätigkeiten, die der Art nach verschieden und in der Zeit getrennt sind von der die Aneignungsobjekte erzeugenden Arbeit. Es ist unnötig zu betonen, daß keine Gesellschaftsformation, ob auf Produktion oder auf Aneignung beruhend, verständlich ist ohne Berücksichtigung des jeweiligen Entwicklungsstandes der materiellen Produktivkräfte.

Im vorangegangenen Teil ist mit ausführlicher Begründung dargestellt worden, daß eine gesellschaftliche Synthesis in den wechselseitigen Aneignungsformen des Warenaustauschs zur Entstehung von Geistesarbeit in scharfer Scheidung von manueller Arbeit führt. Die Einheit der Synthesis von solchen Gesellschaftsformen bildet die direkte formgenetische Fundierung der zu ihnen gehörigen charakteristischen Denk- und Erkenntnisformen. Wir stehen nicht an, dieses Ergebnis zu verallgemeinern und daraus zu schließen, daß in allen Gesellschaftsformationen durchweg, ob Aneignungs- oder Produktionsgesellschaften, die gesellschaftlich notwendigen Bewußtseinsformen in deduzierbarer Weise bestimmt sind von den gesellschaftlich-synthetischen Funktionen, die für die Formationen tragend sind. Durch diese Verallgemeinerung werden die vorstehend durchgeführten Spezialuntersuchungen wertvoll für die heute auf Erfüllung drängenden sozialistischen und kommunistischen Interessen. Im gegenwärtigen Teil werden wir die neuartigen Begriffe und Schlußfolgerungen, die sich am spezifischen Stoff ergeben haben, als Kategorien und Gesichtspunkte fürs allgemeine Geschichtsverständnis verwerten. Der Blick auf die vergangenen Epochen hier wird den Boden festigen und verbreitern für die Zukunftserwägungen im nächsten Teil.

2. Hand und Kopf in der Arbeit

Vorauszuschicken ist, daß es selbstredend überhaupt keine menschliche Arbeit geben kann, ohne daß darin Hand und Kopf zusammen tätig sind. Arbeit ist kein tierartig instinktives Tun, sondern ist absichtsvolle Tätigkeit, und die Absicht muß die körperliche Bemühung, welcher Art diese auch sei, mit einem Minimum von Folgerichtigkeit zu ihrem bezweckten Ende lenken. »Wir unterstellen die Arbeit in einer Form, worin sie dem Menschen ausschließlich angehört. Eine Spinne verrichtet Operationen, die denen des Webers ähneln, und eine Biene beschämt durch den Bau ihrer Wachszellen manchen menschlichen Baumeister. Was aber von vornherein den schlechtesten Baumeister von der besten Biene auszeichnet, ist, daß er die Zelle in seinem Kopf gebaut hat, bevor er sie in Wachs baut. Am Ende des Arbeitsprozesses kommt ein Resultat heraus, das beim Beginn desselben schon in der Vorstellung des Arbeiters, also schon ideell vorhanden war.«[1] Aber die für uns wesentliche Frage ist, in wessen Kopf das bezweckte Resultat des Arbeitsprozesses ideell vorhanden ist. »Soweit der Arbeitsprozeß ein individueller, vereinigt derselbe Arbeiter alle Funktionen, die sich später trennen. In der individuellen Aneignung von Naturgegenständen zu seinen Lebenszwecken kontrolliert er sich selbst. Später wird er kontrolliert.«[1a] Der individuelle Arbeitsprozeß steht zwar in einem sehr bestimmten Sinne, nämlich als »Arbeit des vereinzelten Einzelnen«, am Anfang der entfalteten Warenproduktion, aber er steht nicht am Anfang der Menschengeschichte. Es muß deshalb unterschieden werden, ob das bezweckte Ende eines Arbeitsprozesses ideell im Kopfe dessen vorliegt, der die Arbeit ausführt, oder in den Köpfen mehrerer, die die

[1] *MEW* 23, 193.
[1a] *MEW* 23, 531.

Arbeit gemeinsam verrichten, oder aber in einem fremden Kopf, der den Arbeitern bloße Splitterteile des Prozesses zuweist, die überhaupt kein bezwecktes Ende bedeuten, weil sie den Ausführenden von anderen gesetzt sind. Je nachdem ändern sich die Verhältnisse zwischen Hand und Kopf für die Arbeit. Aber die wesentlichen Unterschiede liegen darin, ob das bezweckte Ende die Absicht des einzelnen ist, der sich körperlich bemüht, oder die Absicht mehrerer, die sich gemeinsam bemühen, oder aber eine bloße Teilabsicht, die vom einzelnen allein ausgeführt wird, aber für ihn überhaupt kein bezwecktes Ende bedeutet, weil sie von anderen gesetzt worden ist.

Wichtig ist für uns zu unterscheiden zwischen persönlicher und gesellschaftlicher Einheit bzw. Scheidung von Hand und Kopf. *Persönliche* Einheit von Hand und Kopf kennzeichnet wesensmäßig nur Arbeit, welche individueller Einzelproduktion dient. Das bedeutet nicht, daß auch umgekehrt alle individuelle Einzelproduktion solche persönliche Einheit voraussetzt; man denke z. B. an Töpferei oder Textilproduktion durch Sklaven, die zwar das Produkt durch ihre Einzelarbeit erzeugen mögen, aber nicht Herr über Zweck und Art derselben sind. Persönliche Scheidung von Kopf und Hand gilt von aller Arbeit, die unter fremder Zwecksetzung geschieht. *Gesellschaftliche* Einheit von Hand und Kopf dagegen ist Kennzeichen kommunistischer Gesellschaft, sei diese von primitiver oder von technologisch hochentwickelter Art. Im Gegensatz dazu steht gesellschaftliche Scheidung zwischen geistiger und körperlicher Arbeit, die sich durch die ganze Geschichte der Ausbeutung erstreckt und die verschiedensten Formen annimmt.

Ganz im großen betrachtet, zieht sich die gesellschaftliche Entwicklung in der Geschichte von primitivem Kommunismus, worin die Produktion auf unauflöslicher Gemeinsamkeit der Arbeit fußt, schrittweise hin zur Ausbildung von individueller Einzelproduktion auf allen wesentlichen Gebieten und dementsprechend zur Ausformung der Warenproduktion. Hier kommt es nebeneinander zur Verwendung des Geldes in seiner Reflexionsform als Kapital und zur gesellschaftlichen Form des Denkens als abgesondertem reinen Intellekt. Es kommt, mit anderen Worten, in scharfer Antithese zur Vereinzelung der manuellen Produktion zur Universalierung der gesellschaftlichen Synthesis in ihrer kollateralen Kausalität von ökonomischer Warensprache und Fundierung der ideologischen Begriffssprache. Dieses im klassischen Altertum erreichte Mittelstadium der geschichtlichen Entwicklung erzeugt die Aneignungsgesellschaft in ihrer absoluten (»klassischen«) Ausprägung, die die Produzenten als Sklaven von der Teilnahme an der Vergesellschaftung ausschließt und die eben aus diesem Grunde keinen Bestand haben konnte. Aber von ihrer Auflösung hebt nun ein Entwicklungsprozeß an, in dem die Vergesellschaftung die Produktion und die manuelle Arbeit selbst zu ergreifen beginnt und damit vorwärtsstreibt bis zur heutigen Entwicklungsstufe, wo sich innerhalb der kapitalistischen Aneignungsgesellschaft die Voraussetzungen einer modernen Produktionsgesellschaft herangebildet haben und die Menschheit, entsprechend der Voraussicht von Marx und Engels, vor die unausweichliche Alternative zwischen beiden gestellt ist. Diese Gesamtentwicklung gilt es durch ihre Hauptphasen hindurch in gedrängtester Kürze zu verfolgen.

3. Beginnende Mehrproduktion und Ausbeutung

Unter diesem Titel begreifen wir, in unsere Begriffssprache übersetzt, den Übergang von der primitiven (kommunistischen) Produktionsgesellschaft zu den ersten Formen von Aneignungsgesellschaft. Die Anfänge der Aneignung in dem hier verstandenen, innergesellschaftlichen Sinn setzen eine hinreichende Produktivitätssteigerung oder Entwicklung der

Produktivkräfte der kollektiven Gemeinschaftsarbeit voraus, um regelmäßige Überschüsse von lohnendem Ausmaß über das Existenzminimum erwarten zu lassen. Die ersten Anfänge von Aneignung entwickeln sich innerhalb des Gemeinwesens und bringen langsame, aber darum nicht minder einschneidende Veränderungen in den auf Gemeineigentum und gemeinschaftlicher Konsumtion beruhenden Produktionsverhältnissen mit sich. Marx erblickt die Notwendigkeit vermittelnder Formen für diese Veränderungen, namentlich beginnenden Austausch mit anderen Gemeinwesen, der dann zersetzend auf die innere Ordnung zurückwirkt. Nachhaltige Rückwirkung entsteht, wenn diejenigen Elemente, die von der entstandenen Aneignungspraxis den Vorteil haben, zu aktiven Kräften werden, die die Entwicklung in der Richtung vorantreiben, die ihnen dient, sich also zu einer gesonderten gesellschaftlichen Macht organisieren. Unter ihrem Einfluß entstehen wachsende Eingriffe in das Gemeineigentum, vor allem am Boden, und zunehmende Abhängigkeitsverhältnisse für die Produzenten. Allmählich bilden sich feste, auf Erblichkeit und Patriarchat gegründete Klassenteilungen innerhalb der Gesellschaft heraus, verbunden mit äußeren Eroberungszügen und ausgedehnter Raub- und Handelstätigkeit.

Diese äußerst abstrakte Skizzierung steht ausschließlich im Dienst der Hervorhebung dreier grundsätzlicher Momente: 1. die Produktionsweise, genauer gesagt, der Arbeitsprozeß bleibt in der Primärproduktion, d. h. Bodenbearbeitung und Viehwirtschaft, noch auf sehr lange Zeit der Organisationsform nach kollektiv; 2. die innergesellschaftliche Reichtumsbildung auf seiten der aneignenden Klasse geschieht im weitaus wesentlichsten Maße in den Formen einseitiger Appropriation des Mehrprodukts; 3. der Produktenaustausch behält in der Hauptsache den Charakter bloßen Außenverkehrs zwischen verschiedenen Gemeinwesen. Mit anderen Worten, der Tauschverkehr entwickelt sich noch nicht, noch

auf lange Zeit nicht, zur Form des innergesellschaftlichen Nexus.
Individuelle Einzelproduktion entwickelte sich von früh auf in der Verfertigung von Steinwerkzeugen und -waffen, dann aber vor allem in den Handwerkszweigen späterer, neolithischer Erfindung, also in der Sekundärproduktion wie Töpferei, Spinnen und Weben etc., vorwiegend Frauenarbeit, und gegen Ende des Neolithikums in den Metallgewerben, die wieder Männerarbeit waren. Die Sekundärindustrien werden das Hauptfeld des Warenhandels wie auch der Warenhandel Förderungsgrund für die Ausbreitung der Sekundärgewerbe. Durch die Entwicklung und Wechselwirkung beider erfährt die Mehrproduktion und klassenmäßige Reichtumsbildung mächtigen Aufschwung, genügend, um die ungeheure Leistung der Kultivierung der großen alluvialen Flußtäler vom Nil bis zum Hoangho in verwandten Zeitspannen in Gang zu setzen.

4. Kopf und Hand im Bronzezeitalter;
   Vorformen der Scheidung von Kopf und Hand

Aber nicht vor der Entwicklung der Eisenmetallurgie wird individuelle Einzelarbeit auch zur Methode und zum Maßstab in der Primärproduktion, und zwischen dem Neolithikum und dem Eisenzeitalter liegen Tausende von Jahren, die Jahrtausende des Bronzezeitalters. Dieses Zeitalter hat seine eigene charakteristische Gesellschaftsformation, diejenige der altorientalischen Kulturen, die, auf die Bebauung der alluvialen Flußtäler gegründet, im Vergleich zu den vorangegangenen neolithischen Gemeinden als Großkulturen erscheinen. Wir wählen für unsere besonderen und sehr skizzenhaften Zwecke das alte Ägypten zum Modell, da sich hier am deutlichsten die Vorformen der späteren klassischen Scheidung von Geistesarbeit und Handarbeit ausgebildet haben. Obwohl zu Übertreibungen geneigt, hat Platon im *Timaios* die Abhängigkeit der griechischen Geistesarbeit von ägyptischen Vorformen in einer Weise herausgestrichen, die nicht zur Gänze auf seiner Erfindung beruhen kann.

Die altorientalische Gesellschaftsformation hat den Charakter eines Zweietagenbaus. Die Grundlage bildet die Agrikultur und Viehwirtschaft auf alluvialem Boden und Umland, eine Ökonomie, die wir der Kürze halber unter dem Namen der alluvialen Primärproduktion zusammenfassen. Sie wird noch in den Methoden der kollektiven Gemeinschaftsproduktion betrieben, die sich mit Modifikationen vom Urkommunismus herleitet. »Für die Volksmassen hatten sich die primitiven urgemeinschaftlichen Produktionsverhältnisse in Tributverhältnisse verwandelt, was jedoch keine radikalere Veränderung einschloß«[1b], nämlich keine Auflösung des Gemeinschaftscharakters der Produktionsform. Durch die Fruchtbarkeit der alluvialen Böden, erhalten und noch erhöht durch die kunstvollen und planmäßigen Bewässerungsanlagen, die allen diesen Kulturen in der einen oder anderen Form gemeinsam sind, wirft die Primärproduktion ein Mehrprodukt von einer mit früheren Maßstäben verglichen ungeheuren Größe ab. Dieses Mehrprodukt blieb aber nicht im Besitz seiner Produzenten.

Schon die Okkupation und Urbarmachung der Flußtäler war aller Wahrscheinlichkeit nach nicht aus der Initiative der Produzenten selbst hervorgegangen, sondern unter dem Ansporn und der Leitung von Herrschern oder Herrscherschichten derselben oder verschiedener ethnischer Herkunft und von vornherein um der Aneignung des erhöhten Mehrproduktes willen geschehen. Schon diese außerordentliche

---

[1b] George Thomson, *Die ersten Philosophen*, Berlin 1961, S. 146. Professor Thomson hat diese Gesellschaftsformation des Bronzezeitalters in solcher Klarheit und Kürze dargestellt, daß wir uns gänzlich auf seine Ausführungen stützen und auch den Leser auf sein Buch verweisen.

Leistung setzt eine einschneidende Differenzierung zwischen leitender, befehlender und organisierender Planung von seiten der Herrscher gegenüber den physischen Betätigungen der kollektiven Primärproduzenten voraus. Diese Initiative und ihre Zielsetzung muß als einer der großen Schritte in der Emanzipation der Menschheit von ihrer naturgebundenen Vorgeschichte gewertet werden. Die Ablieferung des Mehrprodukts von seiten der Produzenten bzw. seine Einsammlung durch die Herrscher und die Funktionäre ihrer Herrschaft erforderte daher keine oder kaum eine zusätzliche Gewaltanwendung, sondern erfolgte im großen und ganzen aus dem ihren Herrschern geschuldeten verehrenden Gehorsam der Produzenten. Außerdem war der Pharao der Obereigentümer des bebauten und benutzten Landes, der den Produzenten durch sein sakrales Verhältnis zu den Naturgewalten den dauernden Bestand und Besitz des Bodens, somit auch ihre eigenen Produktions- und Lebensmöglichkeiten garantierte.

Gegründet auf die Aneignung des ungeheuer vergrößerten Mehrprodukts der Primärproduzenten baut sich nun in dem oberen oder zweiten Stockwerk dieser Gesellschaftsformation eine Kultur auf, die sich der aus dem Neolithikum stammenden Sekundärgewerbe zum Behufe ihres ausschließlichen und qualitativ aufs höchste verfeinerten Bedarfs bedient. Diese Gewerbe werden in der Hauptsache in Einzelproduktion mit Sklavenarbeit betrieben. Die Metallurgie der Bronze und der Edelmetalle nimmt darunter den ersten Platz ein, zumal wahrscheinlich schon die Ursprungsgründung und -leistung der ganzen Kultur mit Steinwerkzeugen allein sich nicht hätte bewerkstelligen lassen. Im Dienste dieser Sekundärgewerbe (Textil-, Holz-, Steinschneide-, Juwelierkunst, Kosmetik, Skulptur etc.) entspinnt sich ein ausgebreiteter Handel zur Erwerbung der Materialien und Hilfsstoffe gegen die in Vorratshäusern und -kammern gestapelten, konservierten, als Werte bewirtschafteten Primärprodukte. Dieser Handel wird im Auftrage und im Namen des Staates bzw. des Pharaos mit anderen Staaten und Gemeinwesen geführt. Auch die ungeheuren Bauten und Betätigungen zu Kultzwecken profitieren von diesem Handel sowie von den ebenfalls von Staats wegen organisierten Bergwerken und Expeditionen, Kriegszügen etc.

Dieser gesamte Oberstock der Kultur basiert als »direktes Herrschafts- und Knechtschaftsverhältnis« auf der einseitigen Aneignung des primären Mehrprodukts. Und es ist im Dienste dieser Aneignung und im Prozeß ihrer Durchführung, daß die Schrift und Schreibkunst, die Zahlennotierung und Arithmetik, also die Symbolformen und die Praxis der gesonderten Geistesarbeit zur Erfindung und Ausbildung gelangen. Gesonderte Geistesarbeit entsteht unserer Auffassung gemäß also als Mittel der Aneignung von Arbeitsprodukten durch Nichtarbeiter, sie entsteht nicht, oder jedenfalls nicht ursprünglich, als Hilfsmittel der Produktion. Sie dient der Anrechnung von Ablieferungen, der Buchführung über Kreditgewährungen und Rückerstattungen im Verkehr zwischen pharaonischen Tempelbehörden oder Beamten und Schuldpflichtigen, der Stapelung und Mengenberechnung von appropiierten Produkten, der Volumen-, Einnahme- und Ausgabennotierung von Vorräten und verwandten Operationen.

Eine gute Illustration dazu bietet der Bericht und die Vermutung Herodots über die Ursprünge der Geometrie bei den Ägyptern. Durch die ganze historische Überlieferung der Griechen zieht sich diese Zurückführung der Geometrie auf die ägyptische Feldvermessung, welche stattfand, wenn sich die Nilfluten verlaufen hatten und die Flur unter die Bebauer neuverteilt werden mußte. Das kann den Anschein erwecken, als ob die Geometrie zum Behufe der Bodenbebauer erfunden worden sei, also im Arbeitsverhältnis zwischen Mensch und Natur, statt aus gesellschaftlichen Produktionsverhältnissen und der Ökonomie, wie wir nach

Marx erwarten würden. Tatsächlich aber wird von den meisten späteren griechischen Schriftstellern der Bericht des Herodot nur unvollständig angeführt. Bei Herodot nämlich heißt es ausdrücklich, daß diese Neuverteilung der Flur vorgenommen wurde, um die Steuer- und Ablieferungspflichten der Bebauer fürs kommende Jahr zu veranlagen. Die Geometrie erschien also bei den Nilbauern durchaus nicht in bäuerlichem Gewand, sondern in dem der pharaonischen Steuerbeamten, die ihre Geometer und Feldmesser mitbrachten. Herodot gibt uns auch die griechische Übersetzung des Namens, unter dem diese Geometer einhergingen. Sie hießen »Harpenodapten« oder »Künstler des Seils«, was zeigt, daß sich die heutigen Gärtner, wenn sie mit dem Seil ein Blumenbeet oder Gemüsefeld abstecken, bevor sie mit dem Umgraben beginnen, auf eine sehr lange Tradition berufen können. Außerdem aber beraubt dieser vielsagende Name die Ägypter des Anscheins unergründlicher Weisheit in der Schaffung der Geometrie und weist darauf hin, daß sich bei der nötigen Virtuosität mit der Handhabung des Seils auch bei solchen Tricks wie der Dreiteilung des Winkels oder der Quadratur des Zirkels sehr viel besser fortkommen läßt als mit der Handhabung reiner Begriffe. Auch die alten Inder haben von dieser Erfahrungskunst der Ägypter profitiert, wie daraus hervorgeht, daß das älteste indische Handbuch der Geometrie »Die Regeln der Seilkunst« zum Titel hat.

Auch das Mysterium des Kalenders und der erstaunlich genauen Jahres- und Nilflutberechnung der Ägypter hat durch neuere Forschungen viel von seinem Glanz verloren. Den Studien Siegfried Schotts und Richard A. Parkers zufolge war der angebliche Sonnenkalender Ägyptens in Wahrheit ein bloßer Mondkalender, der aber durch rein empirische Interpolation den Beobachtungen des Kreislaufs des Sirius angepaßt war. Dadurch wird auch die sagenhafte Astronomie der Ägypter auf jenes Maß reduziert, das mit allen übrigen von ihnen erwiesenen Verstandesleistungen übereinstimmt. Die Mystifikation der ägyptischen Astronomie war indes kein Irrtum, sondern sorgsame Absicht der priesterlichen Überlieferung. Der Schein purer Geistesleistung ging ihrer Realität an wohltätiger Wirkung für die Klassenherrschaft lange voraus.

Auf der Grundlage ihrer Arithmetik und ihrer Geometrie haben die Ägypter eine für ihre Zwecke höchst gebrauchsfähige Mathematik aufgebaut, für die z. B. der Rind-Papyrus als Lehrbuch ein anschauliches Zeugnis ablegt. Dieses Lehrbuch besteht aus lauter Einzelaufgaben für praktische Zwecke, z. B. von der Art, daß die Anzahl der Ziegel berechnet werden soll, die zur Pflasterung eines Bewässerungsdammes von gegebener Länge, Höhe und Neigung nötig sind, und für jede einzelne Aufgabe werden dem Schüler die Regeln angegeben, nach denen er für die Lösung verfahren soll. Aber schon der Begriff der »Regel« steht auf einer Abstraktionsstufe, die für diese Mathematik zu hoch gegriffen ist, denn das Charakteristische ist eben das Fehlen aller Verallgemeinerung nach Prinzipien mathematischen Denkens. Geistesarbeit und Handarbeit sind zwar bereits geschieden, Betätigungen verschiedener Personen und, was wichtiger ist, verschiedener gesellschaftlicher Kasten und Klassen, die auf ihren Abstand voneinander bedacht sind, aber die Geistesarbeit besitzt noch nicht die geistige Selbständigkeit, die sie aus den ihr eigenen inhärenten Gründen, also auch ohne alle Kastenscheidungen und Mystifikationen unüberbrückbar von der Handarbeit trennt.

Das Interesse für uns liegt nun in den Gründen, warum der Geistesarbeit auf der Stufe der altorientalischen Gesellschaftsformation noch die inhärente Scheidung von der Handarbeit fehlt. Die Basis dieser Formation unterscheidet sich von der Warenproduktion durch die Einseitigkeit der Appropriation und die einfache Dualität eines direkten Herrschafts- und Knechtschaftsverhältnisses zwischen den beiden Hauptteilen der Bevölkerung. Das ökonomische Ganze dieser Formation gleicht einem einzigen ungeheuren Haushalt, der bis in die Einzelheiten hinein bedacht und berechnet werden kann.

In der Praxis dieser einseitigen Aneignung finden sich, so verschieden sie sonst immer vom Tauschverhältnis des Warenverkehrs auch sein mag, wichtige Züge, die sie gerade mit der abstrakten Funktion des letzteren gemein hat. Die Handlung der Aneignung ist ebenso wie die Tauschhandlung nach Ort und Zeit aufs strengste von jeder materiellen Gebrauchshandlung an den Aneignungsobjekten getrennt. Die Produkte werden in dem Zustand, in dem sie vom Produzenten abgeliefert und vom Aneigner akzeptiert werden, unverändert aufgestapelt und gerade in dieser Eigenschaft als Mengeneinheiten behandelt und zählbar. Auch die unveränderbare Materie des Aneignungsobjekts hat nicht dieselben Bestimmungen wie der Stoff der Gebrauchsgegenstände oder des Arbeitsprodukts. Auch ihr Transport als Aneignungsobjekte ist abstrakte Bewegung. Aber selbst ohne in eine eingehende Formanalyse der einseitigen Aneignung – die wiederum in der altorientalischen Gesellschaft nicht dieselbe ist wie etwa im mittelalterlichen Feudalismus – einzutreten, sind die wesentlichen Unterschiede vom Warenaustausch offenkundig. Der Mann, der die Aneignungshandlung verrichtet (pharaonischer Beamter, Priester, Schreiber, Mandarin etc.), agiert nicht für sich selbst; das Eigentum, in welches das Objekt eintritt, ist nicht sein eigenes, der Ablieferer nicht sein persönlicher Schuldner. Er ist nur Funktionär einer übergeordneten Gesamtmacht und einzelnes Glied einer ganzen komplizierten und ausgedehnten Hierarchie im Dienst dieser Macht. Er sieht nicht die Gesamtaneignung, sondern nur einen bestimmten Teil, an einem bestimmten Ort und von einer bestimmten Art. Aber auch innerhalb dieser Art und Produktengattung, mit der er zu tun hat, ist nicht die gesamte Gattung (aller Weizen, alle Zwiebeln etc.) Aneignungsobjekt, sondern nur der aufs Mehrprodukt entfallende Teil, während der andere Teil des gleichen Produkts im Besitz der Produzenten bleibt und eine ganz andere Rolle in der Gesamtordnung des Daseins spielt. Kurz, nirgends in dieser Ordnung kommt es zur Allgemeinheit der Handlungen, ihrer Objekte oder Subjekte. Die Aneignungsobjekte haben gewiß Wertbedeutung, und dieser Bedeutung gilt die Rechnung mit ihnen, die Ökonomie des Systems, aber sie hat keine Allgemeinheit, weder substantielle noch funktionelle. Es ist aber von Wichtigkeit zu begreifen, daß genau das, was die Verallgemeinerung der Wertbedeutung und Formbestimmtheiten verhindert, die Gesamtordnung übersichtlich, verständlich und beherrschbar macht. Das Denken der Funktionäre des Systems ist theoretisch unrational in dem Maße, in dem das System praktisch rational ist. Es ist dies nur das Gegenbild zu der Beobachtung, die wir früher (S. 116) machten, daß der »autonome Intellekt eine Wirkung des Tauschmechanismus ist, durch den der Mensch seine Herrschaft über den Gesellschaftsprozeß verliert«. Die altorientalische Wirtschaft unterliegt der Planung, ihre Irrationalitäten sind nicht von der Art, daß sie die Ordnung unkontrollierbar machten.

Wir gelangen somit zu dem zwiefachen Resultat: erstens, daß die intellektuelle Entwicklung, die im Bronzezeitalter definitive Symbolformen annimmt, auf Seiten der Appropriateure des Mehrprodukts stattfindet und in demjenigen Teil der Gesellschaftsformation, der auf Aneignung beruht im Gegensatz zur Produktion und in Trennung von ihr; zweitens, daß diese intellektuelle Entwicklung noch keine inhärente Scheidung von der manuellen Arbeit erreicht, weil die Appropriation nur eine Teil der Gesellschaftsformation beherrscht, also noch nicht die allgemeine Form der gesellschaftlichen Synthesis darstellt, was nur geschehen kann, wenn die Appropriation die reziproke Form des Austauschs, das Aneignungsobjekt die Warenform annimmt, bzw. wenn nicht nur die sekundäre Produktion als individuelle Einzelproduktion betrieben wird, sondern die gesellschaftliche Gesamtproduktion, einschließlich der Primärproduktion. Dies aber geschieht erst als Resultat der Eisenmetallurgie, die so billige Metallerzeugnisse hervorbringt, daß sie für den Primärproduzenten geschaffen werden können und diesen von den Bedingungen der ausgedehnten kollektiven Bewässerungswirtschaft auf alluvialen Böden unabhängig machen, ja seine Einzelwirtschaft produktiver gestalten als die Gemeinwirtschaft aller vorangegangenen Epochen.

5. Die klassische Aneignungsgesellschaft

Die ersten strukturtypischen Ergebnisse der neuen Eisenmetallurgie, die sich etwa ums Jahr 1000 v. u. Z. oder etwas vorher schon ausbreitete, waren die Zivilisationen der Phönizier und nach ihnen der Griechen und der Römer. Infolge der Emanzipation ihrer Primärproduktion von der schwerfälligen alluvialen Bewässerungswirtschaft als Vorbedingung der nötigen Mehrproduktion konnten die neuen Mächte sich mit viel kleineren Räumen begnügen, Hügelland, Küstenstriche und Inseln besiedeln und Vorteil aus ihrer Beweglichkeit ziehen. In den Legenden ihrer heroischen Frühzeit (denen des Herakles, der Argonauten etc.) zeigen sie sich stark genug, ins Gebiet der altorientalischen Großkulturen und ihres fabulösen Reichtums Streifzüge mit Zerstörungen, Beraubungen, Entführungen usw. zu unternehmen und sich auf diese Weise zusammen mit den geplünderten Schätzen die überlegenen Techniken und Künste der Alten Welt anzueignen, ihnen nach und nach, vor allem in den Sekundärzweigen der Produktion, ebenbürtig und in der Waffenherstellung und im Schiffsbau überlegen zu werden.

Der Vereinzelung der Produktion entspricht, daß diese Abenteurer ihre Raub- und Plünderungszüge in die umgebende Welt auf eigene Faust und eigenes Risiko unternehmen, nicht mehr im Dienst von theokratischen Herrschern, ohne Staatsmacht als Rückendeckung. Sie handeln als Heroen, unabhängige Individuen, mit denen sich ihr Volk und Heimatstaat identifizieren, um ihrer Praxis von autonomer Aneignung vorgefundenen fremden Reichtums nachzueifern. Dabei ist ihre mythologisierende Vorstellungswelt derjenigen der Bronzekulturen noch verwandt, aber so, daß die Götter sich aus Bindungen der Appropriateure an eine höhere Macht in Schicksalsgötter der Heroen selbst verwandeln. Es ist die Vor- und Ursprungsform des privaten Warenverkehrs, bevor er sich noch in die Paritäten oder Disparitäten der Geldform verfängt. Diese Ankündigungen späterer Formen sind von Horkheimer und Adorno in ihrer *Dialektik der Aufklärung* scharfsichtig erkannt worden.

Es ist indes eine strittige Frage, ob und in welchem Grade der Warenverkehr und die Geldzirkulation in der Welt der klassischen Antike den Tatbestand der Warenproduktion erfüllten. Engels bejaht die Frage und spricht von entfalteter Warenproduktion, die für ihn nach dem Vorgang von Lewis Morgan vom Beginn der Zivilisationsstufe datiert. Und soviel ist klar, daß mit der durch die Entwicklung der Produktivkräfte bedingten Ablösung der kollektiven Primärproduktion durch die Einzelproduktion der »kleinen Bauernwirtschaft« und mit der gleichzeitigen Entwicklung des »unabhängigen Handwerksbetriebs«, um die beiden bei Marx zusammengehörigen Kategorien zu nennen, eine Ausdehnung und Vertiefung des Warenverkehrs zur elementaren ökonomischen Notwendigkeit wurde. Dafür kann die Einführung und rasche Ausbreitung des Münzwesens im 7. und 6. Jahrhundert v. u. Z. als unbezweifelbarer Gradmesser dienen. Aber das reicht noch nicht hin, um eine Gesellschaftsformation zu dokumentieren, in der Warentausch schon zum allein bestimmenden inneren nexus rerum geworden ist. »Es gehört [...] wenig Bekanntschaft [...] mit der Geschichte der römischen Republik dazu,« sagt Marx, »um zu wissen, daß die Geschichte des Grundeigentums ihre Geheimgeschichte bildet«. (*MEW* 23, 96) Solange der gemeinfreie Bauer im Besitz seiner Arbeitsmittel war, bildete der Entzug des Grundeigentums das Hauptmittel zu seiner Ausbeutung (vgl. hierzu auch *MEW* 25, 798 f). Durch welche vermittelnden Prozesse war aber die Monopolisierung des Grundeigentums gegen die Bauern zustande gekommen? »Der Klassenkampf der antiken Welt z. B. bewegt sich hauptsächlich in der Form eines Kampfes zwischen Gläubigern und Schuldnern, und endet in Rom mit dem Untergang des plebejischen Schuldners, der durch den Sklaven ersetzt wird«, sagt Marx (*MEW* 23, 149/50). Auch in Griechenland bildet die kleine Bauernwirtschaft und der unabhängige Handwerksbetrieb »die ökonomische Grundlage der klassischen Gemeinwesen zu ihrer besten Zeit, nachdem sich das ursprünglich orientalische Gemeineigentum aufgelöst und bevor sich die Sklaverei der Produktion ernsthaft bemächtigt hat.« (*MEW* 23, 354) Die Umwandlungen geschehen als Wirkung der Waren- und Geldwirtschaft. »In der antiken Welt resultiert die Wirkung des Handels und die Entwicklung des Kaufmannskapitals stets in Sklavenwirtschaft; [...] In der modernen Welt dagegen läuft sie aus in die kapitalistische Produktionsweise.« (*MEW* 25, 344)

Der entscheidende Unterschied zwischen Antike und Moderne ist, daß nur in der Moderne die Reichtumsbildung aus der Produktion des Mehrwerts erfolgt, und nicht nur durch Aneignung, also bloße Eigentumsverschiebung bestehender Werte. In der klassischen Antike war die Reichtumsbildung im wesentlichen außen-, nicht innenwirtschaftlicher Art, das heißt, auf die Beraubung und Ausbeutung anderer Gemeinwesen und stammesfremder Menschen, also auf Unterwerfung zur Tributpflicht oder Verwandlung in Sklaven gegründet. Dazu bedurfte es seitens der erobernden griechischen Stadtstaaten stets einer stammesmäßigen Verfassung, durch die sie als genossenschaftliche Macht zusammenhalten und agieren konnten. Aber diese Bedingung stand im Widerspruch mit der warenwirtschaftlichen Entwicklung. Denn es galt auch da schon, daß »nur Produkte selbständiger und voneinander unabhängiger Privatarbeiten einander als Waren gegenüber [treten]« (*MEW* 23, 57). In der Rückwirkung auf die innere Ökonomie verwandelt sich das äußere Tributverhältnis in den Klassengegensatz innerhalb der Polis zwischen Schuldnern und Gläubigern bis an die Grenzen des Verkaufs von Schuldnern in die Sklaverei. Diese Umwandlung hat Engels am Beispiele Athens in klassischer Weise dargestellt, und es lohnt sich, die entscheidenden Stellen hier zu wiederholen.

Bereits »gegen Ende der Oberstufe der Barbarei«, »[...] durch den Kauf und Verkauf von Grundbesitz, durch die fortschreitende Arbeitsteilung zwischen Ackerbau und Handwerk, Schiffahrt und Handel [...] [kam] das geregelte Spiel der Organe der Gentilverfassung so in Unordnung, daß schon in der Heroenzeit Abhilfe geschaffen wurde.« Es erfolgte »die Einteilung des ganzen Volks, ohne Rücksicht auf Gens, Phratrie oder Stamm, in drei Klassen: Adlige, Ackerbauern und Handwerker. [...] Die Herrschaft des Adels stieg mehr und mehr, bis sie gegen das Jahr 600 vor unsrer Zeitrechnung unerträglich wurde. Und zwar war das Hauptmittel der Unterdrückung der gemeinen Freiheit – das Geld, und der Wucher. Der Hauptsitz des Adels war in und um Athen, wo der Seehandel, nebst noch immer gelegentlich mit in den Kauf genommenem Seeraub, ihn bereicherte und den Geldreichtum in seinen Händen konzentrierte. Von hier aus drang die sich entwickelnde Geldwirtschaft wie zersetzendes Scheidewasser in die auf

Naturalwirtschaft gegründete, althergebrachte Daseinsweise der Landgemeinden. Die Gentilverfassung ist mit Geldwirtschaft absolut unverträglich; der Ruin der attischen Parzellenbauern fiel zusammen mit der Lockerung der sie schützend umschlingenden alten Gentilbande. Der Schuldschein und die Gutspfändung (denn auch die Hypothek hatten die Athener schon erfunden) achteten weder Gens noch Phratrie. Und die alte Gentilverfassung kannte kein Geld, keinen Vorschuß, keine Geldschuld. Daher bildete die sich immer üppiger ausbreitende Geldherrschaft des Adels auch ein neues Gewohnheitsrecht aus zur Sicherung des Gläubigers gegen den Schuldner, zur Weihe der Ausbeutung des Kleinbauern durch den Geldbesitzer. Die Äcker starrten von Pfandsäulen. [...] Die Äcker, die nicht so bezeichnet, waren großenteils bereits wegen verfallner Hypotheken oder Zinsen verkauft, in das Eigentum des adligen Wucherers übergegangen. [...] Noch mehr. Reichte der Erlös des verkauften Grundstücks nicht hin zur Deckung der Schuld [...], so mußte der Schuldner seine Kinder ins Ausland in die Sklaverei verkaufen. [...] Der aufgekommene Privatbesitz [...] führte zum Austausch zwischen einzelnen, zur Verwandlung der Produkte in Waren. Und hier liegt der Keim der ganzen folgenden Umwälzung. [...] Wie rasch, nach dem Entstehen des Austauschs zwischen einzelnen und mit der Verwandlung der Produkte in Waren, das Produkt seine Herrschaft über den Produzenten geltend macht, das sollten die Athener erfahren. Mit der Warenproduktion kam die Bebauung des Bodens durch einzelne für eigne Rechnung, damit bald das Grundeigentum einzelner. Es kam ferner das Geld, die allgemeine Ware, gegen die alle andren austauschbar waren; aber indem die Menschen das Geld erfanden, dachten sie nicht daran, daß sie damit wieder eine neue gesellschaftliche Macht schufen, die Eine allgemeine Macht, vor der die ganze Gesellschaft sich beugen mußte. Und diese neue, ohne Wissen und Willen ihrer eignen Erzeuger plötzlich emporgesprungene Macht war es, die, in der ganzen Brutalität ihrer Jugendlichkeit, ihre Herrschaft den Athenern zu fühlen gab.«

An dem umwälzenden Einfluß der Warenwirtschaft und Geldzirkulation auf die griechische Gesellschaft in der fraglichen Zeit kann schwerlich gezweifelt werden. Engels' Schilderung und Einschätzung wird von George Thomson in allen wesentlichen Zügen bestätigt. (*The first Phil.*, 1955, p. 196). Beide weisen auf den entscheidenden Umstand hin, daß die Gesellschaft die Herrschaft über ihre Produktion verlor und daß deshalb Warenverkehr und Geld »die Eine allgemeine Macht wurde, vor der die ganze Gesellschaft sich beugen« mußte. Langsam aber unausweichlich gewann die Warenwirtschaft die Oberhand über die Stammesbindungen, die im Laufe des 4. Jahrhunderts ihrer endgültigen Auflösung zutrieben.

Auch ohne daß die antike Warenproduktion im kapitalistischen Sinne Mehrwertproduktion war, war sie Basis einer »synthetischen Gesellschaft« in meinem Sinne, d. h. einer Gesellschaftsformation, in welcher die gesellschaftliche Synthesis vom Austauschprozeß der Produkte als Waren vermittelt ist und nicht mehr auf einer gemeinschaftlichen Produktionsweise beruht. Und das ist alles, was erforderlich ist, damit die Realabstraktion beherrschendes Element für die Denkform wird und uns dazu berechtigt, die begrifflichen Wesenszüge der griechischen Philosophie und Mathematik und die scharfe Scheidung zwischen geistiger und körperlicher Arbeit, die damit ins Leben trat, auf diese Wurzel als den bestimmenden Ursprung zurückzuführen.

Ich ziehe eine wesentliche Unterscheidungslinie zwischen primitivem Tausch und dem Warentausch im eigentlichen Sinne. Primitiver Tausch, Geben und Nehmen von Geschenken, zeremoniöser Potlatsch, manche Verwendungen von Heiratsgut etc. erwachsen im Differenzierungsprozeß gentilgesellschaftlicher Gemeinwesen und im Verkehr zwischen solchen. Sie kennen eine Reziprozität der Darbringungen, aber keine Äquivalenz der dargebrachten Objekte an und für sich. Die Objekte haben den Charakter von Überschüssen, erwachsen aber nicht aus Ausbeutungsverhältnissen, wenigstens nicht ursprünglich, obwohl sich in der weiteren Entwicklung Übergangsstufen zur Ausbeutung herausbilden. Dieselben weisen jedoch nicht geradewegs in die Richtung der Warenproduktion, sondern führen zur Entstehung von direkten Herrschafts- und Knechtschaftsverhältnissen, wie sie im vorigen Abschnitt beschrieben worden sind.

Dort aber, wo nach Ablösung der Bronzezeit durch die Eisenzeit Warentausch sich ausbreitet und nach und nach ins innere Gefüge der antiken Gemeinwesen eindringt, ist er Äquivalententausch von Produkten ausgebeuteter Arbeit und wird zum Zweck einseitiger Reichtumsbildung betrieben. Im Zuge dieses Äquivalententauschs werden schon in fernen vorkapitalistischen Epochen die einen reich und die anderen arm. Er hat Ausbeutung zum Inhalt und Ausbeutung zur Grundlage. Das heißt, er hat denselben Inhalt wie die einseitige Aneignung in den Herrschaftsordnungen der Bronzezeit. Aber der Inhalt ändert seine Form. Dadurch, daß er die Wechselseitigkeit der Tauschform annimmt, komplettiert sich die Aneignung zu einem sich selbst genügenden Verhältnis des gesellschaftlichen Verkehrs, einer Verkehrsform nach puren und rückbezüglichen Normen des Eigentums. In dieser sich selbst regulierenden und marktbildenden Kapazität wird der Warentausch zu einer tragenden Form der Vergesellschaftung, in der sich ein Netz von bloßen Eigentumsverhältnissen die Produktion und Konsumtion der Gesellschaft subsumieren kann, sei es als Produktion mit Sklavenarbeit, sei es später diejenige vermittels Lohnarbeit. Arbeit und Vergesellschaftung stehen hier von vornherein auf getrennten Polen.

Unter dem Einfluß des Warentausches dieses funktionalen Inhalts entwickelte sich der antike Stadtstaat zur puren

Eigentümergesellschaft oder zur »Aneignungsgesellschaft« in ihrer klassischen Gestalt, nämlich ohne Teilnahme der Produzenten an ihr, da diese als Sklaven ihre Arbeit im Souterrain der Gesellschaft der Appropriateure verrichteten. Man könnte den hier herrschenden, entwickelten Warenverkehr als reflektierten vom primitiven als einfachem Austausch unterscheiden. Nur in der reflektierten Form hat er den Charakter von Privatverkehr mit individuellem Wareneigentum und auf private Rechnung, und nur in dieser Bestimmtheit wird er zur innergesellschaftlichen Verkehrsform. Hieraus versteht sich, daß die gesamte Formanalyse der Waren- und Tauschabstraktion, die im ersten Teil durchgeführt wurde, ausschließlich dem Warenverkehr in seiner reflektierten Form gilt, da die Analyse auf den Warentausch als Modus der Vergesellschaftung, als Modus der gesellschaftlichen Synthesis, gerichtet war. Es ist eine Synthesis der Aneignung und eine falsche Synthesis, in der die Gesellschaft die Herrschaft über ihren Lebensprozeß verliert und in der die menschliche Produktivpotenz, d. h. die Potenz der menschlichen Selbsterzeugung, sich spaltet in einseitig manuelle Arbeit Ausgebeuteter und ebenso einseitig intellektuelle Tätigkeit im bewußtlosen Dienst der Ausbeutung. »Wert« in der mit dem Geld verknüpften Reichtumsbedeutung dieses Begriffs ist gewiß Arbeitsprodukt, aber nicht aus Subsistenzgründen veranlaßtes, sondern gesellschaftlich und herrschaftsmäßig erzwungenes Arbeitsprodukt, man könnte sagen: klassenmäßiges Arbeitsprodukt. Diese Reichtumsbedeutung des Warenwerts und die Klassenbedeutung der ihn schaffenden Arbeit als ausgebeuteter Arbeit ist aus der weiteren Geschichte nicht wieder verschwunden, obwohl es nicht an Kriseneinbrüchen und Notzuständen gefehlt hat, in denen diese Bedeutungen zeitweilig vergessen worden sind und zu ihrer Wiederbelebung einer »Renaissance« bedurften.

Der tiefste solche Kriseneinbruch war der der klassischen

Antike selbst. Die Synthesis der Aneignung versagte im Punkte der Vollendung. Dadurch daß der Produzent außerhalb des gesellschaftlichen Nexus steht, benimmt sich dieser Nexus der Fähigkeit seiner ökonomischen Reproduktion und ist abhängig von den Zufälligkeiten des stets erneuerungsbedürftigen Produzentenfangs. Auf der Bewußtseinsebene betrachtet, zeigt sich das am Fehlen des Konstitutionsproblems in der griechischen Philosophie im Gegensatz zur neuzeitlichen. Mit Recht bemerkt George Thomson, daß in der griechischen Philosophie die Entwicklung mit dem Materialismus beginnt und dann in zunehmendem Grade zum Idealismus tendiert, während in der neuzeitlichen Philosophie die gegenteilige Tendenz vorherrscht. Die Selbstentdeckung des Menschen und seine Entfremdung von der Natur, wozu der synthetische Nexus der Gesellschaft die Grundlage bietet, beginnt bereits im 6. Jahrhundert, in Ionien sogar noch ein Jahrhundert früher. Aus dieser Erfahrung erwächst die Philosophie. Aber die Ausformung des diskursiven Denkens zu seiner vollen begrifflichen Autonomie erstreckt sich von Thales zu Aristoteles über dreihundert Jahre und vollendet sich, als die Existenzgrundlage der Polis schon in Frage steht, ja die Polis selbst sich aufzulösen beginnt.

Was auf die antike Aneignungsgesellschaft nach ihrer vollendeten Auflösung (auch der des Römischen Reichs) in der Gestalt des Feudalismus folgt, ist, abgesehen von der schrittweisen Umwandlung der Geldabhängigkeiten in Abhängigkeiten vom Boden und vom Grundbesitz, gekennzeichnet vor allen Dingen durch die Einbeziehung der Produzenten und Arbeiter in die Gesellschaft, also die Einbeziehung der Arbeit in die Aneignungsgesellschaft. In der Endwirkung dieser Entwicklung – und alles Dazwischenliegende überspringend, auf das wir im folgenden Abschnitt eingehen – stehen wir heute vor dem Ergebnis, daß die Aneignungsgesellschaft überhaupt im Ausgang aus der Geschichte begriffen und ihre Ersetzung durch die moderne Produktionsgesellschaft fällig geworden und im Gange ist.

6. Die kapitalistischen Produktionsverhältnisse

Da im vorigen Teil die analytische Hauptbemühung der gesellschaftlichen Ableitung der naturwissenschaftlichen Begriffsformen gegolten hat, besser gesagt, der Formen, die im modernen Kapitalismus die Begriffsgrundlage der mathematischen Naturwissenschaften abgegeben haben, sollte auch jetzt die Entstehung dieser Wissenschaften unser Hauptinteresse bilden, diesmal von der historischen Seite. Das ist ein Vorhaben, das nicht in derselben gedrängten Kürze behandelt werden kann wie der bisherige geschichtliche Stoff; andererseits liegt uns nichts weniger im Sinne als eine ausführliche historische Darstellung. Uns interessiert die Entstehung der exakten Wissenschaft als essentieller Teil der kapitalistischen Produktionsverhältnisse, und die Ergebnisse unserer vorangegangenen Formanalyse sollten diesem geschichtsmaterialistischen Verständnis förderlich sein können. Es sind also wiederum vorwiegend theoretische Erwägungen, Gesichtspunkte und Begriffe, womit wir an den geschichtlichen Stoff herangehen.

Historischer Ausgangspunkt ist die individuelle Handwerksproduktion in der frühen Städteentwicklung des Mittelalters. Hörige und Leibeigene haben sich durch Flucht oder Geldablösung der Feudallasten der persönlichen grundherrlichen Abhängigkeit entzogen und sind in der Stadt zu Eigentümern ihrer Person, ihrer Arbeit, ihrer Arbeitsmittel (einschließlich Wohnstätte etc.) und ihres Arbeitsprodukts und seines Erlöses geworden. Hier betreiben also die unmittelbaren Produzenten selbst ihre Produktion auf eigene Rechnung. Die Abhängigkeiten vom Markt beschränken sich anfänglich auf die Beschaffung von Materialien und auf die Verwertung des fertigen Produkts. Sie sind die Gefährdungsstellen der handwerklichen Selbständigkeit. Die Arbeit ist im typischen Fall Einzelarbeit des Handwerksmeisters, unterstützt von zwei oder drei Gesellen und Lehrlingen, die im Haushalt mitleben und selbst später Handwerksmeister zu werden erwarten. Die handwerklichen Produktivkräfte bestehen im wesentlichen aus Werkzeugen und Vorrichtungen, die gehandhabt werden können auf der Basis der persönlichen Einheit von Hand und Kopf. Die Produktionsleistung besteht also aus Handarbeit nach Augenmaß und überhaupt Sinnenmaßen, die durch Übung und ständige Wiederholung, gestützt auf traditionelle, mündlich überlieferte, d. h. durch Demonstration vermittelte Praktiken und Erfahrungstatsachen, zwar ungeheuer verfeinert und geschärft werden können, aber wesensmäßig bloße Sinnenmaße bleiben. Meßwerkzeuge und -instrumente (Richtscheit, Zirkel etc.) werden benutzt in derselben Weise wie das andere Handwerkszeug, also als Hilfsmittel im Machen der Dinge, Aufführen von Bauwerken usw., nicht zur experimentellen Prüfung vorausberechneter Vorgänge.

In diese Produktionsverhältnisse individueller Einzelerzeugung geraten die ersten einschneidenden Veränderungen durch die sog. »kommerzielle Revolution«, die nach der Wiederbelebung der Geldwirtschaft im 12. Jahrhundert innerhalb von zwei- bis dreihundert Jahren vom Ende der Kreuzzüge an durch handels- und geldkapitalistische Initiative alle äußeren Dimensionen und inneren Proportionen des gesellschaftlichen Daseins verwandelte. Die Auswirkungen auf die überkommenen mittelalterlichen Produktionsverhältnisse waren umwälzend: gesteigerte Anforderungen ans Produktionsvolumen und an die Spezialisierung der Produktion, an die Menge, Herkunft und Kosten der Materialbeschaffung, die Ausdehnung, Art und Entfernung des Absatzes, an die innerbetrieblichen Bedürfnisse an Werkzeugen, Apparaturen und Organisation, beginnende Veränderungen in den Arbeitsmethoden durch Einstellung vermehrter, halb- oder ungelernter Arbeitskräfte, gefolgt von Klassenscheidungen zwischen Meister und Arbeitern innerhalb des Produktionsbereichs, Verallgemeinerung und Anonymisierung der Märkte, Arbeits- sowohl als Warenmärkte, sowie krasse Geldentwertungen und Münzverschlechterungen.

Die ökonomischen Erfordernisse, die aus alledem an die handwerklichen Produzenten herantreten, gehen weit über deren geringfügige Ressourcen hinaus. Jedwede Abhängigkeit vom Markt wird sehr bald zum Fangstrick ihrer Unabhängigkeit. Mancherorts wie in Flandern und Florenz haben sich schon um 1300 herum die Handwerker in hausindustrielle Verlagsarbeiter und die Zünfte in handelskapitalistische Mächte verwandelt. Der Geld- und Handelskapitalist, ob nun Korporation oder Individuum, schiebt sich zwischen den Produzenten und seine Lieferanten auf der einen Seite, ihn und seine Abnehmer auf der anderen, und wo die Beherrschung des Zugangs und des Ausgangs zum Markt sich in der Hand desselben Kapitalisten vereinigt, ist die Abhängigkeit des Produzenten eine vollkommene; der Produzent wird finanziell erdrosselt und verschuldet sich an den Kaufmann mit allem, was er hat, kann sich gegen ihn nicht mehr regen und rühren.

Aber so drastisch die ökonomische Veränderung immer sei, es muß verstanden werden, daß sie sich innerhalb der Formen des vorkapitalistischen Produktionsverhältnisses vollzieht. Diesem Produktionsverhältnis gemäß ist der Handwerker (oder gilt er als) Eigentümer seiner Produktionsmittel und seines Produkts. Er hat oder sollte die Verantwortung für die Herstellung desselben haben, für die Quantität, Qualität, Ablieferung, und steht zum Kapitalisten im Verhältnis des Verkäufers der Ware zum Abnehmer derselben zu einem vereinbarten Preis. Gewiß gilt das alles nur noch mehr oder minder nominell, so daß, wenn der

Handwerker vom Kapitalisten wirklich den vollen Preis verlangen wollte, der letztere ihm eine Gegenrechnung aufmachen würde, worin er ihm à conto von Vorleistungen und Verschuldung für praktisch alles, was in das Erzeugnis an materiellen Voraussetzungen eingegangen ist, vom Rohstoff bis zu Haus und Hof, die gebührenden Abzüge machen und für den Produzenten nur gerade noch einen schäbigen Entgelt für dessen Arbeitsleistung und vielleicht auch den kaum übriglassen würde. Materiell also mögen die früheren Eigentumsverhältnisse zur bloßen Fiktion geworden sein, formell jedoch bleibt die fürs Produktionsverhältnis und die ihm entsprechende Denkweise entscheidende Tatsache bestehen, daß die Produktionsverantwortung nach wie vor beim handwerklichen Einzelproduzenten liegt, der mit seinen Händen und Handwerkszeugen die Produkte hervorbringt. Niemand anderes ist in der Beziehung an seine Stelle getreten. Solange die handwerkliche Verantwortung für die Produktion im aktuellen Produktionsverhältnis erhalten bleibt, ist auch die persönliche Einheit von Hand und Kopf noch die Beurteilungsgrundlage den Produktionsvorgängen gegenüber.

Aber hier beginnt nun, in Florenz z. B. um etwa 1400, die innere Verwandlung, die sich zweihundert oder zweihundertfünfzig Jahre später bei Galilei in der Ausbildung der Methode der naturwissenschaftlichen Denkweise auswirkt. Die dimensionale Ausdehnung der Bedürfnisse und Produktion zu mehr und mehr gesellschaftlichen Ausmaßen bringt Komplikationen und Probleme in den Verfahrensweisen der Erzeugung mit sich, die sich mit den Mitteln und nach den Maßstäben der persönlichen Einheit von Hand und Kopf nicht mehr bewältigen lassen. Anders ausgedrückt: die handwerksmäßige, also individuelle Produktionsweise, die in die allgemeinen Produktionsverhältnisse des Feudalismus gehört und aus ihnen hervorgegangen ist, wird in der blindwirkenden Kausalität zu zunehmend gesellschaftlichen Dimensionen des Daseins nicht nur in ihren *ökonomischen* Ressourcen, sondern in einem etwa hundertjährigen Abstand auch in ihrer *technischen* Kompetenz überholt. Die ökonomischen und die technischen Konsequenzen derselben Wandlungen stehen in keiner formellen Abhängigkeit voneinander, nehmen vielmehr jede ihren selbständigen Verlauf, der darum auch in systematischer Unabhängigkeit jedes vom anderen verfolgt und verstanden werden will. Diese Auffassungsweise der Dinge mag man für begründet halten oder nicht, jedenfalls liegt aber hier eine Verschiedenheit von der Marxschen Darstellungsweise im *Kapital* vor, die im wesentlichen nur den ökonomischen Auswirkungen Rechnung trägt und für die technischen, naturtheoretischen Implikationen der Produktionsverhältnisse und ihrer Wandlung wenig Raum läßt. Unsere sozusagen zweigleisige Auffassungsart der mit veränderten Produktionsverhältnissen verknüpften Formveränderungen verlangt auch eine etwas veränderte Behandlungsart der Produktionsverhältnisse selbst in Richtung auf eine verstärkte Betonung ihrer formellen Kennzeichen und Bedeutungen. Das sei zunächst an der ökonomischen Entwicklungslinie illustriert, bevor wir die technologische Linie wieder aufgreifen und weiterverfolgen.

7. Das mechanistische Denken als Ideologie

Es wird der Kürze und Konturierung der Darstellung zugute kommen, wenn wir uns eine gewisse Pointierung der Dinge aufs Wesentliche erlauben. Versetzen wir uns also in die Seele des Kapitalisten, der bisher bloßer Kaufmann und Wucherer mit seinem Geld geblieben ist, sich aber die Schuldtitel über die ökonomischen Ressourcen seines Lieferantenproduzenten und dadurch die Kommandogewalt über dessen Tun und Lassen verschafft hat. Früher oder später muß der Zeitpunkt kommen, wo unser Kapitalist sich fragt, warum er eigentlich die Produktionsmittel und -materialien, Haus und Werkstatt immer noch im Besitz des handwerklichen Produzenten beläßt, da sie doch finanziell ihm, dem Kapitalisten, samt und sonders längst verfallen sind. Weder ökonomisch noch rechtlich steht etwas im Wege, daß er auf alle diese Dinge Hand legt, den oder die angestammten Produzenten hinaussetzt, das ganze Produktionsunternehmen in eigener Regie übernimmt und mit Lohnkräften weiterbetreibt. Mit diesem Schritt verwandelt er die vorkapitalistischen in kapitalistische Produktionsverhältnisse und sich selbst in den Produzenten und Produktionskapitalisten.

Selbstredend haben sich die Dinge nicht in dieser säuberlichen dramatischen Plötzlichkeit zugetragen, wie hier vorgegeben wird. Die schrittweisen materiellen Veränderungen, die wir summierend bereits aufgezählt, haben im Nachzug der kommerziellen Revolution die Verwandlung stückweise und örtlich zerstreut herbeigeführt ohne jemandes klares und ausdrückliches Bewußtsein. Warum wir zu dieser künstlichen Vereinfachung der Dinge greifen, hat spezifische und rein theoretische Demonstrationsgründe. Wir wollen das Gedankenexperiment sogar noch mit der gleichfalls willkürlichen zusätzlichen Annahme ausstatten, daß bei der Übernahme des handwerklichen Produktionsunternehmens in die kapitalistische Regie alle materiellen Einzelheiten in ihrer empirischen Beschaffenheit unverändert dieselben bleiben. Der Kapitalist reißt die Handwerkerwerkstatt nicht ab und ersetzt sie nicht durch ein neues und viel größeres Gebäude, er stellt auch keine neuartigen Apparaturen ein, sondern beläßt es bei den vorgefundenen, und auch die Leute, die er als Lohnkräfte beschäftigt, sollen nicht mehr und nicht weniger verarmt, zerlumpt und halb verhungert sein als die im Verlagsverhältnis arbeitenden Handwerker, die sich sogar darunter befinden mögen. Nach empiristischen Kriterien hat sich also überhaupt nichts verändert. Der Übergang von einer ökonomischen Formation zur anderen soll sich auf rein relationale Veränderungen beschränken, da wir die Frage im Sinne haben, welche Veränderungen in der Denkweise der Betroffenen der Verwandlung der Produktionsverhältnisse rein als solcher zuzuschreiben sind. Denn unerachtet des Gleichbleibens aller empirischen Faktoren ist durch diese Verwandlung allein für alle Beteiligten die Welt zu einem anderen Schauplatz geworden, in dem nichts dieselbe Bedeutung behält. Und die generelle Proposition, die wir zu machen haben, geht dahin, daß die Veränderung von materiellen Faktoren, wir können sagen *veränderte Dinge,* im Zeitverlauf der Geschichte Veränderungen der Produktionsverhältnisse, sagen wir *veränderte Relationen* bewirken, und die Veränderung der Relationen ihrerseits Bewußtseinsänderungen, *veränderte Gedanken,* nach sich zieht. In der historischen Realität sind diese drei Klassen von Wesenheiten in so unsortierbarer Weise vermischt, daß ihre spezifischen Anteile an der Veränderung der Realität meist ununterscheidbar ineinandergreifen. Es ist aber von methodischem Interesse, sich über diese Anteile klar zu werden. Wir haben aus der Formanalyse im vorigen Teil gelernt, daß, wenn zwar die Reflexion im Einzelbewußtsein stattfindet, die Formen, welche reflektiert werden, ja welche überhaupt reflektierbar sind, der zwischenmenschlichen Relationssphäre des Warenaustauschs entstammen.

Die hier getroffenen Vorkehrungen aus methodischem Interesse sind gerechtfertigt nur, wenn dies Interesse dem Überbau gilt. Diese Voraussetzung traf auf Marx nicht zu, und in seinen Augen wiegen die materiellen Veränderungen im dialektischen Endeffekt schwerer als die formellen. Darum setzt er bei der Herausbildung der kapitalistischen Produktionsverhältnisse z. B. die Initiative von seiten des Kaufmanns- und Geldkapitalisten, der sich zum Produzenten macht, an die zweite Stelle hinter die Initiative, durch die »der Produzent Kaufmann und Kapitalist (wird)«[2], da der Wechsel im letzteren Falle unmittelbar mit einer Änderung der Produktivkräfte einhergeht. Blickt man aber auf die mit der relationalen Veränderung verknüpfte Verschiebung der Produktionsverantwortung und ihre ideologische Auswirkung, so ist es ziemlich gleichgültig, auf welchem Wege sie zustande kommt. Die Hauptsache ist dann, daß die Verantwortung für den Produktionsvorgang auf den Kapitalisten übergeht und dieser nun, anstelle des Handwerkers, in die Rolle des »Produzenten« eintritt. Denn wie versieht er diese Rolle? Er versieht sie nicht im Wege der Arbeit, nicht mit seinen Händen, nicht mit Hand- und Produktionswerkzeugen, die er handhabt. Vielmehr versieht er sie mit seinem Geld, das er als Kapital handhabt, und mit nichts anderem. Marx betont, wie sehr der Übergang zur kapitalistischen Produktionsweise die Ausbildung des Marktes zum Weltmarkt voraussetzt. Worauf der Kapitalist für seine Aufgabe als »Produzent« in der Tat angewiesen ist, ist, daß er auf dem Markt alle die Dinge, Teile, Materialien, Bodenstücke, Dienste, Arbeitskräfte und Kenntnisse zusammenkaufen kann, die in der gehörigen Weise zusammengebracht, »montiert« und funktionell aufeinander wirkend einen Produktionsprozeß erstellen in solcher Weise, daß er, der Kapitalist, nirgends selber darin Hand anzulegen braucht. Käme er in solche Verlegenheit, so würde das nur beweisen, daß er in seiner Funktion als Kapitalist und Unternehmer versagt hat, und streng genommen müßte er dann für seine handliche Leistung sich selber einen Entgelt in Rechnung stellen. Hier kommt, m. a. W., die Rolle des Produzenten einer Person zu, die im Produktionsprozeß ex principio keinerlei produktive Funktion ausübt. Vom Standpunkt des Kapitalisten-Unternehmers (wir unterstellen beide Funktionen in Personalunion) ist das essentielle Charakteristikum des Pro-

[2] *Das Kapital*, III. Bd., S. 347.

duktionsprozesses, für den er die Verantwortung trägt, dessen Selbsttätigkeit. Dieses Erfordernis der Selbsttätigkeit entspringt nicht der gegebenen Produktionstechnik, sondern ausschließlich dem veränderten Produktionsverhältnis und besteht genausosehr für das anfängliche »manufakturelle« Stadium der kapitalistischen Produktion wie für die spätere »große Industrie« mit maschineller Technik. Selbstredend besteht diese Selbsttätigkeit allein vom Standpunkt des Unternehmer-Kapitalisten: vom Standpunkt der Arbeiter sieht der Sachverhalt sich anders an! Es ist also nicht Wissenschaft, sondern »Ideologie« im Sinne von einseitigem Klassenstandpunkt des Bewußtseins, wenn im 17. Jahrhundert das Weltganze und seine Teile, die lebenden nicht minder als die unbelebten Wesen nach der Logik von selbsttätigen Mechanismen konzipiert werden. Marx kennzeichnet das mechanistische Weltbild als typisch für die Manufakturepoche. Solange die funktionelle Selbsttätigkeit sich noch nicht in maschineller Technik verwirklicht hat, herrscht sie in der Tat bloß im Denken der Kapitalistenklasse, verliert sich aber aus diesem Denken in dem Maße, als sie außerhalb des Denkens Gestalt annimmt.[3]

Mit alledem bilden wir uns nicht ein, etwas grundsätzlich Neues gesagt zu haben. Es gehört zu den grundlegenden, allgemein anerkannten Richtlinien der materialistischen Ge-

---

[3] Das beginnt um die Mitte des 18. Jahrhunderts. In diesem Zusammenhang ist das Beispiel von François Quesnay, des Begründers der physiokratischen Schule der politischen Ökonomie in Frankreich, von Interesse. Er war Arzt (Leibarzt Ludwigs des XV.) und wie viele dieser Profession ein Materialist der kartesianischen Schule (Marx erwähnt in der *Heiligen Familie* Leroy, Lamettrie und Cabanis als Bespiele dieser Kategorie von Denkern). 1736 veröffentlichte er einen *Essai physique sur l'économie animale*, aber 1758 in seinem *Tableau Economique* und 1760 in seinen *Maximes générales du gouvernement économique d'un royaume agricole* hatte er seine Begriffe von der Selbstmächtigkeit der Zusammenhänge von den natürlichen Organismen auf die »économie sociale« übertragen.

schichtsauffassung, daß es die Produktionsverhältnisse sind, nicht etwa die Produktivkräfte und die materielle Beschaffenheit der Dinge, welche die bestimmenden Wirkungen auf die Bewußtseinsweise ausüben.[4] Was hier hervorgehoben werden sollte, ist nur, daß zwei Kausalreihen existieren, die nebeneinander auf die Bewußtseinsformung einwirken und die wir als die ökonomische und die technologische Entwicklungslinie unterschieden haben. Die Einwirkungen geschehen in verschiedener Weise und haben Bewußtseinsresultate von Geltungscharakter, nämlich ideologischem bzw. wissenschaftlichem, zur Folge. In der europäischen Geistesgeschichte sind die beiden Reihen durch die Namen Descartes, Hobbes, Gassendi etc. für die ideologisch-philosophische und die Namen Galilei, Huygens, Newton usf. für die wissenschaftliche Denkweise hinreichend exemplifiziert. Trotz der verwirrenden Fülle von begrifflichen Überschneidungen

[4] Noch Stalin hat das mit großer Nachdrücklichkeit betont in seiner Schrift *Marxismus und Fragen der Sprachwissenschaft (1950)*: »Zwischen Überbau und Produktion, der produzierenden Tätigkeit des Menschen besteht keine unmittelbare Verbindung. Er ist mit der Produktion nur indirekt verbunden, durch die Wirtschaft, durch die Basis.« (München 1968, S. 29 f.) Es wurde auf abwegige Denkweisen schon an einem früheren Ort (s. Fußnote 20, S. 85 f.) am Beispiel Henryk Großmanns hingewiesen. – Wie Goethe vom organischen Leben sagt, daß es »eine Hülle verlangt«, also Rinde, Schale oder Haut, die es »gegen das äußere rohe Element schütze«, von dem es gleichwohl zehrt, so hat auch das Bewußtsein keine Begriffe von der Natur direkt, sondern nur gemäß dem Sinn, den das Dasein der Menschen untereinander den Dingen für sie gibt, und wenn das Bewußtsein nichtsdestoweniger Objektivität für die Dinge der Natur erreicht, so nur weil in der Warenproduktion der zwischenmenschliche Daseinszusammenhang durch seine eigene Wirkung eine Abstraktion von sich vollzieht. Die Begriffe, auf denen die Naturwissenschaft fußt, sind, wie gezeigt wurde, gesellschaftliche Abstraktion von der Gesellschaft. Die verwickelte und nicht leicht faßbare geschichtliche Abstraktion der Gesellschaft von sich selbst resultiert dann freilich in dem Schein, der die Erkenntnistheorie im Bann hält, als ob Mensch und Natur, das Ich und die Welt, Subjekt und Objekt in zeitlos ursprünglicher Antithetik einander unvermittelt gegenüberstünden.

zwischen den beiden Linien halten wir dafür, daß beide getrennt aus denselben Wurzeln hervorwachsen.
Noch ein Wort, bevor wir den Faden der technologischen Entwicklungslinie wieder aufnehmen, wo wir ihn verlassen haben. Nach Marxscher Auffassung ist das Kapital, verstanden als Produktionskapital, die vollendete Form des Privateigentums. Nicht nur dieses und jenes, Waffen, der Boden, einzelne Werkzeuge, Schmuckstücke, fertige Lebensmittel, sondern alles und jedes, worüber zu Konsumtion und Produktion Verfügung angestrebt wird, ist und wird unter der Herrschaft des Kapitals zu Privateigentum. Die Appropriation ist die Wesenstätigkeit des Kapitals bzw. das Wesen des Kapitals die Appropriationstätigkeit. Das Kapital existiert nach dem Gesetz, sich jederzeit bis zu den Grenzen auszudehnen, die der Appropriation in Natur und Gesellschaft offenstehen. Zudem befindet sich das Eigentum als Kapital zu keinem Zeitpunkt im Zustand der Ruhe, sondern in der unentwegten Dynamik seiner Veräußerung und seiner Vereinnahmung. Grundlage seiner kapitalistischen Existenz ist die Tatsache, daß die menschliche Arbeitskraft von allen Mitteln und Bedingungen entblößt ist, um ein Produkt irgendeiner Art, ein Produkt überhaupt, zu erzeugen. Alles, dessen sie zur Möglichkeit der Produktion als Bedingung bedarf, muß auf dem Weg über den Markt nach Antrieben der Eigentumsverwertung – also nicht der Aneignung von der Natur, sondern der gesellschafts-immanenten Aneignung durch die Eigentümer untereinander – erst zusammengebracht werden. Durch die Selektion und Funktionsteilung nach den verschiedenen Märkten, Rohstoffmärkten, Lebensmittelmärkten, Bodenmärkten, Arbeitsmärkten, Kapital- und Geldmärkten usw., nehmen die mannigfaltigen Sachbedingungen die nötige Universalform der Wertabstraktion an, in der sie nach Gesetzen der gesamtgesellschaftlichen Synthesis zur Möglichkeit der Produktion von Waren überhaupt zusammenspielen. Die Produktion kommt also hier

nach Gesetzen der wechselseitigen Aneignung und umgekehrt der Aneignungszusammenhang mit dem Resultat der Produktion zustande. Dem kapitalistischen Lebensprinzip zufolge werden die Dinge nicht von der Arbeit, sondern von der Aneignung produziert. »Die Arbeit schafft Wert, aber sie ist nicht Wert«, sagt Marx. Die Arbeit kann nicht angeeignet werden, sie ist die menschliche Transzendenz fürs Kapital. Nur das Um und Auf der Arbeit, ihr Material und Gegenstand, Werkzeug und motorische Quelle, die Arbeitskraft und die Arbeitsstätte und was sie enthalten, – alles das ist appropriierbar, aber die Arbeit selbst, die »lebendige Arbeit«, »Arbeit im flüssigen Zustand«, ist nur ihr eigener Prozeß, der geschehen oder verweigert werden, aber nicht genommen und verkauft werden kann. Freilich hat die Arbeit diese Ungreifbarkeit fürs Kapital nur abgesehen von ihrem Um und Auf, als die geschehende oder nicht geschehende »abstrakt menschliche Arbeit«. Sie ist der Boden der Realität, der nicht in Gedanken eingehen, nicht zu Begriffsinhalt werden kann. Den Produktionszusammenhang als Werk der Arbeit darzustellen, wäre fürs Kapital auch wenig nütze, solange der Kapitalist nicht Arbeiter würde. Wessen das Kapital zu seiner geschichtlichen Existenz bedarf, ist die Darstellung der Produktion nach der Logik der Warenform. Das ist die Logik des *Denkens* der Produktion im Unterschied von ihrem *Tun*, die Logik ihrer als »Erscheinung« im Gegensatz zu ihrer Realität und Praxis als »Ding an sich«. Wir sahen die Begriffe der Natur aus der Warenabstraktion entspringen. Dies ist gemeinsame Basis des bürgerlichen (wie überhaupt jedes warenproduzierenden) Standpunkts und geknüpft an die Scheidung von geistiger und körperlicher Arbeit.

8. Mechanistisches Denken als Wissenschaft

Die quantifizierende Wissenschaft entsteht in dem Prozeß, in dem die persönliche Einheit von Hand und Kopf, durch die an den handwerklichen Einzelproduzenten herantretenden Anforderungen überfragt, einem andersartigen Verhältnis von geistiger und körperlicher Leistung Platz macht als Vorbedingung der Schaffung und Meisterung von Produktivkräften gesellschaftlicher Potenz. Dies ist nur eine theoretische Lesart dessen, was den historischen Vorgängen selbst im Gesicht geschrieben steht.

Eine Aufzählung der hier relevanten Anforderungen genügt, um den Ausgangspunkt der Entwicklung zu verstehen. Vom frühen 14. Jahrhundert an beginnt eine Revolution im Städtebau, nachdem das Stadtregiment von den Adelsfamilien auf die Zünfte und das aufsteigende Bürgertum des Kaufmanns- und Wucherkapitals übergegangen war (in Florenz also mit den »ordinamenti della giustizia« von 1293), wodurch der Bau der Kirchen und Kathedralen, der Monumente und Paläste, vor allem aber der Stadtbefestigungen zur gemeinschaftlichen Angelegenheit der Stadtöffentlichkeit wurde. Die Befestigungsaufgaben komplizierten sich durch die Koinzidenz mit der Erfindung des Schießpulvers und der Entwicklung der Feuerwaffen, welche die Probleme der Ballistik und der nötig gewordenen Widerstandskraft der Mauern aufwarfen. Die Metallurgie fand sich vor die neuartigen Aufgaben der Geschützgießerei, der Bergbau vor die der vermehrten Erzförderung, der Transport vor die der Bewegung stark vergrößerter Lasten, der erweiterten See- und Hochseeschiffahrt gestellt. In Norditalien erwuchs die Notwendigkeit der Flußregulierung und Eindämmung von Arno und Po. Diese auch vor allem qualitativ neuartigen Erfordernisse des gesellschaftlich erweiterten Daseins überschneiden sich mit solchen der bloßen Massierung herkömmlicher Techniken zu gesteigertem Volumen (Walkmühlen mögen als ein Beispiel für viele dienen), und gerade an diesen Überschneidungspunkten schälen sich die elementaren Probleme der Mechanik in ihrer allgemeinen Bedeutung heraus.

Da keines aus all dieser Vielfalt von Problemen mit den herkömmlichen Mitteln der Handwerkertechnik lösbar war, schlugen die mit den neuartigen Bau- und Konstruktionsaufgaben Betrauten den einzigen Ausweg ein, der sich ihnen bot: die Beratung und Kooperation mit aufgeschlossenen Gelehrten scholastischer Bildung, vorzüglich den Mathematikern unter ihnen. Nur in der mittelalterlichen Lateinwelt hatte sich das mathematische Denken der Antike erhalten und, unter wesentlicher Beihilfe und Förderung der Araber, fortentwickelt; nur hier bestand eine Kenntnis und ein, wenngleich rein gelehrtenhaftes, von aller Praxis weltentferntes Verständnis des physikalischen Wissens eines Archimedes oder eines Vitruvius. Die von dieser Gelehrtenwelt durch eine abgrundtiefe Kluft getrennten arbeitenden Stände des Volks hatten in ihrer Erfahrungsweise der Dinge vom abstrakten Denken im buchstäblichen Sinne keinen Wortausdruck und keinen Begriff.

Das erste Beispiel und vorbildliche Modell einer Kooperation, die über diese Kluft hinweg sich entspann und sie während der nachfolgenden zweihundert Jahre (ca. 1400–1600) wirksam überbrückte, ergab sich zwischen Filippo Brunelleschi, der 1405 mit dem Bau der Florentiner Domkuppel beauftragt wurde, und dem damals führenden Florentiner Mathematiker Toscanelli. Ähnliche Beziehungen entwickelten sich in der Folgezeit zwischen Donatello, Ghiberti, Luca della Robbia und Leon Battista Alberti (für J. Burckhardt das versinnbildlichte »Universalgenie« der Renaissance), zwischen Alberti selbst und Cusanus, Filarete und Alberti, zwischen Piero della Francesca und Montefeltre in dessen Spezialbibliothek der Mathematik, zwischen S. Giorgio Martini und Luca Pacioli, Dürer und Pirckheimer, Robert Norman und William Gilbert oder innerhalb der legendären Accademia Vinci in Mailand. Die faszinierenden Einzelheiten müssen wir hier als bekannt voraussetzen.[5] Es sind diese Entwicklungen, die schrittweise zu Galilei und der Ausbildung der mathematischen und experimentellen Methode der exakten Naturwissenschaften hingeführt haben.

Zum theoretischen Verständnis dieser Entwicklungen bedarf es nicht vieler Worte, da wir uns auf die Analysen im 1. Teil stützen können. Es muß nur über die Grenzen Klarheit herrschen, die der persönlichen Einheit von Hand und Kopf gesetzt sind. Der Handwerker, überhaupt der manuelle Einzelarbeiter beherrscht die Produktion nicht mit den Mitteln abstrakten Wissens, sondern durch praktisches Können und die Kenntnisse der Handfertigkeit. Oder als »Wissen« klassifiziert, ist es das Wissen, wie man die Dinge macht, nicht, wie man sie erklärt. Dieses praktische Wissen läßt sich auch nur durch Demonstration, wiederholtes Vormachen, übermitteln oder in Worten, die in den Zuhörern auf die Elemente solchen praktischen Verstehens als Voraussetzung rekurrieren. Kochbücher bieten dafür ein anschauliches Beispiel. Auch gilt das nicht nur für menschliche Verrichtungen. Angenommen, es solle die Funktion einer Pumpe oder eines Dreschflegels oder des Wassers in einer Wassermühle beschrieben werden, gleichgültig ob es Funktionen sind, die einen Menschen ersetzen oder die ein Mensch nicht ausführen kann. Unter manuellen Arbeitern ließen sich die Funktionen solcher Dinge gar nicht anders verständlich machen als in Worten, die den Apparat, das Ding, die Kraft etc. behandeln, als ob sie menschliche Aktoren wären. In den Worten der gewöhnlichen Umgangssprache (ohne

---

[5] Vgl. darüber vor allen Dingen die historischen Forschungen von Leonardo Olschki, *Geschichte der neusprachlichen wissenschaftlichen Literatur*, 3 Bände, Leipzig 1919 ff., und seitdem namentlich die zahlreichen hervorragenden Arbeiten von Edgar Zilsel.

Verwendung wissenschaftlicher Kunstausdrücke) läßt sich, was materielle Vorgänge angeht, eine Scheidung von intellektueller und manueller Arbeit gar nicht bewerkstelligen. Die einzige Symbolsprache, die von dieser Bindung an die menschliche Tätigkeit und ihre manuelle und sonstige körperliche Leistung loskommt, ist die Mathematik. Die Mathematik legt einen klaren Schnitt zwischen ihren Denkzusammenhang und die menschliche Arbeit, erwirkt eine eindeutige Scheidung von Kopf und Hand im Zusammenhang mit Produktionsvorgängen.

In demselben Akt also, in welchem Handwerker wie Brunelleschi mit Mathematikern wie Toscanelli kooperieren und die mittelalterliche Scheidung zwischen Gelehrtenwelt und Produzentenschaft überbrücken, schaffen sie in diesem Maße, wie ihre Kooperation (und diese Überbrückung) effektiv ist, eine neuartige und noch tiefgreifende Scheidung von Kopf und Hand innerhalb der Produktion selbst. Das Schließen der mittelalterlichen Kluft und das Öffnen der neuzeitlichen gehen pari passu vor sich. Es ist ein schrittweiser Prozeß, aber wenn er vollendet ist, steht die mathematische Naturerkenntnis in ihrer fertigen methodologischen Gestalt vor uns. Anders ausgedrückt: Wenn Brunelleschi die Mathematik von Toscanelli in der Gestalt, wie er sie braucht, voll und ganz absorbiert hat, dann wird er Galilei heißen und mit der Produktion nur noch von der Seite des puren Kopfarbeiters befaßt sein.

Dieses Stadium war erreicht, sobald es gelang, beobachtete physikalische Vorgänge vollständig in mathematisierbaren Begriffen zu konstruieren, und der wesentliche Begriff, der hierzu verhalf, war Galileis dynamische Definition des Trägheitsprinzips.[6] Diese Definition läuft auf eine mathe-

---

[6] Es wurde erst von Newton formuliert, tatsächlich aber von Galilei zuerst bewußt verwendet. »Inertia is that property of matter by virtue of which it retains its state of rest or of uniform rectilinear motion so long as no foreign cause changes that state.« Das Hauptge-

matisch regularisierte Fassung des reinen Bewegungsschemas der Tauschabstraktion hinaus, die wir im ersten Teil an der entsprechenden Stelle bereits als das Minimum eines physischen Vorgangs ansprachen. Auf der Grundlage dieses mathematischen Elementarbegriffs der Bewegung konstruierte Galilei spezifische beobachtete Bewegungsvorgänge, z. B. die Geschoßkurve, hypothetisch als Zusammensetzungen der elementaren Bewegung, so daß sie sich in ihrer Vollständigkeit mathematisch formulieren und in exakte Größenwerte übersetzen ließ, die sich dann unter Wahrung der nötigen Isolierung des bezogenen empirischen Vorgangs zur Bestätigung oder Widerlegung einfordern, d. h. experimentell verifizieren ließen. Die Grundlegung der modernen quantifizierenden Naturwissenschaft gelang durch den Schritt, der es ermöglichte, beobachtete Vorgänge in den begrifflichen Formen der »abstrakten Natur«, Formen der gesellschaftlichen Abstraktion von der Gesellschaft, zu konstruieren, mit dem gehörigen Verständnis für die methodologische Bedeutung solcher Konstruktion in Ansehung der konkreten Natur. Durch dieses von Galilei begründete Verfahren wurde exakte Naturerkenntnis in reine Geistesarbeit verwandelt und von jeder Abhängigkeit von der handwerklichen Einheit von Hand und Kopf, daher auch von aller Mitwirkung der im kapitalistischen Produktionsprozeß beschäftigten manuellen Lohnkräfte emanzipiert. Das Erstaunliche war möglich geworden, Naturvorgänge aus völlig anderen Quellen als den praktischen Erfahrungsmitteln der Handarbeit zu bestimmen, und zwar nach Begriffen universell vergesellschafteten, den individuellen Dimensionen manueller Einzelarbeit ganz oder gar überhobenen Denkens. In der genetischen Formerklärung der gesellschaftlichen Na-

wicht der Definition liegt auf der zweiten Alternative, daß die gleichförmige und gradlinige Bewegung als der Normalzustand der Materie für sich selbst gefaßt ist, und in dieser Form figuriert das Grundgesetz oft auch als »erstes Gesetz der Bewegung«.

tur und Dimension dieser Begriffsweise liegt der Schlüssel zum geschichtlichen Verständnis der mathematischen Naturwissenschaft[7], zu ihrem Verständnis als essentiellem Teil der kapitalistischen Produktionsverhältnisse, wie auch zum Verständnis ihrer gesellschaftlichen Notwendigkeit für die kapitalistische Produktionsweise. Vorausgesetzt, daß ein Produktionsprozeß einem genügend hohen Vergesellschaftungsgrad der Arbeit entspricht, werden die Ergebnisse des gesellschaftlichen Verständnisses der Naturvorgänge, worauf die Produktionsanlage spezialisiert ist, unmittelbar in dieser letzteren anwendbar, indem sie dem wissenschaftlichen Experiment auf entsprechend vergrößerter Stufenleiter nachgebildet wird.[8] Durch die identische Gleichförmigkeit der

[7] Das Widerstreben von materialistischer Seite, die korrekte theoretische Natur der mathematischen Naturerkenntnis anzuerkennen, und die Neigung, statt dessen an einem erkenntnistheoretisch undiskutierbaren Naturmaterialismus des Denkens festzuhalten, erklärt sich aus der Befürchtung, daß durch die Anerkennung der gleichwohl unbezweifelbaren Erkenntnistatsachen dem Idealismus Vorschub geleistet würde. Diese Befürchtung dürfte nunmehr behoben sein, so daß nichts mehr im Wege steht, den Naturmaterialismus fallen zu lassen und die Grundsätze des historischen Materialismus auf ihren vollen Geltungsbereich auszudehnen. Mit der nötigen Ausführlichkeit zur Darstellung gebracht, würde die geschichtsmaterialistische Erklärung der modernen Naturwissenschaft ergeben, daß ihre Entstehung im eng begründeten Zusammenhang mit der frühkapitalistischen Entwicklung vor sich geht. Dieselbe Tauschabstraktion, welche sich qua Kapital die Produktion subsumiert, bringt qua theoretischer Verstand die Natur unter die mathematischen Begriffe des reinen Bewegungsschemas. Die hieraus resultierende Naturerkenntnis erfüllt eine gesellschaftliche Notwendigkeit im Dienst der reellen Subsumtion der Arbeit unter das Kapital. Mit ihrer methodologischen Vollendung durch Galilei beginnt die Produktion des relativen Mehrwerts an Boden zu gewinnen, und die ungeheure emanzipatorische Wirkung hebt an, die von der Subsumtion der Produktivkräfte der Arbeit unter die unmittelbar gesellschaftlichen Instanzen des Kapitals und des mathematischen Denkens ausgeht.

[8] Es entbehrt nicht des Interesses, eine Produktionserfahrung der I. G. Farbenindustrie AG. aus dem Anfang der 30er Jahre anzuführen, welche geeignet ist, den essentiell mechanistischen, d. h. undialektischen Charakter der vom Privatkapitalismus verlangten Naturwissenschaften

Tauschabstraktion an allen Orten und zu allen Zeiten wird erklärlich, daß die mathematische Naturerkenntnis, deren Denken sich völlig innerhalb der Tauschabstraktion bewegt, die Natur auf einen Kosmos von gleichförmigen, in ihrer Wiederholbarkeit unverbrüchlichen Naturgesetzen reduziert, besser gesagt, zu reduzieren bestrebt ist, ein Bestreben, das an der Unerfüllbarkeit der unterstellten Isolierungspostulate scheitert. Aber das sind Grenzen, die zunächst nichts an den Tatsachen der durch Galileis Leistung vollendeten Scheidung von Kopf und Hand innerhalb des kapitalistischen Produktionsbereichs ändern. Diese Scheidung vollendet sich am Endpunkt der Entwicklung, die wir von den umwälzenden Resultaten der »kommerziellen Revolution« am Ende des Mittelalters durch die Renaissance hindurch entlang der »technologischen Entwicklungslinie« verfolgt haben.

Während wir in der ökonomischen Entwicklungslinie für ihren ideologischen Effekt von der Beschaffenheit der Sachen abstrahieren zu können schienen, liegt hier das Umgekehrte

darzutun. Als die I. G. Farben 1930 und 1931 darangingen, die in ihrem berühmten Kartellabkommen mit der Standard Oil of New Jersey 1929 vorgesehenen Fabrikationsabsichten in die Praxis umzusetzen, machte sie in dem für die Benzin-Polymerisierung nach dem Bergius-Verfahren erbauten Leunawerk die stupende Erfahrung, daß die im Laboratorium vollbestätigten und sogar in einer Modellanlage (Pilot-Plant) erprobten Prozesse ein qualitativ verschiedenes und unbrauchbares Resultat ergaben nur darum scheinbar, weil sie auf vergrößerter Stufenleiter verwirklicht werden sollten. Hier war sozusagen die Quanität in Qualität umgeschlagen, und das Ergebnis war, daß die Benzinsynthese aller privatkapitalistischen Kosten- und Profitkalkulation spottete und selbst das kapitalstärkste Unternehmen des damaligen Deutschland der Bankrottgefahr aussetzte. Diese Erfahrungen haben damals nicht wenig dazu beigetragen, die I. G. Farben ins Hitlerlager zu treiben, nämlich in die heute in allen führenden imperialistischen Ländern eingebürgerte staatliche Form des Monopolkapitalismus, mit der Hitlers Rüstungskapitalismus durch die Umstellung auf die Erzeugung nicht-reproduktiver Werte die in den 30er Jahren erreichte Endkrise des Privatkapitalismus zu überwinden half. – Übrigens ist der »dialektische« Charakter der industriellen Polymerisation inzwischen erfolgreich behoben worden.

vor. Wüßten wir nicht aus der vorangegangenen Formanalyse, daß die mathematisch-physikalische Auffassungsweise der Dinge ein Denken gemäß den Formen der gesellschaftlichen Synthesis des Aneignungszusammenhanges ist, so wäre von einem Effekt der Produktionsverhältnisse hier nicht die mindeste Spur zu entdecken und allein die Beschaffenheit der materiellen Dinge und Faktoren das Entscheidende. Die Wahrheit ist von diesem Anschein (dem Naturwissenschaftler geradezu professionell zum Opfer fallen) sehr verschieden.

Betrachten wir die Entwicklung dort, wo sie sich in den abwechselnden Betätigungen eines und desselben Mannes wie Leonardo zusammenfaßt, so läßt sich sein Schaffen als Maler einerseits und als experimentierender Zivil- und Militäringenieur andererseits adäquat allein nach Maßstäben der sich darin ausdrückenden Produktionsverhältnisse begreifen. Wo er mit seinen Händen und Handwerkzeugen nach Maßgabe seiner auf die äußerste Spannweite gestreckten Sinnesauffassung der Natur nachgeht, ist er noch als der Handwerksmeister tätig, der innerhalb der Kompetenz seiner persönlichen Einheit von Hand und Kopf und nach Maßen seiner Produktionsverantwortung für das Endprodukt, m. a. W. also innerhalb der vorkapitalistischen Produktionsverhältnisse verbleibt. Wo er hingegen Kriegsmaschinen oder Hebelwerke entwirft, oder die Kräfte von wirbelnden Wassermassen ermißt, oder nach der Art des Pythagoras die Größenverhältnisse von Klangwellen vergleicht, da hat er Prozesse im Kopf, in denen Apparaturen und Kausalitäten als solche ihre Resultate erzeugen, der Handwerksmeister ausgeschaltet und durch Mechanismen ersetzt ist, also kapitalistische Produktionsverhältnisse wirksam geworden sind. Hier agiert er als Ingenieur im Dienste der reellen Subsumtion der Arbeit unter das Kapital.

Was wir in der ökonomischen Entwicklungslinie geschehen sahen, daß nämlich der Kapitalist den bisherigen Handwerksbetrieb in die eigene Regie übernimmt und in den selbsttätigen Produktionsprozeß verwandelt, den die zu Lohnarbeitern gewordenen menschlichen Arbeitskräfte nur noch bedienen, damit er, der Produktionsprozeß, die Produkte erzeuge, – das sehen wir hier mit den Produktivkräften selber am Werk. Die neuartigen Mechanismen, mit deren nur mathematisch zugänglichen Gesetzmäßigkeiten Leonardo hier als Vorläufer Galileis befaßt ist, und die sich zwischen Produzent und Produktionsmaterial, zwischen Mensch und Natur einschalten, leisten auf gesellschaftlicher Stufenleiter das, was der Mensch mit seiner individuellen Arbeitskapazität, also innerhalb der Kompetenz seiner persönlichen Einheit von Hand und Kopf nicht mehr zu schaffen vermag. In einem späteren Stadium werden aus diesen Mechanismen Maschinen, von denen Marx betont: »Die Maschinerie ... funktioniert nur in der Hand unmittelbar vergesellschafteter ... Arbeit.«[9] Aber das funktionelle Prinzip ist schon jetzt dasselbe, die spätere maschinelle Verwirklichung nur seine Entelechie. »Sehr wichtig wurde die sporadische Anwendung der Maschinerie im 17. Jahrhundert [das ist, was wir hier bis ins 15. Jahrhundert zurückverfolgen – S-R], weil sie den großen Mathematikern jener Zeit praktische Anhaltspunkte und Reizmittel zur Schöpfung der modernen Mechanik darbot.«[10] Die beiden zitierten Marxschen Sätze erhalten durch die im 1. Teil aufgedeckte Identität von Warenform und Denkform ihr theoretisches Verbindungsstück.

In unserer Betrachtungsweise der technologischen Entwicklungslinie, wie sie sich in Leonardos zwiefältigem Schaffen manifestiert, haben wir nicht die Malerei als »Kunst« zur experimentellen Betätigung als »Wissenschaft« in Gegensatz gestellt, sondern haben sie als verschiedenartige Methoden von Naturforschung und Naturbemeisterung auf dieselbe

9 *Das Kapital*, I. Bd., S. 407.
10 ibid., S. 369.

Vergleichsebene bezogen. Diese Betrachtungsweise entspricht bei Leonardo, Dürer und Piero und überhaupt allgemein durchs halbe 16. Jahrhundert hindurch den Tatsachen. Erst wenn die mathematisch-physikalische Naturauffassung deutlichere Gestalt gewinnt (wie bei Tartaglia und Benedetti etwa), streift die Malerei, Bildhauerei etc. die Obliegenheiten der Naturforschung ab und gibt sich immer rückhaltloser der Ausbeutung ihrer illusionistischen Möglichkeiten hin, ihren Stil ins Barocke verändernd.

Als marxistische Rahmendefinition der modernen Naturwissenschaften, in der das geschichtsmaterialistische Verständnis der mathematischen Naturerkenntnis bis in die Einzelheiten hinein Platz zu finden hätte, würden wir sagen: diese Erkenntnis ist mit der Bestimmung der materiellen Produktivkräfte gesellschaftlicher Potenz in Begriffen der kapitalistischen Produktionsverhältnisse beschäftigt. (Aus Gründen, die erst im nächsten Teil ersichtlich werden können, beschränken wir die Geltungsdauer dieser Rahmendefinition auf den Zeitraum bis etwa 1880, nämlich vor Frege, Einstein und Planck.) Wenn das gesellschaftliche Leben, marxistisch betrachtet, etwas schematisch als Dreistufenbau verstanden wird, bestehend aus Produktivkräften, Produktionsverhältnissen und Überbau, so gehört die mechanistische Ideologie zweifellos in den Überbau, die mechanistische Wissenschaft hingegen zur Basis, da sie in der Relation zwischen Produktivkräften und Produktionsverhältnissen spielt. Die Formbestimmtheit des Denkens entstammt in beiden Fällen dem gesellschaftlichen Unterbau (s. 1. Teil, S. 97). Die exakten Wissenschaften zählen unter die Vorbedingungen, die Ideologie zu den Auswirkungen der kapitalistischen Klassenherrschaft.

Obwohl unsere ganzen bisherigen Untersuchungen und Erwägungen auf eine Definition dieser Art hinzielen, schafft dieselbe Gefahren des Mißverständnisses, denen sofort entgegengewirkt werden muß. Auf der einen Seite dient die geschichtsmaterialistische Erklärung der naturwissenschaftlichen Denkform dem Zweck, die Technokratie aus den Angeln zu heben, nämlich den Primat der Gesellschaft über die Technik zu etablieren. Darin liegt der unschätzbare Wert des Geschichtsmaterialismus. Auf der andern Seite scheint damit der Naturerkenntnis eine Unterordnung unter gesellschaftliche Zwecke zugemutet zu werden, die ihrer eigenen, für sie von Grund auf konstitutiven Wahrheitsnorm widerspricht und für die Verdummungen des erkenntnistheoretischen Pragmatismus Raum schafft. Das Mißverständnis erwächst daraus, daß die geschichtsmaterialistische Einsicht in die formgenetische Natur des naturwissenschaftlichen Denkens diesem Denken selbst ins Bewußtsein gelegt wird, oder anders ausgedrückt, daß der absoluten Geschichts- und Ursprungsblindheit dieses Denkens sich selbst gegenüber nicht gebührend Rechnung getragen wird. Die Reichweite der Scheidung zwischen geistiger und körperlicher Arbeit wird nicht voll begriffen. Um Prinzipielles aus dem ersten Teil zu rekapitulieren: eine Gesellschaft, die dem Regiment des Warenaustausches in dem Maße zum Opfer fällt, daß sie die Herrschaft über ihren eigenen Verlauf verliert, kann nur dadurch überleben, daß sie die Selbstbegegnung der Natur im menschlichen Denken erzeugt. Dies ist überhaupt die Erzeugung, der historische Entstehungsakt, des »Denkens« in der genauen Bedeutung, die Alexandre Koyré im Auge hat, wenn er sagt: »In Wahrheit wird die Bewegung, wo sie noch in den Termen von Kraftaufwand und impetus gefaßt ist, gar nicht *gedacht*, sondern bloß *imaginiert*. Wir sind vor die Wahl gestellt zwischen Denken und Imagination, Denken mit Galilei oder Imagination mit dem gemeinen Verstand. Es ist Denken, reines von Beimengungen freies Denken, und nicht Erfahrung und Sinnesvorstellung, was der ›neuen Wissenschaft‹ Galileis zum Grunde liegt.«[11]

11 *Etudes d'Histoire* etc., 1966, p. 189 (meine Übersetzung; Unterstreichungen im Original).

Koyrés »Erfahrung und Sinnesvorstellung des gemeinen Verstandes« repräsentiert die Welt des Gebrauchswertes, sein »reines Denken« die des Tauschwerts, des Geldes und des Kapitals. In diesen Relationen übrigens zeigt sich auch der Rechtfertigungsgrund für die kritische Anknüpfung an Kant, gerade um des Geschichtsmaterialismus willen. Darüber mehr in dem Anhang »Der Historische Materialismus als methodologisches Postulat«.

Diese Begegnung der Natur mit sich selbst ist die Hauptleistung der geistigen Arbeit in der bürgerlichen Gesellschaft, das Kernstück der modernen Wissenschaften. Die Kausalität der körperlichen Arbeit wirkt sich aus in der Ökonomie, welche, in Parallelität zur Kantschen Definition der »Natur als Dasein der Dinge nach Gesetzen«, definiert werden könnte als das Dasein der Menschen nach Gesetzen. Dadurch, daß das Bewußtsein der Menschen auf die Erscheinungswelt des gesellschaftlichen Aneignungszusammenhanges beschränkt ist, verfällt das menschliche Dasein der Abhängigkeit von der materiellen Arbeit als blindwirkender Verstrickung in die Notwendigkeiten des Dinges an sich. In die Termen unserer Rahmendefinition der exakten Naturwissenschaften übersetzt, wirkt dasselbe Verhältnis sich aus als die vermittlungslose Trennung des universellen Kopfes der gesellschaftlichen Arbeit von den Arbeiterleibern des Proletariats. Kopf und Leib der gesellschaftlichen Produktion stehen in vollkommener gegenseitiger Unwissenheit.

Diese Antithetik – eine durchaus nicht theoretische, sondern allerrealste Antithetik – durchläuft in der geschichtlichen Entwicklung der kapitalistischen Produktionsweise ihre spezifische Evolution. Zu ihrem Verständnis muß vorausbemerkt werden, daß es zwischen der zur individuellen Einzelproduktion gehörigen persönlichen Einheit von Hand und Kopf auf der einen Seite und der in der mathematischen Naturerkenntnis erreichten gesellschaftlichen Trennung von Kopf und Hand auf der anderen Seite keine logischen Zwischenstufen gibt. In Leonardo wechselt die sinnliche Anschauungs- und Darstellungsweise des Malers übergangslos ab mit der abstrakten, völlig unsinnlichen Begriffsweise des mathematischen Denkens, nach dem er tastet. Diese Begriffsweise ist das menschliche Denken auf universeller gesellschaftlicher Allgemeinheitsstufe. Die Produktivkräfte von gesellschaftlicher Potenz, deren Heranwachsen dieses mathematische Denken notwendig macht, bedingen gewiß einen Produktionsprozeß, der nur »in der Hand unmittelbar vergesellschafteter Arbeit« funktionieren kann. Aber der Grad an Vergesellschaftung der Arbeit beginnt im Frühkapitalismus des 14., 15. und 16. Jahrhunderts auf einer gegenüber heute sehr niedrigen Stufe. Und diese Stufe ist nicht nur niedrig im Verhältnis zur heutigen, sie ist auch viel zu niedrig, als daß sich aus den Erkenntnissen der Naturwissenschaften ein auch nur annähernd kompletter Nutzen für den Produktionsprozeß ziehen ließe. Im Ergebnis der ursprünglichen Akkumulation und der von ihr betriebenen Zerstörung der vorgefundenen Formen von Einzelproduktion wie auch von primitiver Gemeinschaftsproduktion und weiterhin unter dem Einfluß des kapitalistischen Konkurrenzkampfes hat der Vergesellschaftungsgrad der Arbeit unaufhörliche und unausweichliche Fortschritte gemacht. Einige der faszinierendsten Kapitel des Marxschen Hauptwerkes im dritten sowohl wie im ersten Bande sind diesem Prozeß gewidmet, und wir werden im nächsten Teil auf diese Marxschen Darstellungen noch näher einzugehen haben. Aber wenngleich es keine logischen Zwischenstufen gibt zwischen der Produktionstechnik der individuellen Einzelarbeit und derjenigen der hochvergesellschafteten Arbeit, so gibt es doch die praktischen Zwischenformen, angefangen von der handwerklichen Bastelei über die empirische Ingenieurskunst bis zur teilwissenschaftlichen Technologie eines James Watt oder Benjamin Franklin. Tatsächlich haben bis tief ins 19. Jahrhundert hinein diese praktisch-empirischen und halbwissenschaftlichen Methoden sich für die Produktionstechnik der bis dahin erreichten Vergesellschaftungsstufen der Arbeit als ausreichend erwiesen. Erst mit der Entstehung der modernen industriellen Großchemie und der modernen Elektrotechnik im letzten Drittel des vorigen Jahrhunderts ist die Produktionstechnik wirklich wissenschaftlich geworden. Erst hier beginnt also der Vergesellschaftungsgrad der Arbeit eine Stufe zu erreichen, die sich der Vergesellschaftungsstufe des wissenschaftlichen Denkens annähert. Damit beginnt sich die Möglichkeit einer Wiedervereinigung von geistiger und körperlicher Betätigung auf gesamtgesellschaftlicher Stufenleiter abzuzeichnen. Freilich bietet dafür die kapitalistische Gesellschaftsordnung und überhaupt die Aneignungsgesellschaft keinen Raum. Wir erinnern uns der Erwartung von Marx und Engels, daß die Vergesellschaftung der Arbeit auf einer gewissen Stufe in unversöhnlichen Widerspruch mit der privaten Appropriation geraten werde.

Was wir uns hier mühsam aus induktiven Einzelheiten erarbeitet haben, das findet sich von Marx auch ohne die Details in der ihm eigenen Prägnanz gesagt. Einiges wurde schon oben gesondert daraus angeführt, hier aber hat der ganze Zusammenhang seine Stelle: »Soweit der Arbeitsprozeß ein rein individueller, vereinigt derselbe alle Funktionen, die sich später trennen. In der individuellen Aneignung von Naturgegenständen zu seinen Lebenszwecken kontrolliert er sich selbst. Später wird er kontrolliert. Der einzelne Mensch kann nicht auf die Natur wirken ohne Betätigung seiner eignen Muskeln unter Kontrolle seines eignen Hirns. Wie im Natursystem Kopf und Hand zusammengehören, vereint der Arbeitsprozeß Kopfarbeit und Handarbeit. Später scheiden sie sich bis zum feindlichen Gegensatz. Das Produkt verwandelt sich überhaupt aus dem unmittelbaren Produkt des individuellen Produzenten in ein gesellschaftliches, in das gemeinsame Produkt eines Gesamtarbeiters, d. h. eines kombinierten Arbeitspersonals, dessen

Glieder der Handhabung des Arbeitsgegenstandes näher oder ferner stehen. Mit dem kooperativen Charakter des Arbeitsprozesses selbst erweitert sich daher notwendig der Begriff der produktiven Arbeit und ihres Trägers, des produktiven Arbeiters. Um produktiv zu sein, ist es nun nicht mehr nötig, selbst Hand anzulegen, es genügt, Organ des Gesamtarbeiters zu sein, irgendeine seiner Unterfunktionen zu vollziehen. Die obige ursprüngliche Bestimmung der produktiven Arbeit, aus der Natur der materiellen Produktion selbst abgeleitet, bleibt immer wahr für den Gesamtarbeiter, als Gesamtheit betrachtet. Aber sie gilt nicht mehr für jedes seiner Glieder, einzeln genommen.« (*MEW* 23, 531/2)

Hier werden von Marx der Arbeitsprozeß des Einzelproduzenten und derjenige des gesellschaftlichen Gesamtarbeiters als die Fälle einander gegenüber- oder nebeneinandergestellt, in denen Kopf und Hand vereint sind entsprechend der Tatsache, daß sie »im Natursystem zusammengehören«. Es trennt sie aber ein ungeheures Zwischenfeld, worin sich Kopf und Hand »bis zum feindlichen Gegensatz scheiden«, darunter die Epochen der Warenproduktion, insbesondere der kapitalistischen. Das ist von Marx hier betont, ohne zur expliziten Ausführung zu gelangen. In diese Epoche fällt der ganze Entwicklungsprozeß der Produktion von der beginnenden, noch manufaktürlichen Kooperation bis zur unaufhaltsam zunehmenden Vergesellschaftung der Arbeit in der großen Industrie und in den Riesenunternehmungen des heutigen Monopolkapitalismus. Im Verlaufe dieser Entwicklung hat der Gegensatz zwischen Kopfarbeit und Handarbeit sich nur immer weiter gesteigert und verschärft. Was wir geschichtlich vor uns sehen, ist der sich ständig vertiefende Widerspruch zwischen privater kapitalistischer Appropriation und wachsender Gesellschaftlichkeit der Produktion, dem Engels in seiner Studie über die Entwicklung des Sozialismus von der Utopie zur Wissenschaft seine besondere Aufmerksamkeit gewidmet hat. Das Bild von einem Zustand, worin die »ursprüngliche Bestimmung der produktiven Arbeit, aus der Natur der materiellen Produktion abgeleitet, immer wahr bleibt für den Gesamtarbeiter, als Gesamtheit betrachtet«, erscheint, an den gegebenen Verhältnissen gemessen, als ferne Zukunft. Das Bild entspricht einer Begriffskonstruktion, die in den vorliegenden Produktionsverhältnissen des Spätkapitalismus der konkreten Realität total ermangelt. Womit wir heute fertig zu werden haben, ist im Gegenteil eine Spaltung der ursprünglichen menschlichen Produktivpotenz in einseitig körperliche und einseitig intellektuelle, die alle noch von Marx und Engels erfahrenen Grade weit hinter sich läßt. Wie steht es angesichts dessen mit der Aussicht auf Sozialismus?

Dritter Teil
Vergesellschaftete Arbeit und private Appropriation

1. Monopolkapital und moderner Arbeitsprozeß

Die Marxsche Epoche ist vom Ende des Kapitalismus als ihrer spezifischen Perspektive begrenzt. Ihr folgt das Zeitalter, in dem der Übergang vom Kapitalismus zum Sozialismus auf der Tagesordnung steht. Die zeitliche Grenzscheide zwischen beiden liegt um das Jahr 1880 herum. Der Fortgang von der ersten zur zweiten Epoche ist primär bedingt durch die, selbstredend von Marx vorausgesehene Entwicklung der Produktivkräfte über den Stand hinaus, der mit den Voraussetzungen des Konkurrenzkapitalismus noch vereinbar ist. Die zweite Epoche versteht sich darum auch als die des Monopolkapitalismus, sofern der Kapitalismus erhalten bleibt; und in keinem der »fortgeschrittenen« oder führenden Länder ist bisher ein Abbruch erfolgt. Statt dessen ist die imperialistische Entwicklung des Kapitalismus eingetreten. Unter dem Phänomen des »Imperialismus« verstehen wir die äußeren Konsequenzen auf kapitalistischer Grundlage, die sich aus der zunehmenden Kapitalintensität der Unternehmungen oder, mit Marx gesprochen, aus der wachsenden organischen Zusammensetzung des Kapitals ergeben. Mit der Kausalität dieser Konsequenzen haben sich theoretisch führend vor allem Rudolf Hilferding, Rosa Luxemburg und Lenin befaßt, der letztere in polemischer Absicht in seinem politischen Kampf gegen den sozialdemokratischen Reformismus und marxistischen Revisionismus der zweiten Epoche.

Für die Aufzählung der wichtigsten, das Wesen des Imperialismus umreißenden Konsequenzen selbst folgen wir der kürzlichen Zusammenfassung durch Harry Magdoff[1]: steigende Konzentration des Kapitals (durch Fusion und Kapitalverflechtung), zunehmende Beherrschung des Marktes (durch Kartellierung in mannigfachster Art), erdumspannende Ausdehnung des Weltmarktes, ständig intensiverer Wettlauf um die Ausbeutung billiger Arbeitskräfte (z. B. kolonialer), um Anlagefelder für den Kapitalexport, um Rohstoffsicherung für die Produktion, um Beherrschung der Verkehrsmittel, um den technischen Fortschritt und seine Exploitation, wachsender Antagonismus zwischen den führenden Mächten und zunehmender Anteil der Rüstung am Gesamtprodukt, Kriege und permanente Kriegsgefahr, internationale finanzkapitalistische Verflechtung zwischen den antagonistischen Mächten. Diese Aufzählung, die sich fortsetzen ließe, erfolgt zu dem Zweck, kenntlich zu machen, daß die von den Theoretikern des Imperialismus untersuchten Konsequenzen der wachsenden Kapitalintensität sämtlich äußere Konsequenzen sind. Damit meinen wir Konsequenzen im Felde der Beziehungen der verschiedenen kapitalistischen Unternehmungen oder imperialistischen Mächte zueinander, letztlich also Beziehungen der marktökonomischen oder machtpolitischen Art. Die zunehmende Kapitalintensität ist aber in ihren Auswirkungen auch nach innen geschlagen und hat einschneidende Veränderungen in der Struktur des Arbeitsprozesses des Kapitals nach sich gezogen. Diese inneren Konsequenzen sind nicht weniger epochaler Natur und für die tiefwirkenden Änderungen in der Produktionsweise selbst von nicht geringerer, wo nicht sogar von wesentlicher Bedeutung. Sie haben sich dennoch bisher der marxistischen Blickrichtung fast völlig entzogen. Sie sind es, die auf den folgenden Seiten hauptsächlich zur Untersuchung stehen, und zwar im Lichte der Kategorien und

[1] *Monthly Review*, Juni, Oktober und November 1968; seitdem auch in Buchform erschienen: *The Age of Imperialism*, 1969, im gleichen Verlag.

Gesichtspunkte, zu denen uns die Erweiterung der Marxschen Warenanalyse im ersten Teil geführt hat.

Beginnen wir mit einer andeutenden Beschreibung der Phänomene, die uns dabei vor Augen steht. Das führende Land in den relevanten Entwicklungen sind die Vereinigten Staaten. Änderungen in der Struktur des Arbeitsprozesses sind Änderungen in der Betriebsstruktur der kapitalistischen Produktion. Sie machen den Erscheinungskomplex aus, der auf der bürgerlichen Seite die moderne Betriebswissenschaft ins Leben gerufen hat. Die letztere gehört gewiß ebenso zu den Wesensmerkmalen unserer Epoche wie die eben aufgezählten Kennzeichen des Imperialismus, und gleich diesen ist sie ein Ausdruck der erhöhten Risikoempfindlichkeit kapitalintensiver Unternehmungen. Kapitalinvestitionen ungeheurer Art müssen sich in ständig sich verkürzenden Fristen profitlich bezahlt machen, wenn die Unternehmungen sich im Konkurrenzkampf behaupten wollen. Das macht eine ungeheuer erhöhte Ausbeutungsrate der Arbeitskraft zur Notwendigkeit. Der ganze Druck des tendenziellen Falls der Profitrate steht hinter den unablässigen Forderungen nach erhöhter »Arbeitsproduktivität«. In der Ausbildung der hierzu dienenden Methoden und Techniken sind die Vereinigten Staaten und Deutschland führend geworden, gerade weil ihnen von den 70er und 80er Jahren an weniger billige Kolonialbevölkerungen zur Ausbeutung zu Gebote standen als etwa England und Frankreich, den damals im äußeren Felde führenden Imperialmächten. Freilich schließt die interne Entwicklung die externe nicht aus. Aber es ist die erhöhte Ausbeutung der Arbeiter im eigenen Lande, die für die Ausbildung der modernen industriellen Organisationsform bestimmend geworden ist und die sich, man denke nur an die USA heute, im Nachzug auch für eine ausgedehnte Ausbeutung kolonialer Art bezahlt gemacht hat. Wenden wir uns also auch für den Anfang dieser Entwicklung den Vereinigten Staaten zu.

2. Marktökonomie und Betriebsökonomie im Monopolkapitalismus

Zum leichteren Verständnis der industriellen Strukturentwicklungen in den Vereinigten Staaten seit den 8oer und 9oer Jahren empfiehlt es sich, die Arbeiten von Frederick Winslow Taylor heranzuziehen: *A piece rate system, being a step towards partial solution of the labor problem* (1895), das Hauptwerk *The Art of Cutting Metals* (1906), sowie die beiden mehr popularisierenden Bücher *Shop Management* (1903) und *Scientific Management* (1911).[2] F. W. Taylor, der Begründer des »Taylor-Systems«, war an den Anfängen und der Durchführung der mit seinem Namen verknüpften Neuentwicklungen im kapitalistischen Arbeitsprozeß selbst maßgebend beteiligt. Der Schauplatz seiner Initiative war die Midvale Steel Co. in Philadelphia und alsdann die Bethlehem Steel Co., beide später in der United Steel Industries Inc. vereinigt.

Das Wesen der strukturellen Neuerungen knüpft sich an die Methoden, die in der Folge als Zeit- und Bewegungsanalyse (time and motion study) der einzelnen Arbeitsverrichtungen bekannt wurden. Diese Analysen zielen darauf ab, jeden individuellen Arbeitsvorgang in einer gegebenen Werkstatt so zu gestalten und zu organisieren, daß erstens die Arbeitszeit und der Kraftaufwand jedes Arbeiters zwangsgemäß zum maximalen Grad ausgenutzt werden und daß zweitens alle Arbeitsverrichtungen und maschinellen Funktionen, die den betreffenden Arbeitsprozeß ausmachen, ohne vermeidbare Zeitverluste ineinandergreifen, also zusammen ein Kontinuum der kürzesten Strecken bilden. In fast allen Fällen führte dieses betriebsorganisatorische Prinzip zu einer radikalen Umgestaltung der Arbeitsprozesse

[2] Wo im folgenden aus diesen Schriften zitiert wird, geschieht es auf englisch, weil mir deutsche Übersetzungen nicht bekannt oder nicht zugänglich sind.

im einzelnen und der Betriebsweise im ganzen sowie zur Erfindung und Einführung veränderter Werkzeugmaschinen und -stähle. Es waren damit ferner neuartige Produktionsverhältnisse im Betrieb verbunden, auf welche noch zurückzukommen sein wird.

Gemäß den Taylorschen Methoden wurden die Arbeiter genötigt, minutiöse Arbeitsinstruktionen zu befolgen und sich dem auferlegten Zwang eines »von oben« bestimmten Arbeitstempos zu fügen. Um sie zur Annahme dieser Betriebsweise zu bewegen, bot man ihnen Lohnskalen, die ihnen im Vergleich zu den vorherigen Löhnen eine eklatante Steigerung ihres Einkommens erzielbar machten. Für die Firma machten sich diese erhöhten Löhne reichlich bezahlt. Während die Löhne um, sagen wir, 20 % stiegen, wuchsen die Profite um 80 %. Es war eine Methode gefunden, nach der die Maximalisierung der Profite mit steigenden Löhnen Hand in Hand ging! In Taylors Worten: »High wages and low labor cost are not only compatible, but are, in the majority of cases, mutually conditional.«[3]

Der Vorteil dieser Neuerungen blieb nicht lange auf die Midvale und die Bethlehem Steel Co. beschränkt. Taylor berichtete über seine Ziele und Arbeiten in den Sitzungen der American Society of Mechanical Engineers, der er angehörte, und seine Konzeption der betrieblichen Organisation verbreitete sich über den Großteil der amerikanischen Eisen- und Stahlindustrie und weiterhin auf anderen industriellen Gebieten, u. a. in der Fleischverpackung in Chicago und der Automobilindustrie in Detroit. Es war lediglich eine Konsequenz der folgerichtigen Anwendung der Taylorschen Prinzipien, daß sich dieselben bald in Gestalt des Fließbandbetriebs und des kontinuierlichen Prozesses Geltung verschafften. Kurzum, die Taylorschen Neuerungen wurden zur Grundlage der modernen mechanisierten Massenproduktion, die ihrerseits zum Ausgangspunkt für den Sprung zur Auto-

3 *Shop Management*, p. 21/22

mation wurde, worin die gesamte Evolution der großen Industrie ihre wesensmäßige Vollendung erfährt.

Das folgenreiche Resultat dieser Entwicklung des kapitalistischen Arbeitsprozesses, und zwar nicht erst an ihrem Endpunkt, sondern sogleich mit der Schaffung des Taylorsystems, war die spontane und unbeabsichtigte Herausbildung einer neuen Ökonomie. Dieselbe präsentiert sich in ihrem bürgerlichen Gewande unter dem Namen der modernen Betriebsökonomie (scientific management, managerial economics etc.). Das sie beherrschende Gesetz ist die Notwendigkeit der Synchronisierung sämtlicher zu einem Produktionsprozeß gehörigen, meist bis ins kleinste zerlegten Teilvorgänge. Der einheitliche, reibungslose Verlauf aller Komponenten in der Zeit ist das regulative Prinzip des mechanisierten Arbeitsprozesses. Wenn in einem gegebenen Prozeß eine oder mehrere Sektoren langsamer arbeiten als die übrigen, so funktioniert der Gesamtprozeß mit unvollkommener Effizienz und das in ihm investierte Kapital mit reduzierter Rentabilität. Das Postulat der Maximalisierung des Profits verlangt dann eine Reorganisation, bis die volle Proportionalität aller Abteilungen nach dem Zeitmaß ihrer optimalen Leistungen zustande gebracht ist. Diese Einheitlichkeit in der Zeitordnung ist ein grundlegendes normatives Prinzip von Ökonomie überhaupt. »Ökonomie der Zeit, darin löst sich schließlich alle Ökonomie auf«, sagt Marx in den *Grundrissen*[4], unter Absehung von der Arbeit also. Das Prinzip als solches ist von elementarer Einfachheit, wenngleich seine praktische Befolgung eine unerschöpfliche Vielfalt von technischen und organisatorischen Maßnahmen und Apparaturen impliziert je nach der besonderen Natur der Arbeitsprozesse in den verschiedenen Industrien oder auch in reinen Verwaltungsbetrieben und Bürosystemen.

Welche Bedeutung ist diesem Phänomen der Zeitökonomie des kontinuierlichen Arbeitsprozesses im Rahmen des Spät-

4 Berlin, DDR, S. 89

kapitalismus beizumessen? Es wird aufgefallen sein, daß es an keiner Stelle nötig war, auf die mit dem Tauschwert verknüpfte Marktökonomie zu rekurrieren, um jener Zeitökonomie der modernen Arbeit habhaft zu werden, so sehr sie natürlich der Kapitalverwertung dienstbar ist. In welchem Verhältnis steht diese Arbeitsökonomie zur kapitalistischen Marktökonomie? Wie verträgt sich ein nach Prinzipien der Zeitökonomie durchorganisierter Industriekomplex mit den vom Markt herstammenden Erfordernissen? Harmonieren diese Ordnungen miteinander oder durchkreuzen sie sich? Vor allem muß betont werden, daß die Zeitökonomie des modernen Arbeitsprozesses nicht etwa aus der Marktökonomie entspringt. Sie wurzelt im Gegenteil in den diesen Arbeitsprozessen inhärenten Notwendigkeiten als solchen, deren eigentliche Natur noch zu bestimmen sein wird. Dem Ursprung nach also sind beide Ordnungen nicht nur grundverschieden, sondern diametral entgegengesetzt, die Warenökonomie aus der Vereinzelung der Produktion herstammend, die moderne Arbeitsökonomie dem Integrationsgrad der mechanisierten Massenproduktion eigentümlich. Beide Ordnungen sind in ihrem Nebeneinander das Kennzeichen des Spätkapitalismus, beide erstrecken sich auf denselben Gegenstand, die Produktion, auf den sie ihre verschiedenartigen Normen zur Wirkung bringen. Der Leiter eines großen Werks, etwa einer elektrotechnischen Firma oder einer Automobilfabrik, findet sich zwischen diese Normen eingekeilt, im Zweifel, welchen er folgen soll. Seine Produktionsmanager beweisen ihm unwiderleglich, daß sein Kapital zum großen Teil verschwendet ist, solange die in dem Gesamtprozeß verbleibenden Engpässe der Produktion nicht ausgeweitet, dem potentiellen optimalen Zeitmaß nicht adaptiert werden. Der Verkaufsdirektor, der bei der Beratung dabeisitzt, schlägt die Hände über dem Kopf zusammen. Er kann ja jetzt schon die anfallende Produktion zu den profitgemäßen Preisen kaum absetzen. Wenn es aber nach den betriebsökonomischen Normen zugehen soll, ist mit nahezu einer Verdoppelung des Ausstoßes zu rechnen. Der Kapitalgewinn aus den Produktionsergänzungen würde sich im Markt in Verlust verkehren. Es scheint, daß die beiden Maßstäbe ökonomischen Handelns nicht häufig in die gleiche Richtung weisen, oder wenn sie es tun, so nach keiner tieferen Logik als der des gelegentlichen Zufalls.

Mit wenigen Ausnahmen gilt die Wahrheit, daß die Normen der modernen Arbeitsökonomie auf die Vergrößerung der Produktionskapazitäten oder, mit Marx zu sprechen, auf die »Vermehrung der Springquellen des gesellschaftlichen Reichtums« drängen, wohingegen die Postulate der Marktökonomie die restriktive Wirkung ausüben, welche die Kosten-Preis-Relationen der Profitkalkulation voraussetzen. Da aber die beiden Maßstäbe heterogenen Ursprungs sind, muß zwischen ihnen Diskrepanz Platz greifen, die in der großen Mehrzahl der Fälle zugunsten der Arbeitsökonomie ausschlägt.

Der moderne Produktionsbetrieb ist im Zuge seiner industriellen Entwicklung unfähig geworden, sich strukturell an die Marktbewegungen anzupassen. Die Marktökonomie beherrscht die gesellschaftliche Reproduktion nicht mehr. Wenn die Nachfrage fällt und die Preise sinken, sollten die Produktionen eingeschränkt und die Kosten pro Einheit vermindert werden können. Wenn aber ein moderner Großbetrieb die Produktion einschränkt und unter Kapazität arbeitet, gehen die Stückkosten im Gegenteil in die Höhe, weil ein zunehmender Teil der Kostenfaktoren unelastisch geworden ist, selbst von den ständig wachsenden Generalunkosten abgesehen. Im entgegengesetzten Fall, wenn eine gegebene Produktionskapazität zur Voll- oder gar Überbeschäftigung gelangt, so vermindern sich die Stückkosten und wächst die Konkurrenzfähigkeit ohne wesentliche Mehrinvestitionen, so daß die Profite überproportional anschwellen und einen Boom erzeugen, der außer allem Verhältnis zur

Marktentwicklung steht. Im Gesamteffekt genommen hat somit die ökonomische Eigengesetzlichkeit der Produktionsstrukturen die regulative Wirksamkeit der Marktökonomie in zunehmendem Maß entmachtet. Wenn aber die Produktion den Marktanforderungen nicht mehr zu gehorchen vermag, dann muß notwendigerweise versucht werden, den Markt den Produktionsanforderungen zu unterwerfen. Die Zeiten sind lange vorbei, wo ein Großbetrieb geschlossen wurde, weil er nach den Regulativen des Marktes bankrott war; heute werden statt dessen die Marktregulativen manipuliert. Die Methoden solcher Manipulation sind von großer Vielfalt, sie fallen aber alle mehr oder minder unter denselben Oberbegriff, den des Monopols. Der Monopolkapitalismus kann zu einem wesentlichen Teil, und zwar zu seinem politisch bedeutsamen Teil, als Ausfluß der angedeuteten ökonomischen Zwieschlächtigkeit des Spätkapitalismus verstanden werden, einer Zwieschlächtigkeit, die in ihren Anfängen bis ins letzte Viertel des vorigen Jahrhunderts zurückreicht. Führend in dieser Entwicklung waren die besonders kapitalintensiven, durch hohe organische Zusammensetzung des Kapitals gekennzeichneten Werke der Schwerindustrie, nicht bloß die amerikanischen, die zur Wiege des Taylorismus wurden, sondern die europäischen nicht minder, speziell die deutschen. Es lohnt sich, die Widersprüche jener Zwieschlächtigkeit zwischen Betriebs- und Marktökonomie an einem besonders bedeutsamen Lehrbeispiel zu illustrieren, dem nämlich des Stahlvereins oder auch der Luxemburger ARBED in den zwanziger und dreißiger Jahren.

3. Reproduktive oder nicht-reproduktive Werte

Die Vereinigten Stahlwerke AG (Vestag) waren 1926 durch Verschmelzung von vier oder fünf selbständigen schwerindustriellen Konzernen gegründet worden, aus deren bisher konkurrierenden (oder doch gleichgerichteten) Werken durch »Rationalisierung« ein arbeitsteiliges Ganzes gebildet wurde. Die Vereinigte Gesamtkapazität machte etwa 40 % der gesamten deutschen Rohstahl- und 50 % der deutschen Roheisenerzeugung aus (in absoluten Ziffern 9,3 Mill. t Rohstahl und 9,7 Mill. t Roheisen jährlich). Mit 200 000 Arbeitern und Angestellten bei Vollbeschäftigung waren sie das größte Industrieunternehmen des damaligen Europa. Aber die absoluten Dimensionen, obwohl nicht gleichgültig, stehen für unser Interesse gegenüber den strukturellen Aspekten wesensmäßig zurück. Die Rationalisierung war auf der Grundlage der sog. Verbundwirtschaft erfolgt, bei welcher die Hochofengase, die man früher in die Luft hatte entweichen lassen, nach amerikanischen Vorbildern in großen Rohrleitungen abgefangen und als Heiz- und Energiequelle in alle vor- und nachgeschalteten Werksabteilungen geleitet wurden. Keine einzige Produktionsabteilung hatte mehr eine eigene Feuerung, keine konnte außerhalb des Verbunds betrieben werden. Die Gesamtanlagen glichen einem einzigen Mechanismus, der von einem zentral gelegenen ungeheuren Schaltwerk aus durch einen Oberingenieur und zwei Assistenten überwacht und vermittels komplizierter Symbole und Lichtsignale wie ein großes Uhrwerk reguliert und in seinem vorberechneten kontinuierlichen Fluß gehalten werden konnte. Dem Ganzen lag eine Normierung auf eine bestimmte Gesamtkapazität zugrunde, bei deren Ausnutzung die Produkteinheiten (Hunderte von Kartellnummern von Halbzeug, Walzwerk-, Draht- und Röhrenerzeugnissen) sich billiger stellten als jemals früher. Allerdings nur, wenn die Normalkapazität ausgenutzt wurde. Was geschah, wenn das nicht der Fall war? Schon 1928 und 1929, in der Hochkunjunktur also, betrug für den Stahlverein die Marktkapazität kaum mehr als 75 % der Produktionskapazität. Es gab daher nur zwei Möglichkeiten: entweder auf Lager zu produzieren, die Marktlage also noch weiter zu verschlechtern, oder das Betriebstempo zu verlangsamen. Eine Verlangsamung konnte aber die Grenze von 68–70 % der Normalkapazität nicht unterschreiten, ohne daß der Mechanismus rein technisch die Funktion verweigerte (solche unteren wie auch oberen »kritischen Grenzen« sind immer gegeben). Und dann kam die Krise. 1931 handelte es sich nicht mehr um 75 %, sondern nur noch um knapp 40 %, im Tiefpunkt des Jahres 1932 um weniger als 20 % Auftragsbestände, und diese natürlich nicht gleichmäßig für alle Teile des Produktionsprogramms, sondern für einige etwas, für manche etwas mehr, für viele nichts. Schon zu Ostern 1932 wurden die Anlagen der ARBED, und soviel ich weiß auch die der Vestag, abwechselnd für vierzehn Tage stillgelegt und für vierzehn Tage wieder angelassen, wobei das Anlassen mit schwierigen und kostspieligen Anlaufs- und Friktionsverlusten verbunden war. Die Generalunkosten liefen selbstredend auch während der Stillstandszeiten weiter, desgleichen erhebliche Lohnkosten für Instandhaltung etc. Es bedarf keiner umständlichen Beweisführung, um einzusehen, daß Anlagen dieser Art, wenn in solche Widersprüche verfangen, weit entfernt, Profit oder auch nur Verluste an Betriebskapital zu machen, gleich Riesenschlangen in der Kiefersperre anfingen, ihr eigenes Kapital zu verschlucken, vorausgesetzt, ihr Kapital war ihr eigenes und nicht, wie im Fall des Stahlvereins, an Dollargläubiger verschuldet. Ein Unternehmen in dieser Lage ist außerstande zu warten, bis die Marktlage sich möglicherweise wiederbelebt.[5] Nach marktökonomischen Maßstäben waren diese Firmen – und viele andere gleich ihnen – mindestens seit 1931 bankrott, aber ihre Schließung war bei der bestehenden Massenarbeitslosigkeit eine politische Unmöglichkeit. Was dieses gänzliche Auseinanderfallen von

---

[5] In den 30er Jahren hat sich die Marktlage selbsttätig nicht wiederbelebt. Vgl. H. W. Arndt: *The Economic Lessons of the Nineteen-Thirties*, OUP 1944 (RIIA).

Betriebsökonomie und Marktökonomie indizierte, war der Bankrott der kapitalistischen Produktionsweise als solcher.[6] Da die soziale Revolution, die ihr ein Ende machte, jedoch ausblieb, bestand keine andere Alternative, als die kapitalistische Produktion unabhängig vom Markt, d. h. zur Erzeugung nichtmarktgängiger Produkte nach rein betriebsökonomischen Notwendigkeiten weiterzuführen. Das ist die ökonomische Definition des Faschismus. Nicht-marktgängige Waren sind nichtreproduktive Werte, ihre Erzeugung dient der Zerstörung anstatt der Reproduktion des gesellschaftlichen Lebens. »Wenn die Revolution zu spät kommt, fängt die ganze Scheiße wieder von vorne an«, sagt Marx irgendwo und meint mit der Scheiße die Menschheitsgeschichte. Hitler und Schacht haben den Keynesianismus praktiziert zwei Jahre vor dem Erscheinen seiner irreführenden Ziviltheorie. In seiner »militär-industriellen« Wirklichkeit ist er seither in allen spät- und überkapitalistischen Ländern endemisch geworden.

Es gehört zu den allgemeinen Merkmalen moderner Betriebsstruktur und Zeitökonomie, daß die Produktionskapazität die Kontinuität ihrer Zunahme- oder Abnahmefähigkeit eingebüßt hat. Einem modernen durchrationalisierten Betrieb können nicht beliebig Stücke zugefügt oder fortgenommen werden. Er ist ein durchgegliedertes Ganzes, dessen Maß, wie nach der Hegelschen Bestimmung der Kategorie des »Maßes«, eine qualitative Determination ausmacht. Eine größere oder geringere Betriebskapazität er-

---

6 Professor Eugen Schmalenbach, der bedeutende Kölner Betriebswirtschaftslehrer, der bei der Rationalisierung des Stahlvereins als Berater teilgenommen hatte, verfaßte im Herbst 1931 eine Denkschrift, in der er der Logik die Ehre gab und erklärte, daß solche geplante Riesenwerke wie etwa die des Stahlvereins eine geplante Volkswirtschaft postulieren, um sich zum Segen der Gesellschaft auszuwirken. Das Memorandum erregte bei den Industriellen, besonders bei denen, die es anging, eine derartige Entrüstung, daß Reichswirtschaftsminister Dietrich es auf der Stelle unterdrückte und einstampfen ließ.

fordert, um ihr spezifisches zeitökonomisches Optimum zu erzielen, ein spezifisches technologisches Gefüge, das nicht einfach eine größere oder kleinere Ausgabe desselben konstanten Modells darstellt. Es entfallen also in der modernen Strukturökonomie der Produktion die Prinzipien der beliebigen Teilbarkeit und graduellen Kontinuität, die zu den Axiomen der Marktökonomie und ihrer regulativen Effizienz, nicht nur bezüglich der Preisbewegungen, sondern der Produktion selbst gehörten. Im Vergleich mit der mechanistischen Logik der Quantifizierung, die in den Grundlagen der Marktökonomie herrscht, wäre die Ökonomie des modernen Arbeitsprozesses adäquat als Quantum-Ökonomie zu bezeichnen. Das gilt für den Arbeitsprozeß der mechanisierten Massenproduktion mit oder ohne Automation.

4. Zweierlei gesellschaftliche Synthesis

Im Lichte der analytischen Untersuchungen des ersten Teils dieser Studie wird in aller Deutlichkeit erkennbar, daß wesentliche strukturelle Veränderungen in der Synthesis der Vergesellschaftung weittragende Auswirkungen haben müssen. Wir erinnern an das früher Gesagte: Wo die Synthesis der Vergesellschaftung auf Tätigkeiten beruht, welche von der Produktionsarbeit verschieden und getrennt sind, nämlich in der Aneignung (ob einseitig oder wechselseitig) von Arbeitsprodukten durch Nichtarbeitende bestehen, dort herrscht Ausbeutung und Klassenherrschaft und die Scheidung von Kopf- und Handarbeit; wo hingegen die Synthesis der Vergesellschaftung als Funktion des Arbeitsprozesses selbst statthat, dort ist die Grundlage für eine klassenlose Gesellschaft und für Einheit von Kopf- und Handarbeit gegeben, die Grundlage also für eine kommunistische Gesellschaft. In der funktionellen Notwendigkeit einheitlicher Zeitordnung, welche den modernen kontinuierlichen Arbeitsprozeß kennzeichnet, sind die Elemente einer neuartigen

Synthesis der Vergesellschaftung enthalten. In Gestalt der kapitalistischen Marktwirtschaft auf der einen Seite und der modernen Betriebsökonomie auf der anderen Seite erkennen wir also äußerste Gegensätze des gesellschaftlichen Seins. Die ökonomische Zweigleisigkeit des Spätkapitalismus verbirgt die Verschiebung, den potentiellen Übergang, von der Gesellschaft als Aneignungszusammenhang zur Gesellschaft als Produktionszusammenhang. Das ist in neuartiger Definition nichts anderes als der potentielle Übergang vom Kapitalismus zum Sozialismus.

5. Das Ende des Kapitalismus – zwei Konzeptionen

Marx hat das Ende des Kapitalismus in mehr als einer Weise gesichtet, wovon zwei vor allem hervorstechen, die eine spezifisch ausgeführt, die andere nur als allgemeine Notwendigkeit verstanden. Die spezifische Perspektive ist die, in der der erste Band des *Kapital* ausklingt, die Perspektive der steigenden Konzentration des Kapitals auf der einen, der wachsenden Verelendung des Proletariats auf der anderen Seite und der revolutionären »Expropriation der Expropriateure« als dem Resultat. Die andere ist die allgemeine Einsicht, daß die zunehmende Vergesellschaftung der Arbeit früher oder später auf einen unversöhnlichen Widerspruch mit der Ökonomie der privaten Appropriation zutreiben muß, und das ist die Entwicklung, die wir nach der hier vertretenen Auffassung in Gestalt der zwieschlächtigen Ökonomie im heutigen Spätkapitalismus vor uns haben.

Beide Perspektiven und die in ihnen begriffenen Tendenzen stehen durchaus in geschichtlichem Zusammenhang miteinander. Von 1871 (dem Jahr der *Kritik des Gothaer Programms*) an verlief sich die kapitalistische Ökonomie in eine mehr als zwanzigjährige Depression, in der sich die Merkmale wachsender Kapitalkonzentration und steigender

Massenverelendung in der Tat bewahrheiteten und aus der, von zwei kurzen und matten Wiederbelebungsphasen abgesehen, erst 1896/97 eine entschiedene Aufschwungsperiode herausführte, die Periode des Imperialismus und der auf den ersten Weltkrieg hintreibenden Aufrüstung im großen. Das ist von Hilferding, Rosa Luxemburg und Lenin eindrucksvoll genug dargestellt worden. Nur in seinen politischen und ideologischen Erwartungen, in seiner Einschätzung der Reife der proletarischen Klasse hatte sich Marx verrechnet. Auf die während jener langen Depressionsperiode der »hungry eighties« herrschenden Verhältnisse werfen die von Lenin in seinem *Imperialismus* zitierten Bemerkungen von Cecil Rhodes zu Wickham Steed von 1895 ein so illuminierendes Schlaglicht, daß man versucht ist, sie von neuem anzuführen:

»Ich war gestern im Ostende von London (Arbeiterviertel) und besuchte eine Arbeitslosenversammlung. Und als ich nach den dort gehörten wilden Reden, die nur ein Schrei nach Brot waren, nach Hause ging, da war ich von der Wichtigkeit des Imperialismus mehr denn je überzeugt... Meine große Idee ist die Lösung des sozialen Problems... Wenn Sie den Bürgerkrieg nicht wollen, müssen Sie Imperialisten werden.«[7]

Da die Möglichkeiten der frontalen Beseitigung des Kapitalismus auf dem revolutionären Wege in jener Periode ungenutzt verstrichen sind, kam die zweitgenannte Perspektive zum Zug, die Erschließung neuer Ausbeutungsmöglichkeiten nicht nur im außerkapitalistischen, sondern im innerkapitalistischen Raum, durch die Methoden der mechanisierten Massenproduktion, welche F. W. Taylor, übrigens im gleichen Jahre 1895, seinen Zuhörern als »a partial solution of the labor problem« empfahl. Natürlich stellen sich die beiden Wege nur an ihrem Ausgangspunkt als gesonderte Perspektiven dar, im weiteren Verlauf verwachsen sie in

7 Lenin, *Ausgewählte Werke*, Dietz, Berlin 1964, Bd. I, S. 830

eins. Auch die anfänglichen imperialistischen Vormächte, wie England, Frankreich, Belgien, führten, wenn auch mit einiger Verspätung, die Methoden der mechanisierten Massenproduktion in ihren Industrien ein, und die Vereinigten Staaten wurden in der Nachwirkung ihrer überlegenen Produktionsmethoden zur beherrschenden imperialistischen Weltmacht. Auf beiden Wegen wurden wesentliche Teile der Arbeiterschaft von der revolutionären zur reformistischen Einstellung gelenkt, gegen die Lenins ganzes Bemühen gerichtet war. Seine Analysen waren, wie vorher schon diejenigen Hilferdings und Rosa Luxemburgs, vornehmlich auf die äußere Expansion des Kapitalismus, den Imperialismus, gerichtet und sehr viel weniger auf die Transformationen, welche die Änderungen im Arbeitsprozeß im Innern der kapitalistischen Produktionsweise erzeugten. Gewiß vollzog sich diese Transformation langsamer und in der mehr untergründigen Art struktureller Veränderungen, es ist aber die Frage, welche von beiden die tiefergreifenden Wirkungen für die Verwandlung der Gesellschaftsformation hervorgerufen hat. Die unvermeidliche Dialektik von Produktivkräften und Produktionsverhältnissen, die sich in den achtziger und neunziger Jahren den offenen revolutionären Durchbruch nicht schuf, hat sich innerhalb des verbleibenden Systems fortgesetzt als die stumme Dialektik zwischen Vergesellschaftung der Arbeit und privater Appropriation, wie Wasser, dem man den direkten Zugang versperrt, seinen Weg durch das Gemäuer findet. Für die Verfolgung dieser strukturellen Dialektik hat die erweiterte Warenanalyse des ersten Teils uns spezifische Begriffsmittel geliefert.

6. Betriebsökonomie und vergesellschaftete Arbeit bei Marx

Lenin bezeichnet den Monopolkapitalismus als die »Übergangsform des kapitalistischen Systems zu einer höheren gesellschaftlichen Ordnung«. »Die Frage stellt sich natürlich: zu welcher neuen Ordnung führt diese kapitalistische Übergangsform? Aber die bürgerlichen Theoretiker scheuen sich, diese Frage zu stellen.« Dieselbe Frage stellt sich für das neuartige Phänomen der »Betriebsökonomie«, die, von F. W. Taylor und seinen Mitarbeitern H. L. Gannt, Gilbreth u. a. um die Jahrhundertwende begründet und seitdem ständig wachsend, heute als »managerial economics« mit ihren Methoden des »linear programming« an Bedeutung die traditionelle Marktökonomie in zunehmendem Maß zu überflügeln scheint. Auch hier haben wir ein Übergangsphänomen mit einem schwer definierbaren Endresultat, schwer definierbar vor allem in seiner Endwirkung auf die Gesellschaftsformation als ganze. Hier aber können wir direkt auf Marx rekurrieren, der die Erscheinungen, die in bürgerlichen Begriffen als moderne Neuerungen auftauchen, auf Hunderten von Seiten des ersten sowohl als auch des dritten Bandes des *Kapital* behandelt hat. Hier präsentieren sich die entsprechenden Phänomene unter dem Titel der »Produktion des relativen Mehrwerts«.

Seiner Analyse legt Marx die Unterscheidung der kapitalistischen Produktion als Verwertungsprozeß und als Arbeitsprozeß zugrunde, also gesellschaftlich-synthetische Aneignung und Arbeit. Die kapitalistische Produktion findet statt nach Gesetzen nicht der Produktion, sondern des Austauschs, aber der gesellschaftliche Austausch hat den Inhalt nicht des Austauschs, sondern der Produktion. Diese Identifikation von Aneignung mit Arbeit, Arbeit mit Aneignung hat Marx als die Wurzel der Ausbeutung aufgewiesen durch die Unterscheidung zwischen Arbeit und Arbeitskraft und die funktionelle Scheidung der Arbeit in notwendige Arbeit und Mehrarbeit. Und kraft der Dialektik dieser Identifizierung macht die kapitalistische Produktion ihre rastlose Entwicklung durch von den ersten Formen der einfachen Kooperation in der vormaschinellen »Manufaktur« bis zur großen modernen Industrie. Diese Entwicklung hat Marx in unvergleichlicher Analyse durchverfolgt bis zu ihrem logischen Endstadium im vollmechanisierten kontinuierlichen Produktionsbetrieb:

»Als gegliedertes System von Arbeitsmaschinen, die ihre Bewegung nur vermittelst der Transmissionsmaschinerie von einem zentralen Automaten empfangen, besitzt der Maschinenbetrieb seine entwickeltste Gestalt.« (I. Bd., S. 402)

»Die kombinierte Arbeitsmaschine, jetzt ein gegliedertes System von verschiedenartigen einzelnen Arbeitsmaschinen und von Gruppen derselben, ist um so vollkommener, je kontinuierlicher ihr Gesamtprozeß, d. h. mit je weniger Unterbrechung das Rohmaterial von seiner ersten Phase zu seiner letzten übergeht, je mehr also statt der Menschenhand der Mechanismus selbst es von einer Produktionsphase in die andre befördert. Wenn in der Manufaktur die Isolierung der Sonderprozesse ein durch die Teilung der Arbeit selbst gegebenes Prinzip ist, so herrscht dagegen in der entwickelten Fabrik die Kontinuität der Sonderprozesse.« (ibid., S. 401)

Hier ist also das Entwicklungsziel der kapitalistischen Produktion schon vor hundert Jahren als kontinuierlicher Prozeß verstanden. Aber nicht nur das. Was sich der von Marx immer wieder angeprangerten »Begriffslosigkeit« des bürgerlichen Denkens und seines Empirismus gänzlich entzieht, wird im Anfang des dritten Bandes im Rückblick auf diese Analysen im ersten ausgesprochen:

»Wie bereits bei Darstellung der Kooperation, der Teilung der Arbeit und der Maschinerie hervorgehoben, entspringt die Ökonomie in den Produktionsbedingungen, welche die Produktion auf großer Stufenleiter charakterisiert, wesentlich daraus, daß diese Bedingungen als Bedingungen gesellschaftlicher, gesellschaftlich kombinierter Arbeit, also als gesellschaftliche Bedingung der Arbeit fungieren. Sie werden gemeinsam im Produktionsprozeß konsumiert, vom Gesamtarbeiter, statt in zersplitterter Form von einer Masse unzusammenhängender oder höchstens auf kleinem Maßstab unmittelbar kooperierender Arbeiter... Diese ganze Ökonomie, die aus der Konzentration der Produktionsmittel und ihrer massenhaften Anwendung entspringt, setzt... als wesentliche Bedingung die Anhäufung und das Zusammenwirken der Arbeiter voraus, also gesellschaftliche Kombination der Arbeit. Sie entspringt daher ebensogut aus dem gesellschaftlichen Charakter der Arbeit, wie der Mehrwert aus der Mehrarbeit jedes einzelnen Arbeiters, für sich betrachtet.[8] Selbst die beständigen Verbesserungen, die hier möglich und notwendig sind, entspringen einzig und allein aus den gesellschaftlichen Erfahrungen und Beobachtungen, welche die Produktion des auf großer Stufenleiter kombinierten Gesamtarbeiters gewährt und erlaubt.« (III. Bd., S. 89 im Kap. »Ökonomie in der Anwendung des konstanten Kapitals«)

Was mit solchem Nachdruck hier hervorgehoben wird, das ist nun in der Tat der Springpunkt zum Verständnis der ganzen Entwicklung des jetzigen Spätkapitalismus: durch die Dialektik von Aneignungsprozeß und Arbeitsprozeß vollzieht sich die Entwicklung der kapitalistischen Produktion als Prozeß ständig zunehmender Vergesellschaftung der Arbeit, der Vergesellschaftung der Arbeit auf ständig wachsender Stufenleiter. Das hat Marx mit einzigartigem Scharfblick gesehen. Was er aber nicht gesehen hat und nicht hat sehen können, das ist die strukturelle Vollendung dieses Vergesellschaftungsprozesses der Arbeit, der Schritt zur strukturell vollvergesellschafteten Arbeit. Das ist das Neue, was seit Marx eingetreten ist und wodurch ein neuartiges Formprinzip der möglichen Synthesis der Vergesellschaftung ins Dasein gekommen ist. Diesem Phänomen und seinem Nachweis hat deshalb nun unsere Hauptbemühung zu gelten.

[8] Zu diesem letzteren Punkte wird weiter unten noch Wesentliches zu sagen sein.

7. Der Taylorismus

Die entscheidende Neuerung, der Schritt zur Vollvergesellschaftung der Arbeit ist im Taylorismus enthalten. Es kommt darauf an, die strukturelle Bedeutung zu erfassen, die sich in seiner Erscheinungsweise verbirgt. Stellen wir aus Taylors Schriften einige der wesentlichen Elemente zusammen. Zunächst aus dem Hauptwerk, *The Art of Cutting Metals,* 1906 erschienen, worin die Funktion der Leistung von F. W. Taylor als Instrument der Ausbeutung und Waffe des Klassenkampfes des Kapitals gegen die Arbeiter mit unverhohlener Deutlichkeit hervortritt.

»In the fall of 1880, the machinists in the small machine shop of the Midvale Steel Company, Philadelphia, most of whom were working on piecework in machining locomotive tires, car axles, and miscellaneous forgings, had combined to do only a certain number of pieces per day on each type of work. The writer, who was the newly appointed foreman of the shop, realised that it was possible for the men to do in all cases much more work per day than they were accomplishing. He found, however, that his efforts to get the men to increase their output were blocked by the fact that his knowledge of just what combination of depth of cut, feed and cutting speed would in each case do the work in the shortest time, was much less accurate than that of the machinists who were combined against him. His conviction that the men were not doing half as much as they should do, however, was so strong that he obtained permission of the management to make a series of experiments to investigate the laws of cutting metals with a view to obtaining a knowledge at least equal to that of the combined machinists who were under him. He expected that these experiments would last not longer than six months.« (§ 7) – Statt der sechs Monate, die er erwartet hatte, haben seine Untersuchun-

gen freilich sechsundzwanzig Jahre in Anspruch genommen.
»A study of the recommendations made throughout this paper will illustrate the fact that we propose to take all of the important decisions and planning which vitally affect the output of the shop out of the hands of the workmen, and centralize them in a few men, each of whom is especially trained in the art of making those decisions and in seeing that they are carried out, each man having his own particular function in which he is supreme, and not interfering with the functions of other men.« (§ 124) – Daher die Bezeichnung »functional foremanship« und »task management«, die Taylor für sein Konzept von Betriebsleitung wählt.

Unerachtet der zahlreichen wertvollen Entdeckungen, die Taylor im Lauf seiner Experimente gelangen (Entdeckungen von Stahllegierungen von ungeahntem Härtegrad z. B., die bei ihrer ersten öffentlichen Demonstration auf der Pariser Weltausstellung von 1900 allgemeine Sensation erregten, und viele andere Verbesserungen und Neuerungen in der Metalltechnik), – unerachtet also der Ergiebigkeit dieser Experimente auf dem technischen Gebiet der Metallbearbeitung:

»We regard as of by far the greatest value that portion of our experiments and of our mathematical work which has resulted in the development of the ›slide rules‹ which enable the shop managers to fix a daily task with a definite time allowance for each workman who is running a machine tool, and to pay the men a bonus for rapid work.« (§ 51)

»The gain from these slide rules is far greater than that of all the other improvements combined, because it accomplishes the original object for which in 1880 the experiments were started; i. e., that of taking the control of the machine shop out of the hands of the many workmen, and placing it completely in the hands of the management, thus superceding the ›rule of thumb‹ by scientific control.« (§ 52) »...

under our system the workman is told minutely just what he is to do and how he is to do it; and any improvement which he makes upon the orders given him is fatal to success.« (§ 118)

Am Schluß seines Werkes betont Taylor, daß »he did not underestimate the difficulties of and resistance to using the slide rules. He would add, however, that he looks upon task management as of such great moment, both to the workmen in raising their wages and rendering strikes and labor troubles unnecessary and to the manufacturers in increasing and cheapening output«, – daß er den Rest seiner Tage darauf verwenden wolle, seinem Konzept von Betriebsführung zur praktischen Verwirklichung zu verhelfen. (§ 1197)

In seinem Buch über *Shop Management* (1903) bringt er den weiteren Gesichtspunkt zur Geltung, daß sein System »is aimed at establishing a clearcut and novel division of mental and manual labor throughout the workshops. It is based upon the precise time and motion study of each workman's job in isolation (! – S-R) and relegates the entire mental parts of the tasks in hand to the managerial staff« ... »working out minutely detailed job-cards which the workmen are left to follow out in the prescribed speed«, welche in der ferneren Entwicklung dieses Systems bald durch die Einführung des Fließbandes mechanisch erzwungen wurde in dem Arbeitstempo, das jeweils bestimmt wurde nicht durch Entscheidung seitens der Arbeiter, sondern seitens des Management.

8. Seine Modifikationen

Selbstredend ist bekannt, daß das Taylorsystem bei den Arbeitern noch viel intensiveren und entschlosseneren Widerstand ausgelöst hat, als Taylor selbst und seine Mitarbeiter erwartet hatten, und daß das System nur mit mehr oder minder erheblichen Modifikationen zur Durchführung gebracht werden konnte, durch welche die taufrische Schönheit der ursprünglichen Konzeption in mehr als einer Richtung Einbußen erlitt. Vor allem mußte dem »Faktor Mensch« Rechnung getragen werden, für den Taylor allzuwenig Rücksicht kannte. Es erwies sich, daß der Lohnsklave mit all seinen physiologischen und psychologischen Unebenheiten sich doch der mathematischen Gradheit und Erfolgslogik der in der »American Society of Mechanical Engineers« gängigen Denkweise nicht ohne Umwege ein- und unterordnen ließ. Dadurch wurden allerlei auf den »Menschen« bezügliche Wissenschaften nötig, mit denen Taylors »Scientific Management« versetzt werden mußte. Aber je mehr Versatz das System sich zu seiner Korrektur gefallen lassen mußte, um so »wissenschaftlicher« wurde der moderne Arbeitsprozeß, um so fremder den Arbeitern selbst, um so genehmer den Betriebsleitungen, die sich im Glanze ihrer »Wissenschaftlichkeit« spiegeln. Ganze Bibliotheken von Literatur zur Betriebswissenschaft sind seit Taylors Arbeiten entstanden, und es würde Bände und eine Marxsche Arbeitskraft erfordern, all das hier in Rechnung zu stellen, was da an Nötigem und Überflüssigem, Richtigem und Falschem zusammengetragen worden ist. Statt dessen sollen hier nur die Prinzipien und Gesichtspunkte herausgehoben werden, nach denen eine marxistische Kritik der modernen bürgerlichen Betriebswissenschaft oder kapitalistischen Betriebsökonomie zu unternehmen wäre, die der Intention nach der Marxschen *Kritik der politischen Ökonomie*, nämlich der Kritik der kapitalistischen Marktökonomie in ihrer klassischen Form, an die Seite zu treten hätte.

Zuvörderst muß der vielfach verbreiteten Vorstellung entgegengetreten werden, daß das Taylorsystem kraft all der auf es und gegen es angewandten Wissenschaft längst nicht mehr existiere, daß es vielmehr völlig überwunden worden und überhaupt verschwunden sei. In Wahrheit ist das Taylorsystem von all den neuerfundenen Disziplinen der modernen Produktivitätshetze keineswegs erledigt, sondern im Gegenteil erst richtig praktizierbar gemacht worden. Auch seine Antreibernatur ist ihm nicht abhanden gekommen, vielmehr ist sie nur dauerhafter und wirksamer geworden. Wir werden es uns daher nicht nehmen lassen, die Gesamtheit der modernen Produktionsmethoden auch weiterhin unter dem Namen »Taylorsystem« zu begreifen, da wir nämlich auf die Grundform und Urschrift nur deshalb zurückgegriffen haben, weil die Wesenszüge der Sache darin ungeachtet aller späteren Verbrämungen in unverfälschter Deutlichkeit hervortreten. Das ist um so wichtiger, weil diese Wesenszüge des Systems mit seiner kapitalistischen Antreibernatur keineswegs identisch sind. Selbstredend hat der Taylorismus als Frucht des Kapitalismus nur entstehen, aus dem Schoße der kapitalistischen Produktionsweise nur entspringen und sich zur herrschenden Form des kapitalistischen Arbeitsprozesses auswachsen können, weil er sich als intensivere und profitlichere Ausbeutungsmethode der Arbeitskraft anbot als irgendeine frühere. Diese Funktion des kontinuierlichen Arbeitsprozesses im Dienste der kapitalistischen Ausbeutung ist in der Tat so vordringlich, daß sie bisher jede formkritische, eigentlich marxistische Analyse des Phänomens überschattet hat. Sie hat vor allem die Einsicht verhindert, daß wir hier in extrem paradoxer Verkleidung die Formen der Vollvergesellschaftung der Arbeit vor uns haben und damit die potentielle Basis, den »materiellen Unterbau« einer sozialistischen Produktionsweise.

9. Taylorismus und Arbeitsentfremdung

Wodurch die verkehrte und verdeckende Erscheinungsweise verursacht wird, ist klar aus unserem Zitat aus den §§ 51

und 52 des Taylorschen Hauptwerks zu ersehen. Darin erklärt Taylor, daß der leitende Gedanke seiner betriebsorganisatorischen Konzeption darin besteht, »to take all the important decisions and planning which vitally affect the output of the shop out of the hands of the many workmen and centralize them in a few men, each of whom is especially trained in the art of making those desicions etc.« Den Arbeitern soll also nichts gelassen werden als die bare manuelle Arbeit, während sämtliche Funktionen, auf die sich die Vergesellschaftung ihrer Arbeit gründet, nämlich deren Kombination zum Ganzen eines durchmechanisierten Produktionsprozesses, den Arbeitern entzogen und von der hierarchisch gegliederten spezialisierten Bürokratie der Betriebsleitung im Dienste des Kapitals usurpiert wird. In dieser Usurpation kommt mit der Vergesellschaftung der Arbeit zugleich ihre Entfremdung zur Vollendung. Die Ursache der Entfremdung ist bei Marx nachzulesen:
»Eigentümer seiner Arbeitskraft ist der Arbeiter, solange er als Verkäufer derselben mit dem Kapitalisten marktet, und er kann nur verkaufen, was er besitzt, seine individuelle, vereinzelte Arbeitskraft.« Wenn der Kapitalist 100 Arbeitskräfte kauft und sie nach dem Stande der Produktivkräfte als kombinierten Gesamtarbeiter beschäftigt, so ändert sich dadurch das gesellschaftliche Produktionsverhältnis in keiner Weise, solange der Kapitalist Eigentümer der Produktivkräfte ist. »Der Kapitalist zahlt daher den Wert der 100 selbständigen Arbeitskräfte, aber er zahlt nicht die kombinierte Arbeitskraft der Hundert. Als unabhängige Personen sind die Arbeiter Vereinzelte, die in ein Verhältnis zu demselben Kapitalisten, aber nicht zueinander treten. Ihre Kooperation beginnt erst im Arbeitsprozeß, aber im Arbeitsprozeß haben sie bereits aufgehört, sich selbst zu gehören. Mit dem Eintritt in denselben sind sie dem Kapital einverleibt ... Die Produktivkraft, die der Arbeiter als gesellschaftlicher Arbeiter entwickelt, ... erscheint ... als

Produktivkraft, die das Kapital von Natur besitzt, als seine immanente Produktivkraft.« (*Kapital*, I. Bd., S. 352) »Wie die durch die Kooperation entwickelte gesellschaftliche Produktivkraft der Arbeit als Produktivkraft des Kapitals erscheint, so die Kooperation selbst als eine spezifische Form des kapitalistischen Produktionsprozesses im Gegensatz zum Produktionsprozeß vereinzelter unabhängiger Arbeiter oder auch Kleinmeister... Diese Veränderung geht naturwüchsig vor sich. Ihre Voraussetzung, gleichzeitige Beschäftigung einer größeren Anzahl von Lohnarbeitern in demselben Arbeitsprozeß, bildet den Ausgangspunkt der kapitalistischen Produktion.« (ibid., S. 354)

Die Entfremdung der Vergesellschaftung und gesellschaftlichen Produktivkraft ihrer Arbeit für die Arbeiter ist also im kapitalistischen Produktionsverhältnis selbst verwurzelt und dieses selbst vom Entwicklungsstand der Produktivkräfte bedingt. Sie ist mit dem Kauf und Verkauf der Ware Arbeitskraft verknüpft, d. h. mit der Institution moderner Lohnarbeit, welche Arbeitsleistung um individueller und materieller Anreize willen unterstellt.

10. Dialektik der Arbeitsentfremdung

Dieser von Marx gekennzeichnete Stand der Entfremdung der Vergesellschaftung der Arbeit nimmt indessen im Gefolge des Taylorismus neue Wesenszüge an, die es bewirken, daß die Entfremdung sich nicht nur vollendet, sondern in ihrer Vollendung zugleich durchsichtig wird für die direkten Produzenten, zu denen heute neben den Handarbeitern die Produktionsingenieure und Techniker, die Technologen und Wissenschaftler und nicht zuletzt auch deren Nachwuchs, also die Studenten, zu rechnen sind. Für Marx stellt sich der Prozeß der zunehmenden Vergesellschaftung der Arbeit als Wirkung der vom Konkurrenzkampf erzwungenen unablässigen technologischen Revolutionierung des Produktionsprozesses dar, also vor allem als Wirkung der Entwicklung der materiellen Produktionsmittel und der zunehmenden Ausschaltung menschlicher Arbeit durch Maschinenarbeit. »Die Produktivität der Maschine mißt sich (daher) an dem Grad, worin sie menschliche Arbeitskraft ersetzt« (ibid., S. 412). Im Taylorismus hingegen erfaßt die Produktivitätstechnik die menschliche Arbeit als solche, also die Arbeit, wofern sie im Produktionsprozeß verbleibt. Hier erfährt die menschliche Arbeitskraft daher die Vergesellschaftung der Arbeit an ihrem eigenen Leibe. Die Entfremdung dieser Vergesellschaftung der Arbeit durch das »functional management« gestattet darum die Bezeichnung als Usurpation, für welche die soeben zitierten Sätze von Marx keinen Raum lassen. Eine Usurpation kann aufgehoben, der Usurpator ausgeschaltet werden, die direkten Produzenten könnten selbst die Vergesellschaftung ihrer Arbeit übernehmen, zu deren Trägern und gesellschaftlichem Subjekt werden. Mit einem Wort: die gesellschaftlichen Produktionsverhältnisse können grundlegend verändert werden auf dem Boden des jetzt gegebenen Entwicklungsstandes der materiellen Produktivkräfte. Diese Möglichkeiten hängen an dem neuartigen Wesenszug des Taylorismus, genauer an dem darin enthaltenen qualitativen Schritt von der graduellen Vergesellschaftung zur Vollvergesellschaftung der Arbeit, einem strukturellen Entwicklungsschritt, der von Marx mit all seinem phänomenalen Vorausblick gleichwohl nicht *der Form nach* antipiziert worden war.

11. Time and motion study

Daß aber im Taylorismus die formelle Vollvergesellschaftung der Arbeit zur Tatsache geworden ist, ist bisher nicht mehr als unsere bloße Behauptung. Um für sie den

unerläßlichen Nachweis zu führen, haben wir uns der theoretischen und praktischen Grundlage zuzuwenden, auf welcher das ganze Taylorsystem fußt: dem time and motion study.
»What the writer wishes particularly to emphasize is that this whole system rests upon accurate and scientific study of unit times, which is by far the most important element in scientific management.«[9]
Eine ausführliche Darstellung und kritische Analyse des time and motion study würde an dieser Stelle unverhältnismäßig viel Raum und Zeit in Anspruch nehmen. Es mag genügen, die hauptsächlichen Ergebnisse zusammenzufassen: Den Schlüssel zum kontinuierlichen Arbeitsprozeß bildet das timing der Arbeit, die Zeitnahme oder, wie wir vorziehen zu sagen, die Zeitmessung der Arbeitsverrichtungen. Das motion study oder die Verrichtungsanalyse der Arbeit ist aber ihre Voraussetzung. Deren Ziel ist, die rationellste Form jeder Arbeitsverrichtung aufzufinden, wobei die Gesichtspunkte, nach denen die Form einer Arbeitsfunktion als »rationell« gilt, weite Möglichkeiten offen lassen. Bei Taylor waren sie der maximale Leistungserfolg bei minimalem Zeitaufwand, also das höchsterreichbare Maß der Auspressung von Mehrarbeit für den Kapitalisten. Aber was rationell für den Kapitalisten, ist nicht rationell für die Arbeiter und direkten Produzenten, die ihre eigenen Gesichtspunkte geltend machen können, wenn sie Herren der Produktion geworden sind. Offen steht auch die Frage, in welchem Sinne das time and motion study jeder Arbeitsverrichtung »in strict isolation« vorzunehmen ist. Für Taylor bedeutet die Isolation nicht nur die in der Tat essentielle Isolierung der Arbeitsfunktion als Gegenstand der Analyse, sondern auch die Isolation des sie verrichtenden Arbeiters von den übrigen Arbeitern, weil die Taylorsche Analyse mit der Lohnfixierung für den Arbeiter verknüpft ist. Wir

[9] *Shop management*, S. 58

erinnern an die Stellen bei Marx, die in diesem Zusammenhang relevant sind.[10] Diese Verknüpfung würde indes bei veränderten Produktionsverhältnissen fortfallen oder zum mindesten ihre »Stringenz« verlieren, selbst wo materielle Anreize weiterhin dominieren. In allen Fällen handelt es sich aber um Arbeitsverrichtungen an Maschinen, um die Anpassung der menschlichen Verrichtung an die Maschinenfunktion und die Einfügung in einen operativen Gesamtzusammenhang von maschinellen Prozessen. Und dies macht die präzise Zeitmessung der rationell gemachten Arbeitsverrichtung zur gesellschaftlichen Notwendigkeit.

12. Maßeinheit von Menschen- und Maschinenarbeit

Diese Zeitmessung hat zum Ziel, jede Arbeitsverrichtung so ins Werk zu setzen, daß sich eine *Maßeinheit*[11] *zwischen menschlicher Funktion und maschineller Funktion* ergibt. Diese Maßeinheit ist das operative Prinzip des modernen kontinuierlichen Produktionsprozesses. In ihr verwirklicht sich »die Ökonomie der Zeit, darein sich«, nach Marxens Worten, »schließlich alle Ökonomie auflöst« (*Grundrisse*, S. 89). Sie beherrscht nicht nur die Fließarbeit der modernen mechanisierten Massenproduktion, sie ist ebenfalls Voraussetzung streckenweiser Automatisierung von Produktionsprozessen, Vorbedingung der Einfügung automatisierter Produktionsstrecken in größere Gesamtprozesse der Produktion, schließlich also in die gesellschaftliche Gesamtproduktion als ganzer. Der von Marx metaphorisch beschworene »gesellschaftliche Gesamtarbeiter« ist hier zur mathematisch berechenbaren Struktur geworden.

---

10 Band I, S. 341 (»In der Wertproduktion zählen Viele immer nur als viele Einzelne«), daneben S. 352, 492 und Band III, S. 89.
11 Der Begriff »Maßeinheit« wird hier im Sinne von Kommensurabilität gebraucht *(unity of measurement* im Englischen, nicht *measuring unit).*

13. Vollvergesellschaftung der Arbeit

Diese Maßeinheit zwischen menschlicher Funktion und maschineller Funktion im Produktionsprozeß ist es nun auch, die sich gleichsam von selbst als das Prinzip der Vollvergesellschaftung der Arbeit definiert. Die Funktion der Maschinerie im modernen Produktionsbetrieb entspricht den Berechnungen wissenschaftlicher Technologie, den Berechnungen also dessen, was sich uns im ersten Teil als universell vergesellschaftetes Denken ergab. Kraft ihrer operativen Maßeinheit mit den maschinellen Funktionen ist also die manuelle Arbeit im kontinuierlichen Arbeitsprozeß in einem Grade vergesellschaftet, der die Niveaugleichheit mit der wissenschaftlichen Denkform herzustellen gestattet. Die intellektuelle Arbeit in den Naturwissenschaften und die physischen Funktionen im Produktionsprozeß befinden sich auf homologem Niveau der Vergesellschaftung. Die genannte operative Maßeinheit, in welcher dieser fundamentale Tatbestand sich ausdrückt, postuliert die Möglichkeit der gesellschaftlichen Einheit von manueller und intellektueller Arbeit. Die Verwirklichung dieses Postulats hängt davon ab, ob diese operative Maßeinheit erstens zum tragenden Prinzip einer auf den Arbeitsprozeß gegründeten gesellschaftlichen Synthesis taugt, und zweitens, ob eine solche klassenlose Gesellschaftsformation geschichtlich herbeigeführt werden kann. Beides ist zu bejahen.

14. Formgesetz moderner klassenloser Vergesellschaftung

Was die Tauglichkeit betrifft, so kann dieselbe wohl kaum ernstlich in Zweifel gestellt werden. Ein gemäß der operativen Maßeinheit seiner menschlichen und seiner maschinellen Funktionen organisierter Betrieb arbeitet nach Funktionen der Einheit der Synthesis in der Zeit aller mannigfaltigen, den output affizierenden Vorgänge. Es sind dies dieselben Funktionen wie die der soeben nach Marx zitierten »Ökonomie der Zeit«.[12] Innerhalb eines solchen Betriebs weiß jeder einzelne Arbeiter an seinem Arbeitsplatz, ob er die hier verlangte Durchschnittsarbeit oder zuviel oder zuwenig Arbeit in der Zeiteinheit leistet. Für den einzelnen Betrieb ist das offenkundig. Dieselbe Maßgabe kann sich aber über eine ganze Industrie, ein ganzes System arbeitsteilig verbundener Werke erstrecken, und schließlich über das gesellschaftliche Produktionsganze, ohne daß es der marktökonomischen Vermittlung und des Umweges über das Wertgesetz bedürfte. Man erinnere sich, wie Marx in dem berühmten Brief an Kugelmann die gesellschaftlich notwendige Funktion des Wertgesetzes beschreibt:

»Daß jede Nation verrecken würde, die, ich will nicht sa-

---

12 Man erinnert sich an die Kantsche »transzendentale Analytik« und die dort im »Schematismus« gegebene Definition der Kategorien als »Funktionen der Einheit der Synthesis des Mannigfaltigen in der Zeit«. Diese Einheit ist die formgenetische Wurzel des reinen Verstandes. Sie ist auch die Keimform, aus der bei Hegel die dialektische Logik hervorgewachsen ist, d. h. die Logik der zeitgebundenen Wahrheit, die in ihrer Erfüllung die Veränderung ihrer Bedingungen nach sich zieht. Bei Hegel ist das die Wahrheit des Geistes, der sich um deswillen als »absolut« auffaßt. Es sollte aber die Wahrheit der Einheit der Geistesarbeit mit der Handarbeit sein, also die Wahrheit richtigen gesellschaftlichen Bewußtseins, das erst durch klassenlose Synthesis möglich werden kann, eine zeitgebundene und an kein Hegelsches Ende gelangende Wahrheit. — Im Grunde liegt der Unterschied zwischen der idealistischen und der materialistischen Konzeption der Synthesis bei dem Begriff des Mannigfaltigen«. Bei Kant ist dieser Begriff in der ganzen ihm gebührenden Unbestimmtheit stehengelassen, aber selbstredend bedeutet er für einen Idealisten immer nur das Mannigfaltige des Wissensstoffes, nie das der Arbeit. Dennoch gibt es Stellen bei Kant, wo auch dies durchleuchtet, z. B. wiederum im »Schematismus«, wo die Rede ist vom Mannigfaltigen als der »transzendentalen Materie aller Gegenstände als Dinge an sich«. Überhaupt ist bei Kant für die Realität der Arbeit und ihrer Welt als »Welt der Dinge an sich« Raum gelassen. Erst in der Immanenzphilosophie ergreift der Geist von allem Besitz.

gen für ein Jahr, sondern für ein paar Wochen die Arbeit einstellte, weiß jedes Kind. Ebenso weiß es, daß die verschiedenen Bedürfnissen entsprechenden Massen von Produkten verschiedene und quantitativ bestimmte Massen der gesellschaftlichen Gesamtarbeit erheischen. Daß diese *Notwendigkeit der Verteilung* der gesellschaftlichen Arbeit in bestimmten Proportionen durchaus nicht durch die *bestimmte Form* der gesellschaftlichen Produktion aufgehoben, sondern nur ihre *Erscheinungsweise* ändern kann, ist self evident. Naturgesetze können überhaupt nicht aufgehoben werden. Was sich in historisch verschiedenen Zuständen ändern kann, ist nur die *Form,* worin jene Gesetze sich durchsetzen. Und die Form, worin sich diese proportionelle Verteilung der Arbeit durchsetzt in einem Gesellschaftszustand, worin der Zusammenhang der gesellschaftlichen Arbeit sich als *Privataustausch* der individuellen Arbeitsprodukte geltend macht, ist eben der *Tauschwert* dieser Produkte.«[13]

Wo die »Gebrauchsgegenstände... Produkte voneinander unabhängig betriebner Privatarbeiten sind«,[14] müssen sie Objekte der privaten Appropriation werden und können sie die Notwendigkeit des von Marx bezogenen Naturgesetzes nur in Gemäßheit der Funktionen der kapitalistischen Marktökonomie erfüllen. »Die Wissenschaft besteht eben darin, zu entwickeln, *wie* das Wertgesetz sich durchsetzt«, fährt Marx nach den eben zitierten Sätzen fort, und etwas später fügt er noch hinzu:

»Der Witz der bürgerlichen Gesellschaft besteht ja eben darin, daß a priori keine bewußte, gesellschaftliche Regelung der Produktion stattfindet. Das Vernünftige und Naturnotwendige setzt sich nur als blindwirkender Durchschnitt durch.«

---

13 London, 11. Juli 1868. Alle Hervorhebungen von Marx selbst. Für entsprechende Stellen im *Kapital* vgl. III. Bd., S. 648 und 769/70.
14 I. Bd., S. 87

Heute aber werden die Gebrauchsgegenstände nicht mehr als »Produkte selbständiger und voneinander unabhängiger Privatarbeiten«[15] erzeugt, sondern als Produkte durchorganisierter gesellschaftlicher Arbeit, deren Vergesellschaftung eigene, notwendig bedingte Form angenommen hat, eine Form, welche direkte, im Arbeitsprozeß selbst enthaltene Maßgaben der verlangten »verschiedenen und quantitativ bestimmten Massen der gesellschaftlichen Gesamtarbeit« liefert. Sie ist daher die Formgrundlage einer neuen gesellschaftlichen Ökonomie, die keine Marktökonomie mehr sein kann und sich mit der noch bestehenden Marktökonomie nicht mehr verträgt. Das neue bestimmende Formgesetz ist das Prinzip der operativen Maßeinheit der im Produktionsprozeß nötigen menschlichen Tätigkeit mit den technischen Funktionen der angewandten materiellen Produktivkräfte. *Was* produziert werden soll, also die Wahl des gesellschaftlichen Verbrauchsprogramms, untersteht keiner ökonomischen Determination mehr, sondern ist Sache der freien Entscheidung der gesellschaftlich bestimmenden Mächte. Aber ist dieses Programm einmal gesetzt, so muß der dafür erforderliche gesellschaftliche Produktionsprozeß als zusammenhängendes Ganzes nach Maßgabe der beiden unabhängigen Variablen, deren Maßeinheit sein leitendes Gesetz ausmacht, intellektuell determinierbar sein. Diese Variablen sind einmal der »gesellschaftliche Gesamtarbeiter«, um uns dieses Marxschen Ausdrucks zu bedienen, da er jetzt, wie schon bemerkt, seinen bloß metaphorischen Charakter verliert und zur berechenbaren Größe zu werden verspricht, als Gesamtheit aller zeitbemessenen menschlichen Arbeitsfunktionen; und zum anderen die Technologie der anzuwendenden Produktivkräfte.

---

15 I. Bd., S. 57

15. Gesellschaftliche Einheit von Kopf und Hand und die »neue Logik«

Hier nun, in Anbetracht dieser zweiten unabhängigen Variablen, stoßen wir auf das früher bereits erwähnte, in der vorgenannten operativen Maßeinheit enthaltene Postulat der Einheit der manuellen Produktionstätigkeit und der reinen wissenschaftlichen Kopfarbeit, welche die moderne Technologie unterstellt. Wir haben beständig betont, daß die Maßeinheit beider im modernen kontinuierlichen Arbeitsprozeß ein *operatives* Formprinzip ist, welches also nicht etwa als ein logisches Gesetz bloßen Denkens, sondern als raumzeitliche Realität wirksam ist, als Formprinzip des gesellschaftlichen Seins moderner Art.[16] Es wäre also ungenügend, in der gesellschaftlichen Produktionsplanung die theoretischen Wissenschaften nach einer Logik einzusetzen, die inkommensurabel wäre zu den Formen der Zeitbemessung physischer Tätigkeit, und in diese begrifflich unübersetzbar wäre. Es bildet für die gesellschaftliche Planung vielmehr eine Bedingung der Möglichkeit, und zwar von der Art, die in der Kantschen Redeweise »transzendental« heißt, daß es eine Logik gibt, die für beide, die manuelle Arbeit und die theoretische Naturwissenschaft, gemeinsam gilt. Diese Annahme entspricht dem, was nach den Resultaten unseres ersten Teils zu erwarten steht. Denn dort ergab sich, daß die Grundformen des Denkens durch die gesellschaftlich-synthetischen Funktionen der jeweils herrschenden Verkehrsweise bestimmt sind. Dort war diese Verkehrsweise der Warenaustausch, und die determinierte Denkform war von der manuellen Arbeit unüberbrückbar geschieden. Jetzt hingegen haben wir es mit den potentiellen gesellschaftlich-synthetischen Funktionen des kontinuierlichen Arbeitsprozesses zu tun, Funktionen, die wir als die operative Maß-

16 Es mag erwähnt sein, daß dies schon in der Aufgabenstellung unserer Methode vorgesehen war (siehe S. 45).

einheit der manuellen und der technischen Vorgänge in diesem Prozeß definiert haben. Folglich würden wir daraus schließen, daß es eine Logik geben müßte, die von der der klassischen Naturwissenschaften verschieden ist und den Bedingungen der Möglichkeit gesellschaftlicher Produktionsplanung genügt. Welches diese Logik ist, übersteigt meine Kenntnis, aber es wäre fast unnatürlich, wenn ich nicht wenigstens Vermutungen darüber hegen würde. Von diesen Vermutungen erwarte ich nicht, daß sie jemanden überzeugen. Ich möchte sie lediglich zur Erwägung stellen, in der Hoffnung, daß ein Kompetenterer ihnen auf den Grund geht. Meine Vermutungen beziehen sich auf die grundlegenden Arbeiten zur Logik, die von Bertrand Russell gemeinsam mit Alfred N. Whitehead geleistet worden sind. Ich möchte hier nur einige relevante Sätze zitieren, die sich auf den letzten Seiten von Bertrand Russells *History of Western Philosophy* finden:

»Neben der reinen Mathematik hat auch die Physik der Philosophie der logischen Analyse Material geliefert, und zwar besonders durch die Relativitätstheorie und die Quantenmechanik.

An der Relativitätstheorie ist für den Philosophen von Bedeutung, daß Raum und Zeit durch die Raum-Zeit ersetzt werden. Der gesunde Menschenverstand stellt sich die physische Welt aus ›Dingen‹ bestehend vor, die sich während eines bestimmten Zeitabschnitts erhalten und im Raum bewegen. Philosophie und Physik entwickelten den Begriff ›Ding‹ zum Begriff ›materielle Substanz‹ und glaubten, die materielle Substanz bestehe aus jeweils sehr kleinen, permanenten Teilchen.[17] Einstein ersetzte diese Teilchen durch

---

[17] Die beiden letzten Sätze entsprechen genau der Stelle (S. 630) desselben Werkes, die wir oben S. 84, Fn. 19, zitiert haben. Die auf dem Bewegungsschema der Tauschabstraktion fußende Denkform wird hier von Russell mit dem »common sense« identifiziert. Das mag man akzeptieren oder in solcher Allgemeinheit für recht fragwürdig halten, das Eine steht fest, daß der Fortschritt zu einer neuen Logik nur aus Gründen

Ereignisse; jedes Ereignis hat zu einem anderen eine Beziehung, das sogenannte ›Intervall‹, das sich nach verschiedenen Möglichkeiten in ein Zeit-Element und ein Raum-Element zerlegen läßt. Die Wahl zwischen diesen verschiedenen Möglichkeiten ist willkürlich; keine kann theoretisch für besser erklärt werden als die andere. Sind zwei Ereignisse A und B in verschiedenen Regionen gegeben, so kann es vorkommen, daß sie nach *einer* Übereinkunft als gleichzeitig gelten, während nach einer anderen A früher ist als B und nach einer dritten B früher ist als A. Kein physikalisches Faktum entspricht diesen verschiedenen Übereinkünften.

Aus alledem scheint hervorzugehen, daß Ereignisse, nicht Teilchen, der ›Stoff‹ der Physik sind. Was für ein Teilchen gehalten wurde, wird als eine Reihe von Ereignissen angesehen werden müssen. Die Reihe von Ereignissen, die ein Teilchen ersetzt, hat bestimmte wichtige physikalische Eigenschaften und verlangt daher unsere Aufmerksamkeit; sie besitzt jedoch nicht mehr Substantialität als eine beliebige andere Reihe von Ereignissen, die wir willkürlich herausgreifen können. So ist die ›Materie‹ nicht Teil des letzten Weltstoffes, vielmehr nur eine bequeme Methode, Ereignisse in Bündel zusammenzufassen. Dieser Schluß wird durch die Quantentheorie bestätigt; sie ist aber physikalisch vor allem deswegen wichtig, weil sie physikalische Erscheinungen für möglicherweise unzusammenhängend hält. Sie nimmt an, daß in einem Atom (im obigen Sinne) ein

---

der Logik und nicht aus Erwägungen geschichtlicher Unterschiede vollzogen werden kann. Wenn die Logik von Russell jetzt logischer ist als die Aristotelische, so war sie es immer schon, wenngleich sie früher niemandem in den Sinn gekommen ist und vielleicht gar nicht hat kommen können. Das macht die Zuordnung verschiedener Logiken zu verschiedenen historischen Produktionsweisen aber nicht hinfällig. Eine Logik, welche sich der Einheit mit der Handarbeit bequemt, muß logischer sein als eine, die die Scheidung voraussetzt, und dieser Unterschied im Verhältnis von Hand und Kopf ist fraglos historischer Natur.

bestimmter Zustand eine gewisse Zeit anhalte, um dann plötzlich durch einen begrenzten anderen Zustand abgelöst zu werden; die Stetigkeit der Bewegung, die immer vorausgesetzt wurde, scheint ein bloßes Vorurteil gewesen zu sein. Die der Quantentheorie entsprechende Philosophie ist jedoch noch nicht befriedigend entwickelt worden. Ich vermute, daß es dazu einer noch radikaleren Abkehr von den traditionellen Theorien von Raum und Zeit bedarf, als die Relativitätstheorie erfordert.«[18]

Aber mag sich nun die neue Logik von Russell und Whitehead als die einer zukünftigen gesellschaftlichen Produktionsweise bewähren oder nicht, es ist klar, daß, wie immer die Logik der operativen Maßeinheit von menschlichen und technischen Produktivfunktionen geartet sei, die Naturwissenschaften ihr subsumiert werden müssen und solche Subsumtion ihrerseits logisch zulassen müssen, damit sich der zweiten unabhängigen Variablen zu Zwecken gesamtgesellschaftlicher Produktionsplanung habhaft werden läßt. Daß sich mit der Erfüllung dieses Postulats das Wesen der modernen Naturwissenschaft und Technologie gegenüber dem heutigen Zustand verändern würde, liegt auf der Hand. Der heutige Zustand ist einer der Technokratie und technokratischen Denkweise. Die technokratische Denkweise wird durch unsere erweiterte Warenanalyse, nämlich durch den Nachweis der gesellschaftlich-synthetischen Genesis naturwissenschaftlicher Denkform aus den Angeln gehoben. Für die heutigen Naturwissenschaften selbst bedeutet der tatsächliche geschichtliche Zusammenhang der Dinge, daß sie

18 *History of Western Philosophy*, London 1946, S. 860 f.; zitiert nach der deutschen Übersetzung: *Philosophie des Abendlandes*, Zürich 1960, S. 687 f. – Von einem so gedrängten Text, der sich aus lauter theoretischen Abkürzungen zusammensetzt (bezogen auf Untersuchungen, die sich auf fast tausend Seiten erstrecken) lassen sich natürlich keine weitgehenden Schlüsse von irgendwelcher Sicherheit ableiten, zumal der Philosophie von Russell und Whitehead nichts ferner liegt als unsere Auffassungsweise der Dinge. Manche Begriffe wie Substantialität oder

durch ihre eigene Logik eines einsichtigen Bezuges auf den Gesellschaftsprozeß müssen fähig sein können. Es ist vollkommen richtig, wenn Marcuse denkt, daß die dem Kapitalismus eigentümliche und daher auch heute noch fortbestehende Disparatheit zwischen Naturwissenschaft und Ökonomie entweder auf die »Endlösung« für die gesamte Menschheit zutreibt oder ihre historische Auflösung erfahren muß.[19] In dieser Auflösung wäre beschlossen, daß überhaupt die Naturwissenschaften, ohne dadurch ihre Freiheit zu behindern, selbst Teil des Produktionsprozesses werden, ihr Verhältnis zur Produktion und zu den direkten Produzenten also verglichen mit dem jetzigen sich mit der Zeit gänzlich verwandeln würde.

Materie und Materialität schillern außerdem, wie sie hier stehen, in verwirrenden Bedeutungen und sind bestimmten Parteinahmen dienstbar gemacht ohne strikten Zusammenhang mit der Sache. Aber bemerkenswert erscheint besonders zweierlei: erstens der Rutsch von der materiellen Substanz zur Vorgangsreihe, und zweitens das veränderte Verhältnis beider zur Zeit, nicht nur wegen der Relativität der Zeitverhältnisse, sondern wegen der gedanklichen Untrennbarkeit des letztlichen Denkelementes von der Zeit überhaupt. Hier handelt es sich nicht mehr um Axiome, Relationen und Postulate a priori im Denken, also um »Kategorien« im Kantschen Sinne, die wir als Logik von Eigentumsbeziehungen und Eigentumsveränderungen (Aneignungen oder Täusche von gegebenen oder als gegeben unterstellbaren Arbeitsprodukten) verstehen, sondern um mögliche Figuren raumzeitlicher Realitäten, die als Modelle von Arbeitsprozessen gelten; sie sind anders als zu warenproduzierenden Gesellschaften gehörige kategoriale Schemata. – Das Element der Diskontinuität gehört mit dem der Unteilbarkeit zusammen und kommt im ganz Kleinen wie im ganz Großen vor. Aber die Logik ist die von Strukturen, die in ihrem Innern Kontinuität und Teilbarkeit besitzen und dementsprechend beherrschbar sind. – Indessen ist alles dies hier in der Fußnote Gesagte als bloße Konjektur zu verbuchen. Auch bezieht es sich nicht ausschließlich auf das Werk von A. N. Whitehead und B. Russell, sondern auf eine ganze Folge daran anschließender Entwicklungen.

19 Habermas, der in *Technik und Wissenschaft als »Ideologe«* Marcuse unrecht geben möchte, befindet sich damit im Widerspruch zu seinem eigenen Postulat einer »Erkenntnistheorie als Gesellschaftstheorie« im ersten Teil von *Erkenntnis und Interesse*.

16. Das Subjekt klassenloser Vergesellschaftung

Es ist nun aber an der Zeit, die Frage nach dem geschichtlichen Subjekt aufzuwerfen, das die hier umrissene gesellschaftliche Verwandlung durchzuführen imstande ist. Wir haben uns, blochisch zu reden, am Tische befunden, ohne uns nach dem Wirt umzusehen, der uns die Nahrung vorsetzen kann.

In den auf kapitalistischer Warenproduktion beruhenden Gesellschaften ist das Subjekt der gesellschaftlichen Synthesis die Klasse der Eigentümer an den Produktionsmitteln, die Bourgeoisie. Keine andere Klasse als sie könnte die geschichtlichen Notwendigkeiten unter den zugrundeliegenden materiellen Bedingungen zu kompetentem Vollzuge bringen. Welche Klasse die Rolle des geschichtlichen Subjekts zu übernehmen vermag, ist durch die Art der gesellschaftlichen Synthesis vorbestimmt. Wenn wir recht haben mit der Überzeugung, daß der moderne kontinuierliche Arbeitsprozeß die tragenden Elemente einer neuen gesellschaftlichen Synthesis enthält, so ist die unabweisbare Schlußfolgerung daraus die, daß nur die direkten Produzenten selbst die kompetenten Subjekte dieser Synthesis sein können. Im gegenwärtigen gesellschaftlichen Zustand dienen die Formen des Arbeitsprozesses aber nicht als Elemente einer gesellschaftlichen Synthesis. Sie befinden sich in den verkehrten Händen. Sie sind, in dem von Taylor begründeten und fast überall gängigen »scientific management«, den Arbeitern entzogen und von einer gesonderten funktionellen Betriebsbürokratie usurpiert worden. Hier dienen sie nicht der Herrschaft der Arbeiterklasse, sondern der Herrschaft über die Arbeiterklasse. Das entspricht der Logik der kapitalistischen Produktionsweise, aus der der moderne Arbeitsprozeß hervorgegangen ist. In den fortgeschrittenen kapitalistischen Ländern des Westens steht die Usurpatorenbürokratie im Dienst der kapitalistischen Profitinteressen. Ihre Tätigkeit und Position setzt also den Fortbestand der kapitalistischen Marktökonomie voraus, gleichgültig gegen die Tatsache, daß diese Ökonomie die gesellschaftliche Reproduktion nicht mehr zu bewerkstelligen vermag, sondern zur Produktion einer zunehmenden Proportion nicht-reproduktiver Werte zwingt. Da das moralische Gewissen, ökonomisch betrachtet, sich als Verantwortungsgefühl für den gesellschaftlichen Reproduktionsprozeß definieren läßt, macht diese Gleichgültigkeit die Usurpatorenbürokratie zum prädestinierten Träger faschistischer Diktatur in führenden kapitalistischen Ländern.[20] Sie war es, meiner Überzeugung nach, im virulenten Faschismus der Naziherrschaft mit ihrer totalen Umstellung der gesellschaftlichen Mehrproduktion auf die Erzeugung von Kriegsmaterialien, und sie ist es, wenigstens in latenter Weise, in dem seither endemisch gewordenen Rüstungskapitalismus des Westens, namentlich der USA.[21] Es versteht sich, daß der Fortbestand der kapitalistischen Marktökonomie die fällige und überfällige Geburt der neuen, auf den Arbeitsprozeß gegründeten gesellschaftlichen Synthesis zur Unmöglichkeit macht. Das Ergebnis ist, daß im Spätkapitalismus überhaupt kein effektives Regulativ der gesellschaftlichen Reproduktion vorhanden ist; die Marktökonomie versieht diese Funktion nicht mehr, weil die ökonomische Eigengesetzlichkeit moderner Produktionsstrukturen ihrer regulativen Gewalt spottet, und diese Eigengesetzlichkeit ihrerseits versieht die fehlende Funktion noch nicht, weil die private Profitwirtschaft sie hindert, ihr gesellschaftlich-synthetisches Potential auch nur zu mani-

20 Mit »Träger« ist hier die Führungsschicht der faschistischen Partei gemeint. Ob diese an die Macht kommt oder nicht, hängt indessen nicht von ihr selbst ab, sondern vom Monopolkapital. Die Dienstbarkeit der Usurpatorenbürokratie unterm Großkapital bleibt im politischen Feld gleich strikt wie im industriellen.
21 Vgl. neuerdings besonders Noam Chomsky, *Amerika und die neuen Mandarine*, Suhrkamp, Frankfurt 1969, und Ekkehart Krippendorff, *Die amerikanische Strategie*, Suhrkamp, Frankfurt 1970.

festieren, geschweige denn zu entfalten.[22] So sehr daher die Abschaffung der kapitalistischen Eigentumsrechte nach wie vor die unerläßlich notwendige Bedingung zur Lösung der Probleme der modernen Gesellschaft bleibt, ist sie doch für eine sozialistische Lösung in keiner Weise zureichend. Wenn die Abschaffung des kapitalitischen Privateigentums nur dazu führt, die Verfügung über die produktive Organisation auf die Usurpatorenbürokratie zu übertragen, so ist damit für den Sozialismus wenig gewonnen. Das ist die Einsicht, die der chinesischen Kritik am Sowjetregime zugrunde liegt.

17. Sozialismus und Bürokratie

Es muß vorweg Klarheit über die Selbstverständlichkeit herrschen, daß, solange eine formbedingte Scheidung zwischen intellektueller und physischer Tätigkeit im gesellschaftlichen Produktionsprozeß waltet, die Herrschaft nicht bei den Arbeitern liegen kann. Die Scheidung von geistiger und physischer Arbeit schließt in sich, daß die Träger der geistigen Tätigkeit die Befehlsgewalt über die Arbeiterschaft ausüben müssen. Unter »formbedingter Scheidung« ist hier wesensmäßige und geschichtlich notwendige Scheidung von Kopf und Hand verstanden, in erster Linie also Scheidung der Art, wie sie aus der Natur der gesellschaftlichen Synthesis, nämlich ihrer Trennung vom Arbeitsprozeß fließt. Dieselbe Konsequenz haftet jedoch auch an einer Scheidung, welche, obwohl sie keine wesensmäßige Notwendigkeit mehr besitzt, noch keine wirksame Liquidierung erfahren hat und also ihre geschichtliche Notwendigkeit überdauert.

---

[22] Diese Auffassung, daß die spätkapitalistische Ökonomie ihre reproduktive Kraft eingebüßt hat, ist der Grund, warum rein politisch-ökonomische Argumentationen auf diesen Seiten eine so geringe Rolle spielen. Ausschließlich ökonomisches Denken verliert auf dem Boden dieser Auffassung seine bindende Kraft.

Es muß auch verstanden werden, daß diese Liquidierung nicht gleichsam von selbst geschehen kann, daß sie vielmehr zu den sozialistischen Änderungen des geistigen Überbaus gehört, die mit Bewußtsein und mit genauem Verständnis der Bedingungen eingeleitet und durchgeführt werden müssen. Marxistisches Geschichtsverständnis, so groß seine politische Bedeutung für die Führung des Klassenkampfes um den Sozialismus, d. h. zur Beseitigung des Kapitalismus, immer sein mag, gewinnt seine volle konstitutive Bedeutung erst in der Verwirklichung des Sozialismus. Das gelegentlich gehörte Argument, daß eine bewußt herbeigeführte Änderung des Überbaus einem praktischen Geschichtsidealismus gleichkomme, weil die Bewußtseinsänderung nicht länger aus der Kausalität von materiellen Faktoren erwartet wird, übersieht den Zweck der geschichtsmaterialistischen Einsicht in die naturwüchsigen Kausalitäten, der darin besteht, dieselben durch bewußtes Handeln abzulösen. Dieser Zweck greift nirgends mit größerer Dringlichkeit Platz als in der Liquidierung der Fatalitäten, die sich an die gesonderte Stellung des Bewußtseins selbst, an seine Scheidung von der physischen Tätigkeit knüpfen. Diese Liquidierung ist einer der wesentlichen, ja auf lange Sicht wohl der wesentlichste Inhalt, ihr progressiver Erfolg das strikteste Kriterium der Diktatur des Proletariats und also des Maßes, in dem die direkte Produzentenschaft in ihre Subjektrolle für die Synthesis einer klassenlosen Gesellschaft eintritt und hineinwächst.

In ihrem konstitutiven Sinne verstanden, in dem sie die Verschmelzung von Wissenschaft und Produktion zum Inhalt hat, ist die Liquidation der Scheidung von Kopf und Hand ein so schwieriger, langwieriger und schrittweiser Prozeß, daß er sich heute noch kaum absehen läßt. Dieser Prozeß ist wohl, wie es auch Marx in der *Kritik des Gothaer Programms* verstanden hat, eine der strukturellen Vorbedingungen für »eine höhere Phase der kommunistischen Gesellschaft«, also für den Kommunismus im Unterschied vom Sozialismus. Von unmittelbarer Bedeutung für den Sozialismus ist die Liquidierung von weit untergeordneteren und näher gelegenen Scheidungen von intellektuellen und physischen Funktionen, darunter vor allem derjenigen, die F. W. Taylor mit solchem Nachdruck als Wesenszug seines Typs von scientific management herausgearbeitet hat. Diese »clearcut and novel division of mental and manual labor throughout the workshops« hat schon in den gegenwärtigen Formen des kapitalistischen Arbeitsprozesses viel von ihrer anfänglichen Schärfe verloren. Sie kann sich aber unter der Kapitalherrschaft nur modifizieren, jedoch unmöglich verlieren, weil an ihr die Usurpation der Vergesellschaftungsfunktionen der Arbeit durch das Kapital überhaupt hängt. So stringent es gilt, daß, solange die effektive Kontrolle über den Produktionsprozeß nicht bei den Arbeitern liegt, sie folglich von anderen ausgeübt werden muß, ebenso wahr ist die Umkehrung. Von Anfang an führte die Aneignung der Vergesellschaftungsfunktionen der Arbeit durch das »functional management« zur scharfen Unterteilung des management seinerseits in die buying, sales, planning, scheduling, progressing, wages, personnel departments etc., wo jede Sektion und innerhalb jeder Sektion jede Bürokraft die ihr zugewiesene genau begrenzte Aufgabe und Verantwortung hatte, so daß das Ganze als fügsame wohlorganisierte Verwaltungsmaschine den Interessen des Kapitals an der Maximierung der Profite genügen konnte. Funktionalisierung des Management und Bürokratisierung der modernen Produktion sind identische Prozesse. Deren unmittelbare kapitalistische Basis, ihre genetische Wurzel in der Entwicklungsgeschichte des Kapitalismus ist die Usurpation der Vergesellschaftungsfunktionen der Arbeit, und diese Usurpation hat zur Kehrseite die Beschränkung der Arbeitskräfte auf ihre bloße physische Tätigkeit und ihre Isolierung voneinander. Diese Isolierung hat wiederum den zweifachen

Aspekt, der dem Produktionsprozeß als Arbeitsprozeß und als Verwertungsprozeß des Kapitals entspricht. Taylor unterstreicht die Notwendigkeit des »precise time and motion study of each workman's job in isolation«, denn nur diese Praxis »relegates the entire mental parts of the tasks in hand to the managerial staff«. Diese Isolierung jeder Arbeitsverrichtung (und überhaupt jeglichen physischen Vorgangs) ist technische Notwendigkeit, sofern der Zweck die Organisierung der Produktion als Kontinuum der kürzesten Strecken ist, wohingegen die Übertragung der mit der Arbeit verbundenen geistigen Funktion auf eine gesonderte, vom Arbeiter verschiedene Person der Kapitalherrschaft über die Produktion dient. Zugleich dient das isolierte time and motion study der individuellen Arbeitsleistungen als Basis der Lohnberechnung. »Der Kapitalist zahlt ... den Wert der 100 selbständigen Arbeitskräfte, aber er zahlt nicht die kombinierte Arbeitskraft der Hundert.« »In der Wertproduktion zählen Viele immer nur als viele Einzelne.« Zum Verwertungsprozeß des Kapitals gehört die individuelle Lohnzahlung an den Arbeiter als individuelle Arbeitskraft. Das unmittelbare Interesse des Arbeiters seinerseits ist auf seinen individuellen Lohn beschränkt. Unter kapitalistischen Produktionsbedingungen haben diese Verhältnisse ihre wohlbekannte und unvermeidliche Notwendigkeit. Es ist aber von Wichtigkeit zu verstehen, daß dieselben Verhältnisse, auch wo sie nach der Beseitigung der kapitalistischen Eigentumsrechte fortbestehen, die Produktion an ihre kapitalistischen Bedingungen gekettet halten. Wo die Arbeiter oder direkten Produzenten als einzelne isolierte Arbeitskräfte im Produktionsprozeß agieren, ihre Arbeit also vorwiegend aus materiellen Antrieben leisten, bleibt die Scheidung zwischen ihren Individualfunktionen als bloßer physischer und den Vergesellschaftungsfunktionen als geistiger in Kraft, obwohl die Scheidung ihre kapitalistische Notwendigkeit verloren hat. Es bleibt ebenso in Kraft die Scheidung jedes Individuums als bloßen Produzenten innerhalb des Arbeitsprozesses und bloßen Konsumenten außerhalb desselben, wo er den Arbeitsprodukten als Waren auf dem Markt nach Maßgabe seiner persönlichen Kaufkraft gegenübertritt. Die Entfremdung der vergesellschafteten Arbeit von den Individuen, die sie leisten, d. h. ihre Beherrschung durch eine Bürokratenklasse, und der Warencharakter ihrer Produkte, also die Notwendigkeit einer Marktökonomie, sind nur zwei untrennbare Seiten desselben Sachverhalts. Die Ursache dieses Sachverhaltes und seine Definition ist aber letzten Endes darin zu finden, daß die Initiative fehlt, die nötig wäre, um die direkten Produzenten zum aktiven Subjekt der gesellschaftlichen Synthesis einer sozialistischen Ordnung zu machen. Denn einer der hervorstechendsten Unterschiede einer sozialistischen Ordnung von den vorangegangenen, auf Warenproduktion ruhenden Klassengesellschaften ist, daß sie sich nicht von selber macht, sondern einer zielbewußten und ununterbrochenen Revolution zu ihrer Herbeiführung bedarf.

Es ist von Interesse, in diesem Zusammenhang auf das Memorandum der Alexandra Kollontai über die »Arbeiter-Opposition« vom Beginn des Jahres 1921 zurückzugreifen, das als eines der Geheimdokumente aus der Frühgeschichte der bolschewistischen Revolution wenig zugänglich geblieben ist. Es schloß sich an die Zeit, in der die Stellung und die Rolle der Gewerkschaften in der kommunistischen Ökonomie und in der Industrialisierung zu den heftigsten Auseinandersetzungen innerhalb der Partei Anlaß gab. Wer sollte der Träger des kommunistischen Aufbaus und der Industrialisierung sein, fragte Kollontai, die Arbeiter oder die Fabrikdirektionen? Durch die Fabrikverfügungen von 1918, in denen von Lenin und der Parteileitung den Direktoren Alleinautorität und unbedingte Disziplinargewalt verliehen worden war, seien die Fabrikdirektionen gegen die Arbeiter gestellt worden. Auf dieser Basis werde man keine Grundlage für den Sozialismus schaffen, sondern eine staatliche, bürokratische Klassengesellschaft errichten. Die Macht über die Produktion gehöre den Arbeitern, das sei die substantielle kommunistische Klassenbasis der Revolution, die einzige Organisationsweise der Produktion in Übereinstimmung mit den vor der Revolution und in ihrer ersten Zeit anerkannten Grundsätzen der Partei. Die späteren Beschlüsse seien eine verhängnisvolle Abweichung, und Lenin wurde beschworen, diese Stellungnahme rückgängig zu machen. Das ist aufs kürzeste zusammengefaßt der Sinn der Schrift. Lenin und die anderen Köpfe der Parteileitung dagegen sahen zwingende Gründe für die Aufrechterhaltung der direktorialen Alleingewalt in den Fabriken.[23] Die Kollektivgewalt der Arbeiter hatte sich als ein verfehltes Experiment erwiesen, als absolut unzulänglich für die Aufgaben des Wiederaufbaus und der Industrialisierung, von denen das Schicksal der Revolution abhing. Es gab in den Augen der Parteileitung angesichts der völligen Verheerung und Verarmung des Landes und der Bedrohung von außen keine Alternative. Anders gesagt, und im Lichte der Argumentation der Kollontai beurteilt: die inneren Verhältnisse und die äußere Isolierung Rußlands nach der Revolution schlossen eine mit der sozialistischen Zielsetzung verträgliche Entwicklung zu jener Zeit als mögliche Alternative aus. Nur wenige Wochen nach der Vorlegung des Memorandums verkündigte Lenin auf dem 10. Parteikongreß (8.-16. März 1921) die NEP, also die zeitweilige Wiederzulassung der Privatwirtschaft verbunden mit ausländischen Kapitalkonzessionen.

Mit den Argumenten der »Arbeiter-Opposition« eng verwandte Fragen haben auch in der chinesischen Revolution eine wesentliche Rolle gespielt und spielen sie noch. Nachdem Anfang der sechziger Jahre unter der Initiative Lin

[23] Vgl. z. B. bereits *Die nächsten Aufgaben der Sowjetmacht* vom März/April 1918.

Shao-chis Fabrikordnungen nach dem Modell der sowjetischen in vielen Industrien Chinas eingeführt worden waren, hat die Auflehnung der Arbeiter gegen deren bürokratisches Regiment und die damit verknüpfte Grenzziehung zwischen intellektueller Leitung und manueller Arbeit stark zur Bewegung der proletarischen Kulturrevolution beigetragen. Wem die Hefte von *China Reconstructs* zugänglich sind, wird aus ihnen darüber viel aufschlußreiche Einsicht ziehen können, insbesondere aus einer Beschreibung von Vorgängen in einer Schanghaier Textilfabrik in dem Heft vom Februar 1968.[24] Es stellt sich vor allem die Frage, warum an der zur Zeit Lenins durch die Not aufgezwungenen Fabrikordnung seither in so weitgehender Weise festgehalten worden ist. Gewiß haben sich demokratisierende Tendenzen geltend gemacht[25], aber ebenso wie im Westen dienen diese Tendenzen keineswegs der Ersetzung der Autorität der Fabrikdirektionen durch eine sozialistische der Arbeiter, sondern nur einer graduierten Anteilnahme der Arbeiter an der ersteren. Die Änderung, auf die es ankäme, steht immer noch aus. Eine eigentümliche Argumentation findet sich in den sechs Prager Rundfunkvorträgen Ota Šiks gerade noch vor der russischen Okkupation. Hier wird scharfe und sicher zum großen Teil begründete Kritik an der unter Novotny praktizierten zentralistischen und rein bürokratischen Produktionsplanung geübt, deren der Kritiker kundig sein muß, da er an ihr teilnahm. Die Reformvorschläge, die er macht, zielen jedoch wiederum nicht auf die Abschaffung der bürokratischen Methoden ab, sondern auf ihre tunlichste Angleichung an die im Westen gebräuchlichen, welche gänzlich unter der Herrschaft und im Dienste des Privatkapitals stehen. Die Gründe, die er dafür geltend macht, daß die westlichen Methoden erfolgreich

---

[24] »Textile Workers repudiate China's Krushchov«, Vol. XVII, No. 2
[25] Siehe z. B. David Granick, *The Management of the Industrial Firm in the USSR*, 1954, Col. Univ. Press

sind, die sowjet-sozialistischen hingegen nicht, weisen in der Hauptsache eben auf die Unterschiede in der privaten finanziellen Verantwortlichkeit der Bürokraten im Westen und im Osten hin. Sollte das Geheimnis tatsächlich darin liegen, daß die industrielle Bürokratie, die sich im Dienste der Kapitalsherrschaft entwickelt hat, eben dieser Herrschaft als Bedingung ihrer funktionellen Wirksamkeit bedarf?

18. Technik und Technokratie

Die Usurpatorenbürokratie ist die eigentliche Klasse der Technokraten. Sie weiß es nicht anders, als daß die Elemente der neuen gesellschaftlichen Synthesis die immanenten dinglichen Notwendigkeiten des technischen und organisatorischen Apparates sind, als dessen Funktionäre sie sich fühlen. Dieser Schein hat eine ganz bestimmte strukturelle Wurzel, die sich wiederum aus der Natur des modernen Arbeitsprozesses verstehen läßt. Es ist die Verschmelzung der technischen Funktionen der im Produktionsprozeß angewandten Maschinerie mit ihren operativen Funktionen im Arbeitsprozeß. Um das mit einem drastischen Beispiel zu verdeutlichen, denke man an die zahlreichen Werkzeugmaschinen, deren Leistungsfähigkeit nicht nach dem technischen Maßstab von Umdrehungen in der Minute oder Sekunde angegeben wird, sondern im operativen Maßstab einer bestimmten Produktenmenge pro Stunde. Das ist die verdinglichte und ungeheuer naive, aber eben dadurch so überzeugende Darstellungsweise der Maßeinheit von menschlicher und technischer Funktion im modernen Arbeitsprozeß. Sie stellt sich dar als Adjunkt der Maschinerie. Die Maschinerie wird hier mit menschlichen Krallen versehen, mit denen sie die Arbeiterleiber zur verlangten Leistung zwingt. Statt dessen sollte die betreffende operative Funktion bei den Arbeitern liegen in solcher Weise, daß sie die Herrschaft der Arbeiter über die Maschinerie ermöglicht. In einer gehörigen Kritik des scientific management wären die Verlötungsstellen aufzuweisen, an denen der Maschinerie die operative Herrschaft über den Arbeitsprozeß adjudiziert wird, denn das sind die Stellen, an denen die Usurpatorenbürokratie ihre Gewalt über die Produzenten ausübt. Tatsächlich ist diese Verlötung oder Verschmelzung der beiden Funktionsarten oft so fein geworden, z. B. wo sie nicht mehr mechanisch, sondern elektronisch funktioniert, daß selbst scharfsichtige Beobachter wie Marcuse die Grenzscheide zwischen Produktivkräften und Produktionsverhältnissen im modernen Produktionsprozeß nicht mehr festzuhalten vermögen. Dadurch erscheint dann die Herrschaft der Usurpatorenbürokratie über die Gesellschaft mit all ihren desaströsen Folgen als unabwendbares Fatum.

19. »Put politics in command!«

So klar und handgreiflich die Wurzel des technokratischen Scheins im gegebenen Falle gemacht werden kann, läßt sie sich doch keineswegs durch Fortdekretierung beseitigen. Erstens hat die dingliche Verschmelzung der operativen mit den technischen Funktionen die ungeheure positive Bedeutung, daß die Maßeinheit beider in der Automatisierung von ganzen Arbeitsprozessen selbst technische Form annehmen kann. In der Kybernetik verfällt die Funktion der menschlichen Sinnesorgane und operativen Hirntätigkeit selbst der Vergesellschaftung.[26] Zweitens aber hängt überall, wo es zur Vollendung der Maßeinheit in dieser Form nicht kommt – und auch dort, wo es dazu kommt –, ihre Verwirklichung als Leitprinzip gesellschaftlicher Synthesis

26 Die moderne Kunst ist als Versuch zu bewerten, Erfahrung in den Maßen dieser Vergesellschaftung zu artikulieren, die ihrerseits auf einen längeren Werdegang zurückgeht.

von einer gewaltigen geistigen und organisatorischen Leistung der Produzenten ab. Sie müssen sich aus kapitalistischen Heloten zu sozialistischen Menschen verwandeln, müssen in die Rolle des Subjekts der neuen gesellschaftlichen Synthesis durch Selbsterziehung in schrittweiser Entwicklung aufwachsen. Dieser Prozeß ist der Hauptinhalt der sozialistischen Phase auf eine klassenlose Vergesellschaftung hin. Zum Prinzip der gesellschaftlichen Synthesis wird die Maßeinheit menschlicher und technischer Tätigkeit erst, wenn sie sämtliche Bereiche des gesellschaftlichen Seins durchdringt, und die Rolle der Produzenten als Subjekten der Synthesis verlangt von ihnen, daß ihr Bewußtsein gesamtgesellschaftliche Form gewinnt. Diese Wahrheit läßt sich von den Chinesen lernen.[27] »Put politics in command!« heißt das bei ihnen, wobei der Begriff von »politics« seinen vollen marxistischen Sinn besitzt.

20. »Modern Times«

Hierzu muß auch begriffen werden, wie tief der Ausgangspunkt zu diesem Aufstieg gerade in den fortgeschrittenen Ländern gelegen ist. Wählen wir wieder den Taylorismus in seinem ursprünglichen, ganz unveredelten Rohzustand aus dem ersten Drittel dieses Jahrhunderts zum Orientierungspunkt des Verständnisses. Der gesellschaftliche Hori-

---

[27] Zur Vergötterung von Mao Tse-tung, an der so viele Anstoß nehmen, möchte ich zu bedenken geben, daß die Wahrheit, wo sie nicht in theoretischer Ausführung vorliegt, zur Führungsgewalt über Massen der persönlichen Verkörperung nicht entraten kann (und historisch nie hat entraten können). Daß solche Verkörperung den Mangel an Theorie, selbst wo er wie in China nur ein gradweiser Mangel ist, nicht ersetzen kann und auf längere Sicht mit offenkundigen Gefahren verknüpft ist, versteht ein Kind und sollte niemanden hindern, die ungeheure Bedeutung der chinesischen Praxis in ihrem Werte zu erkennen. Ohne diese Praxis wäre auch die Tagesdämmerung noch in Nacht gehüllt.

zont des menschlichen Einzelbewußtseins erhält letzten Endes seine Bemessung nach dem Einzelanteil an der Erzeugung des gesellschaftlichen Gesamtprodukts. Im taylorisierten Arbeitsprozeß erfuhr dieser Einzelanteil seine Bemessung als Ergebnis der extremen Arbeitszerlegung, auf die sich das für die taylorsche Konzeption fundamentale timing der Arbeit stützt. Diese Arbeitszerlegung ging bei Gilbreths »synthetischem Timing« bis hinunter zum einzelnen punktuellen »Therblig«, dem völlig sinnlos gewordenen Minimum von manueller Tätigkeit und Maximum von geistiger Untätigkeit bei der Arbeit. Natürlich kommen Therbligs in keinem Arbeitsprozeß zu empirischer Anwendung, sondern haben oder hatten bloße methodologische Bedeutung. Und der Hinweis auf diesen Begriff dient lediglich zur deutlicheren Illustration der politischen Schwierigkeiten, an denen der Kampf um den Sozialismus in manchen fortgeschrittenen Ländern sich wund reibt. Die Entpolitisierung des modernen Proletariats, über die als Tatsache die verschiedenen Soziologen sich mit unterschiedlichen Gefühlen einig sind, hat den Großteil ihrer Ursachen im modernen Arbeitsprozeß. Die Arbeitszerlegung, die am modernen Fließband und in anderen Formen des kontinuierlichen Prozesses zur tatsächlichen Anwendung kam und zum Teil noch kommt, befindet sich sozusagen in asymptotischer Annäherung ans Therblig. Kein größerer Abstand läßt sich daher denken als der zwischen dem individuellen Einzelanteil an der Produktion und dem eben dadurch erreichten Vergesellschaftungsgrad der Arbeit. Ein diesem Abstand entsprechendes Bewußtseinsniveau kann nur den gesellschaftlichen Infantilismus bezeugen, den Chaplin in »Modern Times« verewigt hat und der in keiner Beurteilung heutiger Kulturäußerungen vergessen werden sollte. Wer diese Verhältnisse in den westlichen Ländern mit der Politisierung der Massen in der chinesischen Kulturrevolution vergleicht, dem sollte wohl die Herablassung vergehen, mit dem so viele

»Fortgeschrittene« auf die chinesische »Rückständigkeit« blicken.

21. Zur Frage der Revolution

Das steigende Einkommensniveau der Arbeiterklasse ist ein Hemmnis für den Kampf um den Sozialismus nur, solange es sich mit diesem, in seinem Extrem hier als gesellschaftlicher Infantilismus klassifizierten Bewußtseinsstand verbindet. Im andern Fall ist es ein Vorteil. Erstens haben die Ereignisse im Frühjahr 1968 in Frankreich demonstriert, wie sehr die Bedrohung bzw. die Hintanhaltung des höheren Einkommensniveaus die Politisierung befördert. Zweitens aber ist das erhöhte Einkommen nach den bürgerlichen Maßstäben des einzelnen Arbeiterhaushalts die Voraussetzung für die Erwerbung der höheren technischen und geistigen Qualifikationen, die für den generellen gesellschaftlichen Aufstieg der Arbeiterklasse die unerläßliche Vorbedingung bildet. Freilich bringt dieser Aufstieg nach bürgerlichen Maßstäben für sich allein keine Verwandlung der Arbeiterklasse zum Subjekt der gesellschaftlichen Synthesis zustande. Dazu ist die Abschaffung der kapitalistischen Eigentumsrechte Voraussetzung, also der politische Sieg, nicht der bürgerliche Aufstieg der Arbeiterklasse. Die Diktatur des Proletariats läßt sich nur in der Folge einer siegreichen Revolution, oder im Zuge ihrer, herbeiführen. Daran hat sich nichts geändert. Die ganze hier entwickelte Theorie über Kopf- und Handarbeit ist als Beitrag zum Aufbau des Sozialismus nach der Revolution zu lesen, nicht als Theorie der Revolution selbst. Aber eine Revolution zielt auf ihre Ergebnisse in der Weise hin, daß sie schon die Elemente enthält, die sie in Resultate verwandelt. Die Theorie dieser Resultate liefert daher zum mindesten partielle Hinweise auch auf die Formen der Revolution. Darüber haben jene Ereignisse in Frankreich und ebenfalls aufs neue belehrt. Die Streikbewegung der zehn Millionen Arbeiter führte an den Rand der sozialen Revolution nur darum, weil sie die Form der Fabrikbesetzung annahm, also weil sie die Eigentumsrechte der Kapitalisten zusammen mit der Macht des Management attackierte. Entmachtet man das Management auf dem Wege über die Entrechtung der Kapitalisten – oder umgekehrt, entrechtet man die Kapitalisten auf dem Wege der Entmachtung des Management? Für die zweite Alternative gilt eine ganz andere Entwicklungsdialektik als für die erste. Der Klassenkampf mit dem Management hat sein Schlachtfeld im Betrieb, der Klassenkampf mit dem Kapital hingegen auf der Straße. Der Sieg übers Kapital verlangt die Eroberung der Staatsmacht an erster Stelle, der Sieg über das Management hingegen die ständige Übernahme der Betriebe und die Entmachtung der Manager durch die in entsprechender Form organisierten Arbeiter. Dies steht an erster und die Eroberung der Staatsmacht an zweiter Stelle, nämlich durch die erfolgreiche Behauptung der Betriebsübernahmen auf breiter nationaler Basis gegen den Einsatz der polizeilichen und militärischen Machtmittel der Kapitalisten. Wenn diese Diagnose stimmt, so hat sich das Studium der Bedingungen für den Klassenkampf heute vorzüglich auf die im modernen Arbeitsprozeß herrschenden Entwicklungstendenzen zu konzentrieren.

Das relative Machtverhältnis zwischen den direkten Produzenten und dem kapitalistischen Management ist in keiner Weise stabil; es verschiebt sich mit allen charakteristischen Veränderungen im Arbeitsprozeß selbst. Die Gesamttendenz dieser Veränderungen spricht sich in der Tatsache aus, daß in den USA während der letzten zehn Jahre die Zahl der Arbeitsplätze für unqualifizierte Handarbeit in der Industrie von 15 Millionen auf 5,5 Millionen zurückgegangen ist. Die Nachfrage nach qualifizierten Arbeitskräften und die verlangten Qualifikationsgrade sind entsprechend gewachsen. Die Arbeit im modernen Arbeitsprozeß saugt also mehr und mehr Charaktere ihrer Vergesellschaftung in sich auf. Der Abstand zwischen Einzelanteil und Vergesellschaftungsgrad der Arbeit verringert sich tendenziell. Der Potenz nach werden die direkten Produzenten zunehmend fähig, die Vergesellschaftungsfunktionen ihrer Tätigkeit selbst zu versehen. Sie wachsen der Vereinigung der gesellschaftlichen Hand- und Kopfarbeit entgegen.

Arbeiten solcher wachsenden Qualifikationsstufe sind mit wachsender Selbstinitiative der Arbeitenden verknüpft; sie lassen sich vielfach nicht mehr von seiten des Management (z. B. mit detaillierten job-cards) dirigieren. Die anfängliche dem Taylorismus eigene Arbeitszerlegung macht zunehmender Arbeitsintegrierung Platz, welche wachsende Betriebsinitiative der direkten Produzenten impliziert. Solange die Zunahme der Betriebsinitiative innerhalb des Kapitalismus stattfindet, schlägt sie zum Gewinn der Kapitalisten aus, trifft also bei diesen auf keinen Widerstand, vorausgesetzt, daß das Machtverhältnis unangetastet bleibt. Hier natürlich liegt der wunde Punkt. Die Gewerkschaftsbürokratie zeigt in allen avancierten Ländern die Tendenz, sich mit der Usurpatorenbürokratie auf eine Ebene zu stellen, die Ebene, auf der sie gleich zu gleich über die quantitativen und qualitativen Arbeitsbedingungen markten können. Kapitalisten, Management und Gewerkschaften bilden so die allesbeherrschende autoritäre Dreieinigkeit. Davon droht zunehmende Beengung des äußeren politischen Betätigungsfeldes für die Gegenkräfte. Die innerbetriebliche Initiativkraft der Produzenten dagegen muß ihre Stärke behalten, da sie zur Grundlage der ganzen Entwicklung gehört. Aus diesen Bedingungen sind für die politische und organisatorische Tätigkeit die maßgeblichen Konsequenzen zu entwickeln.

Anhang A
Über die notwendige Einheit der Warenanalyse

Kurz nach dem Erscheinen des Buches wurde mir gesagt, ich hätte besser daran getan, den ganzen Anhang A, die Kritik der Marxschen Warenanalyse, überhaupt fortzulassen. Dann hätten sich die Leser mit dem Hauptinhalt des Buches auseinandersetzen müssen und sich danach selbst die nötigen Gedanken über das Verhältnis meiner Analyse zur Marxschen machen können. Das war ein ausgezeichneter Ratschlag, aber wie die meisten seiner Art kam er zu spät. So traf denn das Unvermeidliche ein, daß zahlreiche Leser, vor allem die dogmatischen Marxisten unter ihnen, sich zuerst den Anhang A vornahmen und hernach den Rest des Buches im Lichte dieser seiner »partie honteuse« betrachteten. Ich wünschte, ich könnte den guten Rat wenigstens jetzt, bei Gelegenheit der neuen Ausgabe, befolgen, aber das würde mir unweigerlich als kompletter Rückzug und Eingeständnis meines Unrechts ausgelegt werden.

Die Wahrheit ist, daß ich mir selbst über das Verhältnis meiner Waren- und Tauschanalyse zur Marxschen sehr viel weniger im klaren bin als über die Grundlagen und die Schlüssigkeit meiner Theorie. Auch wird der Kern der letzteren kaum davon berührt, wie ich meine Differenz oder Übereinstimmung mit Marx in der Warenanalyse einschätze. Es ist ein Fragenkomplex, der zu meiner Theorie bloß in einem epitheoretischen Verhältnis steht. Nicht daß er mich nur als Nachgedanke beschäftigte. Es war noch vor der Abfassung des Buches meine Idee gewesen, daß die Ergebnisse, zu denen ich geführt worden war, eine durchgreifende Neudiskussion der Warenanalyse in hohem Grade wünschenswert machen würden, und ich schrieb in diesem Sinne an Adorno wenige Monate vor seinem Tod. Nach dem Erscheinen des Buches drängte derselbe Gedanke sich auch anderen auf, und es wurden sogar Pläne eruiert, eine solche theoretische Generaldebatte zustande zu bringen. Dazu ist es freilich dann nicht gekommen. Aber es ist wichtig, die Schwierigkeit voll zu verstehen, die auf eine Lösung drängt. Es bestehen hier zwei Theorien, die sich beide auf die Formanalyse der Ware gründen und die in gänzlicher Unabhängigkeit voneinander, jede auf ihrem eigenen systematischen Boden, stehen, die Marxsche Theorie der Kritik der Ökonomie und meine Kritik des Intellekts, um beide mit einem vereinfachten Namen zu benennen, wobei unter Kritik des Intellekts die Theorie des Verhältnisses, also der Scheidung bzw. Einheit von intellektueller und manueller Arbeit zu verstehen ist. Auf die systematische Unabhängigkeit beider Theorien ist großer Nachdruck zu legen, und ich setze voraus, daß darüber Einigkeit besteht. In beiden Theorien werden nun aber verschiedene Aspekte der Warenstruktur dargestellt und ins Licht gehoben, die nicht ohne weiteres im Einklang stehen, sondern im Gegenteil mehr oder weniger schwer vereinbar sind, die aber dennoch in eine innere Übereinstimmung müssen gebracht werden können, weil sie verschiedene Aspekte ein und derselben Warenstruktur sind. Die Einheit der Warenstruktur ist durchaus keine bloße theoretische Hypothese, sondern ist die geschichtliche Realität, durch welche Basis und Überbau miteinander verkettet sind, und zwar nicht in einem losen Wechsel- und Spiegelungsverhältnis, wie es sich etwa bei Lukács unter seinen literaturtheoretischen Gesichtspunkten darstellt, sondern unter Einbeziehung der Wissenschaften, der Mathematik und Logik und also der gesellschaftlich notwendigen Denkformen, die direkt in der Basis wurzeln, wenn sie auch auf Bewußtseinsreflexion angewiesen sind, um intellektuell wirksam zu werden. Die enge funktionelle Zusammengehörigkeit der Entstehung der mathematischen Naturerkenntnis und der frühkapitalistischen Ökonomie bei scheinbarer innerer Beziehungslosigkeit beider zueinander kann als Illustration für die Verkettungen von Basis und Überbau qua Ökonomie und Erkenntnis dienen, an die hier zu denken ist. Ohne die Einheit der Warenstruktur kein Geschichtsmaterialismus und also auch kein Marxismus.

Die epitheoretischen Diskrepanzen zwischen der Kritik der Ökonomie und der Kritik des Intellekts sind aber keineswegs nur äußerlicher und oberflächlicher Natur. Sie schneiden ziemlich tief und sind Diskrepanzen strukturtheoretischer Art sowohl als auch solche der historischen Periodisierung. So ist in der Marxschen Kritik der Ökonomie das entscheidende geschichtliche Datum die ursprüngliche Akkumulation, in deren Prozeß die Warenform des Arbeitsprodukts zu ihrer vollen Entwicklung gelangt und sich von da an als das allesbestimmende Grundelement des Gesellschaftsprozesses der Menschheit etabliert. Das gleiche Datum hat natürlich auch für die Kritik des Intellekts eine spezifische Bedeutung wegen der eben als Illustration angeführten Verkettung von exakter Wissenschaft und frühkapitalistischer Produktion. Aber die einschneidende Spaltung zwischen Geistes- und Handarbeit datiert keineswegs erst von der Entstehung des europäischen Kapitalismus, sondern geht mehr als zweitausend Jahre weiter zurück auf bestimmte Entwicklungen in der griechischen Antike. Und bei allen Verschiedenheiten zwischen der griechischen Philosophie und den europäischen Naturwissenschaften besteht zwischen beiden eine unverkennbare Formverwandtschaft, die eng genug ist, eine beide geistigen Epochen umfassende philosophische Diskussionsgemeinschaft zu fundieren, und die sich überdies noch durch eine fast gradlinig durchlaufende Entwicklung des mathematischen Denkens verdeutlicht. Daraus ergibt sich eine geschichtsmaterialistische Nötigung zu Rückschlüssen auf die Entwicklung der Warenproduktion in den entsprechenden Epochen der Antike. Daß die Einheit der Warenstruktur sich tatsächlich hier geltend macht, bestätigt sich aus dem auffallenden Folgeverhältnis zwischen dem

Auftreten des philosophischen Denkens und der Münzprägung in Griechenland. Darin tritt der innere formstrukturelle Zusammenhang an die sichtbare historische Oberfläche. Eben dies indiziert nun aber eine weitere bemerkenswerte Diskrepanz zwischen der Kritik der Ökonomie und der Kritik des Intellekts durch die gesteigerte Bedeutung, die dadurch auf die Münzform des Geldes fällt – im Unterschied und Gegensatz zu seiner bloß funktionalen und naturalen Form, in der wesensmäßig jede Ware, wie sie geht und steht, die Rolle des notwendigen Tauschmittels und Wertträgers übernehmen könnte und das Gold und die anderen Edelmetalle sich hierfür lediglich durch ihre speziellen Natureigenschaften vor allen übrigen empfehlen. »Der Fortschritt« im Übergang von Leinwand zu Gold »besteht nur darin, daß die Form unmittelbarer allgemeiner Austauschbarkeit oder die allgemeine Äquivalentform jetzt durch gesellschaftliche Gewohnheit endgültig mit der spezifischen Naturalform der Ware Gold verwachsen ist.« (*MEW* 23, 84) Damit ist nach Maßstäben der Kritik der Ökonomie die Ausbildung der Geldform der Ware im wesentlichen vollendet, nicht aber nach Maßstäben der Kritik des Intellekts, denn diesen gemäß besteht zwischen der Geldform in dieser funktionalen Definition und der Geldform in der Definition der Münzprägung ein sehr tiefgreifender Einschnitt. Die bloß funktionale Geldform hat es Jahrhunderte (wenn nicht Jahrtausende) vor der Münzprägung gegeben – ohne Entstehung der Philosophie und ohne ihr entsprechende Scheidung von Hand und Kopf. Nur die Münzprägung heftet der »Naturalform der Ware Gold« die durchaus nicht naturale Bestimmtheit der zeitlosen materiellen Unveränderlichkeit auf sowie die essentielle Zufälligkeit des Goldes gegenüber anderen möglichen Stoffen, so daß die Materialität der Münzform der Bewußtseinsreflexion gar keine andere Wahl läßt als den reinen Universalbegriff, den Parmenides als τὸ ὄν faßt und andere Philosophen als Substanz. Wenn man aber auf die näheren ökonomischen Implikate hinblickt, welche diesem ungeheuer bedeutsamen geistigen Unterschied entsprechen, so wird erkennbar, daß die Münzform des Geldes in eine ganz andere Gesellschaftsformation gehört, als von der funktionalen verlangt wird. Eine funktionale Geldform gibt es auch im bloßen Außenverkehr des Austauschs zwischen den unterschiedlichen Staaten und Gemeinwesen des Bronzezeitalters, die einen vielseitigen Handelsverkehr miteinander entwickeln, ohne daß doch der Warenaustausch entscheidend in ihr inneres Gefüge eindringt, welches die Form von direkten Herrschafts- und Knechtschaftsverhältnissen beibehält, bis der Übergang ins Eisenzeitalter radikale Veränderungen nach sich zieht. Also ist die funktionale Formentwicklung des Geldes, welche Marx durchführt, zwar für die begrenzten Absichten seiner Kritik der bürgerlichen Ökonomie ausreichend, aber geschichtsmaterialistisch ist sie nicht genügend, weil sie die Formentwicklung von der Geschichtsentwicklung trennt. Aber dieser Umstand tritt erst dadurch ans Licht, daß die Kritik des Intellekts die Entwicklung des Geldes in seinen charakteristisch verschiedenen Gestalten in einen neuen Zusammenhang stellt.

Nun habe ich in der ersten Auflage dieses Buches und auch danach noch[1] den Fehler begangen, die zwischen den beiden Theorien, d. h. zwischen der Kritik der Ökonomie und der Kritik des Intellekts, wesensmäßig bestehenden Diskrepanzen als Gründe der Kritik beider gegeneinander anzusehen. Wenn man die eine der beiden Theorien nach den Maßstäben der anderen betrachtet, so erscheint sie notwendigerweise verkehrt, aber diese Betrachtungsweise ist selbst eine Verkehrung. Meine Kritiker, die meine Theorie nach den Kriterien der Marxschen beurteilen und dementsprechend verurteilen, haben mir Gleiches mit Gleichem vergolten. Aber

[1] Z. B. in den angehängten »Notizen« meiner Veröffentlichung bei Merwe.

beides war nur gleich verfehlt. An die Stelle der wechselseitigen Kritik muß die Bemühung treten, die Diskrepanzen erstens auf ihr notwendiges Maß zu reduzieren, sie dann aber zweitens vor allem als verschiedene Aspekte ein und derselben Warenstruktur in Einklang miteinander zu bringen, um damit zwischen beiden Theorien – und es mögen in der Zukunft weitere geschaffen werden – den korrekten geschichtsmaterialistischen Zusammenhang herzustellen. Ein Anfang in dieser Richtung ist durch die Einfügung des neuen Abschnitts *Ökonomie und Erkenntnis* in dieser zweiten Auflage gemacht worden, ohne daß er freilich über eine Andeutung der erforderlichen Arbeit beträchtlich hinauskommt. Das Ziel ist, wie gesagt, die Herstellung der Einheit der Warenanalyse. Dies zu erreichen, geht weit über das hinaus, was ich in diesem Anhang anstreben kann. Es soll lediglich noch auf die tiefste der Diskrepanzen zwischen meiner und der Marxschen Theorie hingewiesen werden, nämlich auf die sehr verschiedene Rolle, die dem Element der Wertform im Unterschied zur Wertsubstanz und Wertgröße in beiden Theorien zukommt.

Die Kritik des Intellekts wird überhaupt nur möglich dadurch, daß es die Wertform von der Wertgröße methodologisch reinlich zu trennen gelingt, und das wiederum erfordert eine Verschiebung des Ansatzpunktes der Analyse von der Unterscheidung zwischen Gebrauchswert und Tauschwert zur Entgegensetzung von Gebrauchshandlung und Tauschhandlung. Was sich danach erweist, ist, daß sich der Intellekt, also die reine Verstandesform des Denkens, als das identische Reflexionsresultat der Wertform erklärt.[2]

[2] Es muß dazu erläutert werden, daß dieses Resultat keineswegs direkt und nicht mit einem Schlage zustande kommt. Es ist das Resultat langer philosophischer Gedankenentwicklung. Dieselbe beginnt damit, daß sich der Reflexion über die Geldform zunächst nur einzelne Bestandstücke der darin enthaltenen Realabstraktion aufdrängen, wie der schon genannte parmenideische Begriff für die Materienatur des Geldes oder die Abstraktion der reinen Quantität im pythagoreischen Zahlbegriff oder der

Eine derartige Möglichkeit scheint in der Kritik der Ökonomie nicht auf. Marx lehrt, daß die Wertabstraktion wesensmäßig zu keinem direkten und identischen Ausdruck gelangt, da sie sich immer nur in der Äquivalenz mit dem Gebrauchswert einer anderen Ware darstellt, sei es also mit Leinwand oder mit Gold. Und fraglos ist dies für die Ebene der Ökonomie korrekt. Auf dem bemerkten Umstand gründet der ganze Mechanismus der Verdinglichung, durch den bewirkt wird, daß das »gesellschaftliche Verhältnis der Produzenten zur Gesamtarbeit als ein außer ihnen existierendes gesellschaftliches Verhältnis von Gegenständen« erscheint (*MEW* 23, 86). Marx spricht deshalb auch von der »Verrücktheit« des Wert- und Geldausdrucks der Waren (ib., 90). Die Kritik des Intellekts bringt aber die hier unentdeckbar bleibende Tatsache zum Vorschein, daß es nichtsdestoweniger einen identischen Ausdruck der bloßen Wertform gibt, und zwar ihrer rein als solcher, als bloßer Form, und darum in Gestalt reinen Denkens. In diesem identischen Ausdruck der bloßen Wertform begründet sich die Scheidung der auf der gesellschaftlichen Synthesis beruhenden Geistestätigkeit von der zersplitterten manuellen Produktionsarbeit, also wiederum

dialektische Widerspruchscharakter der Abstraktion selbst bei Heraklit. Aber einmal auf die reine Denkform gestoßen, ruht und rastet die Reflexion nicht eher, als bis sie die Abstraktion in ihrer Vollständigkeit ins Bewußtsein gehoben hat, in solchen gewichtigen Schritten wie denen des Begriffs der reinen Bewegung und der Atomizität der Materie bei Anaxagoras und des abstrakten Raum- und Zeitbegriffs bei Demokrit, und bis sie für die Gesamtheit der intellektuellen Betätigung einen mehr oder minder schlüssigen systematischen Zusammenhang sich erarbeitet hat. Erst damit sind der Intellekt selbst und seine Scheidung von der körperlichen Arbeit identisch etabliert, identisch nämlich mit der Formbestimmtheit der Realabstraktion gemäß der Art, wie diese den Zusammenhalt der gesellschaftlichen Welt der Epoche trägt, ob als selbstreproduzierenden Zusammenhang wie auf Grund kapitalistischer Warenproduktion oder als einen auf ständige Erneuerung des Produktionsbedarfs an Sklaven angewiesenen wie in der Antike, deren Philosophie das Konstitutionsproblem unbekannt bleibt, mit dem in der Zeit der ursprünglichen Akkumulation die neuere Philosophie einsetzt.

eine Trennung von der Arbeit, aber nun nicht in Gestalt der ökonomischen Dingform der Arbeitsprodukte als Warenwerte, sondern in Gestalt der separaten Denkform des Gesellschaftsnexus. Dieser identische Selbstausdruck der Wertform bringt den Menschen in der Warenproduktion seiner konkreten gesellschaftlichen Selbstidentität keinen Schritt näher, da der reine Intellekt gegenüber seiner Genesis absolut blind ist und den Menschen als intellektuelles Denksubjekt sich selbst in geistig unaufhebbarer Weise entfremdet. Gleichwohl müssen diese beiden in keinem systematischen Zusammenhang erscheinenden Formen der Entfremdung in ihren geschichtlichen Realzusammenhang gebracht werden, um ein volles Verständnis der auf Warenproduktion gegründeten Gesellschaftsformationen zu erlangen. Die Diskrepanz beider Aspekte stellt sich aber darin dar, daß in der Marxschen Theorie Wertform und Arbeit so nahe beieinanderliegen, daß sie schwer zu trennen sind, während sie in der Kritik des Intellekts erweisen, daß für die Epochen der Warenproduktion »Arbeit und Vergesellschaftung von vornherein auf getrennten Polen stehen«.

Die Trennung zwischen Arbeit und Vergesellschaftung ist das, was die Scheidung von manueller und geistiger Tätigkeit bestimmt und beherrscht; die Vereinigung beider in derselben Tätigkeit, nämlich als unmittelbar gesellschaftlicher Produktionstätigkeit, ist gleichbedeutend mit Einheit von Hand und Kopf in gesellschaftlichem Maßstab. Trennung oder Vereinigung von Arbeit und Vergesellschaftung entscheidet zugleich über Klassenantagonismus oder Klassenlosigkeit der Gesellschaft, über ökonomische Ausbeutung oder gemeinwirtschaftliche Produktionsweise. Die Unterscheidung von Aneignungs- und Produktionsgesellschaft, worin wir diesen Zusammenhang formuliert haben, ist die Einsicht, die aus der Kritik des Intellekts erwächst. Aber der Gesichtspunkt der Kritik der Ökonomie ist ein anderer. Die Gesellschaft kann nicht in der Trennung von Arbeit und

Vergesellschaftung leben. Indem beide sich auf verschiedene Tätigkeiten verteilen und also wesensmäßig getrennt sind, müssen sie funktionell zu einem Gesamtzusammenhang zusammenwirken, damit die Gesellschaft eine ökonomische Basis hat, auf der sie leben kann. Die vereinzelte Arbeit schafft ihre Produkte in der Weise, daß sie sich alle in den falschen Händen befinden, in den Händen derer, für die sie Nicht-Gebrauchswerte sind; und die vergesellschaftende Tätigkeit des Austauschs wiederum hätte ohne die Arbeit keine Objekte, die sie tauschen könnte. Die Kritik der Ökonomie hat es deshalb mit der Frage der *Verbindung* beider, der Vergesellschaftung und der Arbeit, zu tun, mit der Frage, wie ein Tätigkeitszusammenhang, der ausschließlich vom Interesse an den Werten der Waren geleitet wird, allein dadurch die Produktion der Werte in Bewegung setzt. Auf diese Frage gibt die Marxsche Theorie die Antwort, daß der Austausch durch sein Abstraktionspostulat der Äquivalenz eine Kommensuration der in den Waren vergegenständlichten »toten« Arbeit bewirkt, die, wenn sie der »lebendigen Arbeit« als Maßstab auferlegt wird – was durch die Subsumtion der Arbeit unter das Kapital geschieht –, die lebendige Arbeit, unter den gegebenen Entwicklungsbedingungen der Produktivkräfte, ipso facto zu Mehrwert heckender Arbeit macht.

Die Marxsche Theorie erklärt, wie die Parität der Warenwerte im Austausch die Imparität des Mehrwerts in der Produktion erzeugt. Darin ist impliziert, daß, vom Gesichtswinkel der Produktion gesehen, Wert, Geld und Kapital bloße verdinglichte und entfremdete Erscheinungsformen der gesellschaftlichen Arbeit sind, und das kann leicht mißverstanden werden dahin, daß also die in der Kritik des Intellekts aufleuchtende Trennung von Vergesellschaftung und Arbeit negiert werde. Gewiß sagt Marx: »Der Austausch von Äquivalenten, der als die ursprüngliche Operation erschien, hat sich so gedreht, daß nur zum Schein ausgetauscht wird. [...] Das Verhältnis des Austauschs zwischen Kapitalist und Arbeiter wird also nur ein dem Zirkulationsprozeß angehöriger Schein, bloße Form, die dem Inhalt selbst fremd ist und ihn nur mystifiziert.« (*MEW* 23, 609) Aber Marx übersieht nicht das Umgekehrte, daß, auf der gegebenen Entwicklungsstufe der Produktivkräfte, die die Arbeit zur Einzelarbeit verurteilt, von gesellschaftlicher Arbeit gar nicht die Rede sein könnte, wenn sie nicht in der Verdinglichungsform des Wertes, Geldes und Kapitals erschiene und nur nach den Gesetzen ihrer Entfremdung überhaupt fungierte. Denn in demselben Zusammenhang fährt Marx fort: »So sehr die kapitalistische Aneignungsweise also den ursprünglichen Gesetzen der Warenproduktion ins Gesicht zu schlagen scheint, so entspringt sie doch keineswegs aus der Verletzung, sondern im Gegenteil aus der Anwendung dieser Gesetze.« (*MEW* 23, 610)

Diese Lösung des ökonomischen Lebensproblems der Gesellschaft verneint nicht die Trennung von Arbeit und Vergesellschaftung, durch die das Problem sich allererst stellt; sie erklärt im Gegenteil, wie die Menschheit es überleben konnte, daß die Grundlage ihres Anpassungsprozesses an die Natur sich zerspaltete, indem die ursprüngliche Wesensverbundenheit von Arbeit und Gesellschaftlichkeit, innerhalb deren die eine die andere definierte, sich nicht nur in Geschiedenheit, sondern in die Blindheit des Geschiedenen füreinander verkehrte. Während die Kritik des Intellekts die Frage beantwortet, wie das Bewußtsein der bewußtlosen Gesellschaft beschaffen ist, erklärt die Kritik der Ökonomie, wie der Lebensprozeß der bewußtlosen Gesellschaft gelingen kann. In den *Manuskripten* von 1844 erläutert Marx, worin er »das Große an der Hegelschen Phänomenologie und ihrem Endresultat« erblickt. In ihr faßt Hegel die Selbsterzeugung des Menschen als einen Prozeß und als das Werk des Menschen durch die Arbeit. Es fällt aber durch die Kritik des Intellekts ein Schlaglicht auf die Wandlungen der

»Arbeit« in diesem Begriff. Nur im Anfangsstadium der Menschheitsgeschichte, in ihrem Begründungsstadium sozusagen, war die Arbeit eine in sich einige Entität, weil in der urkommunistischen Kooperation die physische und die sprachliche Tätigkeit eine untrennbare Verbindung gebildet haben müssen. Wenn aber die Auflösungsgeschichte dieser Einheit ihre Vollendung erreicht in der Entwicklung der Warenproduktion, verfällt die Produktivpotenz der menschlichen Selbsterzeugung der antithetischen Spaltung in die einseitig physische vereinzelte Handarbeit auf dem einen Pol der Gesellschaft und die einseitig intellektuelle gesellschaftliche Kopfarbeit auf dem anderen. Von der Diskrepanz der beiden Theorien ist also rückwirkend auch der Begriff der Arbeit selbst betroffen, die sich der Marxschen Theorie als die wertschaffende darstellt. Sie ist sozusagen nicht mehr die ganze Arbeit, sondern nur noch der einseitig manuelle Teil von ihr. Marx erweitert denn auch an der von uns zitierten Stelle (*MEW* 23, 531) ihren Begriff zu dem der Gesamtarbeit, aber ohne diese als eine zwischen Kopf und Hand, geistiger und physischer Potenz gespaltene zu spezifizieren. Im dritten Teil meines Buches wird erkennbar, wie die in der Kritik des Intellekts sich ergebenden Aspekte auch die Kritik der Ökonomie im Hinblick auf die Probleme der Übergangsgesellschaft affizieren, wo die Scheidung von Hand und Kopf erstrangige Bedeutung gewinnt.[3]

[3] Indem ich die in meiner vorgängigen »Kritik der Marxschen Warenanalyse« aufgeworfenen Probleme hier gleichsam links liegen lasse, betrachte ich sie durch meine Standpunktänderung jedoch nicht ipso facto für erledigt. Sie erfordern aber eine Neubewertung, die ich hier nicht im einzelnen unternehmen will. Ein Gesichtspunkt aber verliert nichts von seiner Bedeutung, sondern gewinnt höchstens an Nachdruck, nämlich daß die Wurzel der Abstraktion, welche die Warenproduktion beherrscht, allein im Warenaustausch zu suchen ist. Das erstreckt sich auch auf die Quantifizierung des Wertes und weiterhin der Arbeit als Bestimmungsgrund der Wertgröße. Ich mache das hier nicht als Einwand gegen Marx geltend, der in keiner Weise gegen diese Wahrheit verstößt, sondern nur

Es ist überhaupt für das Verhältnis beider Theorien und ihrer inneren Implikationen füreinander zu berücksichtigen, daß sie keineswegs nur in einem strukturalen Verhältnis zueinander stehen, sondern mindestens ebenso wesentlich in einem historischen. Sie sind verschiedenen Epochen des Kapitalismus zugeordnet, und die Diskrepanzen, die sich in derselben systematischen Struktur nur schwer vereinbaren lassen, erscheinen in anderem Lichte, wenn man sie in ihrer Ordnung als Aufeinanderfolge bewertet. Die heute so vordringlichen Fragen der Scheidung von Kopf und Hand und überhaupt der Bewußtseinswandlungen der Gesellschaft haben sich zur Zeit von Marx nur in relativ untergeordneter Bedeutung dargeboten. Der Einschnitt, der unsere Epoche von der Marxschen qualitativ trennt, ist die Verwissenschaftlichung der Technologie und des Arbeitsprozesses, die Marx nahezu prophetisch vorausgesehen hat (*Grundrisse*, 592 ff.) und die heute im vollen Ausmaß ihrer Konsequenzen von der Theorie erfaßt werden muß, denn sie bedeutet eine struktive Veränderung in der Entwicklung der Produktivkräfte. Hier tritt die Kritik des Intellekts, die Theorie des Verhältnisses von Hand und Kopf, in den Vordergrund. Denn durch die Verwissenschaftlichung des Arbeitsprozesses, genauer: durch ihre spezifische Art und Weise und die mit ihr verwachsenen Konsequenzen, erfährt das Verhältnis zwischen Arbeit und Vergesellschaftung eine tiefgreifende Wandlung. Das Fundament der Warenproduktion überhaupt ist im Schwinden begriffen. Mit dem Hinweis auf dieses geschichtliche Folgeverhältnis soll jedoch nicht gesagt sein, daß wir etwa der Notwendigkeit der systematischen Abstimmung der in Rede stehenden Diskrepanzen enthoben sind, sondern nur, daß die Dialektik des geschicht-

---

gegen diejenigen seiner heutigen Anhänger, die die kapitalistische Warenproduktion als einen »Arbeitszusammenhang« der Gesellschaft ansprechen und damit die wesentlichsten Unterschiede gegenüber dem Sozialismus verwischen.

lichen Fortgangs in diese Abstimmung selbst hineinspielt. Es könnte sich sehr wohl zeigen, daß, wie oben bereits angedeutet worden ist, die theoretische und methodologische Struktur des Marxismus selbst in einer Wandlung begriffen ist oder sein sollte, indem er zum Geschichtsmaterialismus der Übergangsgesellschaft und des sozialistischen Aufbaus wird.

Anhang B
Der historische Materialismus als methodologisches Postulat

1. Kritischer Idealismus und kritischer Materialismus

Der Leser von Marxschen Schriften wird in ihnen wiederholt auf das Wort »Formbestimmtheit« gestoßen sein und gefunden haben, daß es Marx für seine fundamentalsten Absichten charakteristische Dienste leistet. Tatsächlich ist die »Formbestimmtheit« einer Sache, im Marxschen Gebrauch des Wortes, gleichbedeutend mit dem Wesen der Sache. Der fertige geprägte Begriff der Sache enthält ihre Formbestimmtheit, aber als zeitlose; er verschweigt ihre Herkunft. Ein idealistischer Denker würde, an der Stelle von Marx, nicht von der Formbestimmtheit einer Sache sprechen, er spricht von ihrem Begriff, und würde nicht zulassen, daß zwischen Formbestimmtheit und Begriff einer Sache ein nennenswerter Unterschied besteht und, wenn der Begriff richtig gefaßt ist, bestehen kann. Hegel erkennt Unterschiede an, schlägt sich aber auf die Seite des Begriffs, der für ihn den Inbegriff und das Wesen der Wahrheit bedeutet. Marx stellt sich auf die Seite der Formbestimmtheit als Angriffsstützpunkt gegen den Begriff, den er als problematisch und als »Ideologie«, falsche oder wahre Ideologie, behandelt. Wodurch liefert der Ausdruck »Formbestimmtheit« ihm eine Stütze für diese Denkungsart? Auf welchem Boden fußt das Marxsche Denken für seine begründete Skepsis gegenüber dem Begriff? Idealistisches Denken stützt sich allein auf Begriffe und pocht auf den Zirkelschluß, daß man, um Begriffe zu kritisieren, wiederum Begriffe braucht und man sich nur selbst betrügt, wenn man glaubt, die Begriffsform überschreiten und verlassen zu können. Dieses Denken geht

241

daher auf die Formbetrachtung getrennt und abgesehen vom Begriff nicht ein. Der Idealist weigert sich, der Herkunft der Formbestimmtheit von Begriffen nachzugehen, unter Berufung auf Argumente, die eine solche Möglichkeit in Abrede stellen. Aus unserer Analyse und Herleitung der begrifflichen, diskursiven Denkform überhaupt ergibt sich jedoch, daß dieser Denkstandpunkt des Idealismus nur eine dogmatisch gefaßte Art und Weise ist, auf der Scheidung der Geistesarbeit von der Handarbeit zu bestehen und sie als zeitlose, im Wesen des Denkens als solchen begründete Notwendigkeit zu behandeln.

Die materialistische Denkweise, auf der anderen Seite, ist an die Annahme gebunden, daß Form die bloße Begriffssphäre bei weitem überschreitet, daß sie der Zeit unterliegt und in zeitlichen Prozessen Abstraktion, reine Formabstraktion, erfahren kann. Danach ist Abstraktion nicht nur als Begriffsabstraktion möglich, sie kann auch Realabstraktion sein, nämlich aus menschlichen Handlungen fließen, aus Handlungen, die zwischen Mensch und Mensch geschehen und menschlichen Sinn haben.

(Solche zwischenmenschliche Verhältnisse heißen bei Marx »Produktionsverhältnisse«, um zu bezeichnen, daß sie nicht in der Luft hängen, sondern eine Naturbasis haben müssen, eine Basis nicht in der rohen, vormenschlichen Natur, sondern in der geschichtlichen, von den Menschen selbst immer schon veränderten und ständig fortgebildeten Natur der »materiellen Produktivkräfte«. Dieselben sind der letztliche Bestimmungsgrund der menschlichen Daseinsweise, weil sie das Vermittlungsglied bilden, durch das die Naturnotwendigkeit ihre Wirkungen auf die menschlichen Verhältnisse ausübt, gleichgültig was die Menschen davon wissen und welche Art von Begriffen sie besitzen.)[1]

---

[1] Ich setze dies in Paranthese, weil es, obzwar ein wesentlicher Zusatz, eben hier doch nur ein Zusatz und eine Unterbrechung unseres Hauptargumentes darstellt.

Jedoch ist die materialistische Auffassung, daß Form zeitlich bestimmt ist, eine Genese hat und zeitlichen Prozessen der Abstraktion unterliegen kann, nichts weiter als eine Annahme oder Hypothese. Aus oder in sich selbst, d. h. kraft der Begriffe, die sie zu formulieren dienen, kann sie nicht gerechtfertigt werden; und ein Versuch, sie begrifflich rechtfertigen zu wollen, ist eine reine Torheit, weil ja doch der Standpunkt, der da gerechtfertigt werden soll, gerade solche Begriffsvorrechte bestreitet. Der Marxsche Materialismus – und damit ist weiter nichts gemeint als der konsequente, wirklich zu Ende gedachte Materialismus – ist also überhaupt nicht eine Doktrin, die die Grundlage aller Dinge zu explizieren dient, vielmehr insgesamt bloß ein methodologisches Postulat, nämlich eine Voraussetzung, die eine bestimmte Art und Weise, die Dinge zu betrachten, gebietet. Dem entspricht die Formulierung seines materialistischen Standpunktes durch Marx selbst im Vorwort seiner Schrift von 1859 als »das allgemeine Resultat, das sich mir ergab und, einmal gewonnen, meinen Studien zum Leitfaden diente«.

Es macht aber für die Bestätigung der Methode, und gleichsam für die Gewichtigkeit ihrer Bestätigung einen Unterschied, auf welche Gegenstände die Methode zur Anwendung gelangt. Sie könnte z. B. auf denjenigen idealistischen Denkstandpunkt angewandt werden, in welchem sich aller systematische Widerspruch gegen die materialistische Denkweise zusammenfaßt. Das ist, um den konsequenten, wirklich zu Ende gedachten Idealismus zu nehmen, das Postulat der transzendentalen Methode, das Kant in seiner *Kritik der reinen Vernunft* befolgt. Es besagt, daß, wenn man die grundlegenden Erkenntnisbegriffe auf ihr Formungsprinzip, ihre forma formans, zurückführt – und das ist nach der Kantschen Formulierung das Prinzip der »ursprünglich-synthetischen Einheit der Apperzeption«, von dem er betont, daß es nur Subjekt und nicht Objekt des Denkens sein kann –, nach der Logik dieses Prinzips eine förmliche Deduktion jener Erkenntnisbegriffe muß durchgeführt werden können. Auch hier, bei Kant, handelt es sich nicht um eine dogmatische Behauptung, daß es sich tatsächlich so verhält, sondern gleichfalls nur um ein methodologisches Postulat, das sich erst in seiner tatsächlichen Durchführbarkeit zu bewähren und als wahr zu erweisen hat. Wenn es sich aber nun derart bewährt, so wäre dadurch bewiesen, daß die »Erkenntnis«, also reine Geistesarbeit, ihre eigene Selbstbegründung zu leisten vermag und darum auch für immer von der Handarbeit geschieden sein und bleiben muß, wenn anders nicht die Grundlage der Erkenntnis zerstört werden soll. Hier stehen einander also in Gestalt des materialistischen und des idealistischen methodologischen Postulats zwei kontradiktorische Standpunkte der *Kritik* in privativer Ausschließung gegenüber. Und es käme nun darauf an, diesen Gegensatz zum bündigen Austrag zu bringen. Nur in dieser Weise, als ein spezieller Anwendungsfall seines methodologischen Postulats, läßt sich ein systematischer Wahrheitsbeweis für den historischen Materialismus herbeiführen.

Allerdings bedarf es zu einem solchen Austrag eines beiden Denkstandpunkten von »Kritik« gemeinsamen, für beide verbindlichen Postulats, das in der Tat unschwer zu finden ist. Man könnte es als das Postulat der rationalen Erklärung der ratio bezeichnen, des Inhalts, daß keine Denkweise Anspruch auf rationalen Charakter erheben könne, sofern sie nicht ihrerseits rational erklärt werden kann. Andernfalls könnte ihre Rationalität selbst Trug sein. Der Gegensatz beider Standpunkte drückt sich aus in dem, was sie seitens der Erklärung als »rational« gelten lassen können. Für den Idealismus ist es eine Erklärung in Gemäßheit mit dem als Wesen der »ratio« unterstellten Formprinzip, also dem schon zitierten Kantschen Einheitsprinzip, das in dieser Rolle nach der gängigen Philosophensprache auch als »das

Transzendentalsubjekt« bekannt ist. Ein Materialist hingegen kann als »rational« einzig raumzeitliche Erklärungen anerkennen, gleichgültig ob es sich bei den Erklärungsgegenständen um physische Phänomene handle wie in den Naturwissenschaften oder um Bewußtseinsphänomene, welche das unterscheidende Konstituens der menschlichen Geschichte ausmachen. Vom idealistischen Standpunkt aus stößt die materialistische Auffassung, also die Forderung raumzeitlicher Erklärung in Anwendung auf Geistes- und Erkenntnisformen auf das Verdikt vollkommener Unmöglichkeit. Ob aber etwas möglich oder unmöglich ist, ist eine Tatfrage, nicht Sache des Räsonements, und steht daher zu eindeutiger Entscheidung.

In Anwendung auf die Kantsche Transzendentaltheorie der Erkenntnis steht also das methodologische Postulat des historischen Materialsimus als kritischer Materialismus in direkter Konfrontation zum kritischen Idealismus. Wollte man sich die Kantsche Theorie nach Analogie eines Systems von Gleichungen vorstellen, so ließe sich auch fragen: Was wird aus diesem System, wenn man anstelle der Transzendentalbegriffe Kants die korrekten raumzeitlichen Werte in die Gleichungen einsetzt? Das ist in gewissem Sinne, was wir in der Formanalyse des Warentauschs im ersten Teil der vorliegenden Untersuchungen getan haben. Und die Frage beantwortet sich dahin, daß der Kantsche kritische Idealismus seine Liquidierung erfährt und sich in den Marxschen kritischen Materialismus verwandelt, auf direktem Wege, d. h. ohne Umweg über den »absoluten Idealismus«. Habermas hat sich ein großes Verdienst erworben durch den Nachweis, daß Hegel zu einer gewissen Phase selbst einer solchen Entwicklung des Kantschen Gedankens nicht ferngestanden hat, und das durchaus nicht auf Kosten seiner dialektischen Denkweise, vielleicht auch nicht auf Kosten der Möglichkeit seiner philosophischen Entdeckung der Geschichte. Im Gegenteil, man könnte wahrscheinlich eher ausmachen, daß hier, in der Verbindung mit der Realphilosophie und dem Studium der politischen Ökonomie, der eigentliche Ursprung des dialektischen Denkens auch bei Hegel schon zu finden ist.[2] Es besteht m. E. durchaus kein logischer Zwang dafür, daß sich der Idealismus des Kantschen kritischen Denkstandpunkts erst in den absoluten Idealismus hat übergipfeln müssen, bevor der Absprung oder der Umschlag zum Marxschen Materialismus denkbar wird. Es ist auf dem tatsächlichen Wege der Blick für die Bedeutung der Erkenntnistheorie verloren gegangen, und ich stimme Habermas auch darin zu, daß das ein mehr als zweifelhafter Gewinn gewesen ist, der Marx und Engels den Zugang zum Fragengebiet der Geistesarbeit und ihrer Scheidung von der Handarbeit, also zu einem gewichtigen Aspekt des ganzen Klassenproblems verschlagen hat. Der eigentliche theoretische Zusammenhang zwischen Kant, Hegel und Marx sollte für ein erneutes Durchdenken offenstehen.

2. Das von Marx selbst gesetzte Lehrbeispiel seiner Methode

Der rein kritische Charakter des Marxschen Materialismus ist auch aus dem von ihm selbst gesetzten Lehrbeispiel seiner Methode im *Kapital* und schon in der vorausgegangenen Schrift *Zur Kritik der politischen Ökonomie* von 1859 offensichtlich. »Es ist nicht das Bewußtsein der Menschen, das ihr Sein, sondern umgekehrt ihr gesellschaftliches Sein, das ihr Bewußtsein bestimmt.« Gerade vom methodologischen Standpunkt wird gegen diesen Grundsatz von bürgerlicher Seite häufig eingewandt, daß er auf eine naive Hypostasierung ihres eigenen Bewußtseins durch die Marxisten und

[2] J. Habermas, »Arbeit und Interaktion, Bemerkungen zu Hegels Jenenser ›Philosophie des Geistes‹«, in *Technik und Wissenschaft als »Ideologie«*, edition suhrkamp, Frankfurt 1968.

auf die Kritik bloß des ihnen entgegenstehenden Bewußtseins hinauslaufe. Denn was kann einem Marxisten vom »gesellschaftlichen Sein« bekannt sein, welches er gegen anderes Bewußtsein ausspielen will, außer durch sein eigenes Bewußtsein von diesem Sein. In Wahrheit kritisiere er also das fremde Bewußtsein gar nicht vom gesellschaftlichen Sein, sondern von seinen eigenen Gedanken über dieses Sein aus, die von der Kritik immer ausgenommen bleiben. Es ist keineswegs ohne Interesse zu sehen, wie Marx seine Methode handhabt in solcher Art, daß dieser Einwand sie in keiner Weise trifft. Auch das *Kapital* trägt den Titel »Kritik der politischen Ökonomie«, und mit politischer Ökonomie ist hier keineswegs nur die ökonomische Realität des Kapitalismus gemeint, sondern die theoretische Disziplin ökonomischen Denkens, die im 17. Jahrhundert mit Sir William Petty und dem »alten Barbon« begann und mit Adam Smith und David Ricardo ihre »klassische« Vollendung erfuhr. Der Marxsche Ausgangspunkt ist also nicht die Wirklichkeit, sondern eine Theorie, nicht Seinsdaten, sondern Bewußtseinsdaten. Es sind die Begriffe »Wert«, »Kapital«, »Profit«, »Rente«, »Lohn« etc., so wie er sie in den Schriften der Ökonomisten definiert fand, nicht etwa ein gesellschaftliches Sein, von dem er sich eigene Begriffe bildete, die er als »korrekt« den »falschen« der bürgerlichen Ökonomisten entgegenstellte. Sein Ansatzpunkt ist charakteristisch verschieden. Er zielt auf die Wirklichkeit des gesellschaftlichen Seins, aber auf dem indirekten Wege der »Kritik« historisch vorgefundener und akzeptierter Begriffe.[3]

Sich an den für die ganze politische Ökonomie primären Begriff des »Wertes« haltend, beginnt Marx mit der Analyse der Ware als des Gegenstandes, auf den sich dieser Begriff bezieht, und macht eben diesen Begriff zum Maßstab und Werkzeug seiner Analyse der Ware. Und was er auf

[3] Diese Auffassung von der Marxschen Methode stimmt, soviel ich sehen kann, mit der Henri Lefebvres überein.

diesem Weg entdeckt, ist – der geschichtliche Ursprung dieser von den Ökonomisten als geschichtslos, nämlich als zeitlos absolut behandelten Kategorie. Auf diesem rein kritischen Wege, nach Maßgabe eben der Begriffe, auf deren Kritik es abgesehen ist, etabliert Marx als bekräftigte Wahrheit die Bestimmtheit einer gegebenen Bewußtseinsform durch eine bestimmte geschichtliche Erscheinung des gesellschaftlichen Seins.

Weit entfernt davon, irgendeine gegebene Vorstellung, die eigenen inbegriffen, zu hypostasieren, wird im Marxismus vorausgesetzt, daß jedwede vorgefundene Vorstellung verkehrt sein kann. Das gesellschaftliche Sein, in dem wir leben, existiert in der Weise, daß es Täuschungen ausschwitzt, und niemand, auch nicht ein Marxist, kann sich diesen Täuschungen und ihrem Einfluß entziehen. Die kapitalistischen Produktionsverhältnisse bilden für die Menschen einen Verblendungszusammenhang, in dem jedes Ding dem anderen hilft, normal auszusehen. Das ist eine methodologische Grundannahme, die im Marxismus die Stelle des »de omnibus est dubitandum« des Descartes einnimmt.[4] Der historische Materialismus ist eine methodische Zurüstung, um diese Täuschungen zu erkennen und richtiges Bewußtsein an ihre Stelle zu setzen. Der Weg, der zum richtigen Bewußtsein führt, ist die gesellschaftliche Seinserklärung der Täuschungen. Wenn ich begriffen habe, auf welche Weise ein bestimmter Begriff, z. B. der ökonomische Wertbegriff, im gesellschaftlichen Sein erzeugt wird, dann habe ich pro tanto, d. h. soweit die Ursprungsgründe dieses Begriffes reichen, Realitäten des gesellschaftlichen Seins begriffen. Der zitierte Marxsche Satz hat also den unschätzbaren Wert der obersten methodologischen Direktive für die richtige Erkenntnis des gesellschaftlichen Seins. Das »gesellschaftliche Sein« ist das, was ein spezifisches Bewußtsein, einen spezifischen Be-

---

[4] Dessen eigenes *cogito, ergo sum* bildet (im wörtlichen Sinn) den Kapitalfall von falschem Bewußtsein.

griff »bestimmt«. Aber dieses Bestimmen eines Begriffs muß als präzise Formbestimmung verstanden werden, und erst als die Seinserklärung der *Form* des Begriffes, also als die formgenetische Erklärung von Bewußtseinserscheinungen kann der Marxsche Satz als »Leitfaden« der Gesellschaftserkenntnis dienen.

Aber wiederum werden wir zu der Beobachtung gestoßen, daß alles darauf ankommt, welche Art von Bewußtseinserscheinungen zur Seinserklärung herangezogen wird. Oberflächliche und zufällige Vorstellungen haben offenkundig für diese methodologischen Zwecke nicht viel Wert, weil ihre Seinserklärung nur geringen Tiefgang und wenig Reichweite haben kann. Die Täuschungen und Verblendungen, die das gesellschaftliche Sein, in dem wir leben, täglich und stündlich erzeugt, haben sehr verschiedene Grade von Notwendigkeit, und für die Seinserkenntnis ist die formgenetische Erklärung derjenigen Begriffe am ergiebigsten, welche die Bedingungen von notwendig falschem Bewußtsein erfüllen. Tatsächlich sind es Begriffe dieser schwerwiegendsten und hartnäckigsten und ganz und gar unentbehrlichen Art, die einen Schein von Unumstößlichkeit und von Unveränderlichkeit für alle Zeiten mit sich führen, deren formgenetische Erklärung zur Durchleutung des Seins bis auf den Grund zureicht und vor allem die Springpunkte der Seinsveränderung aufdeckt; daher wirklich revolutionäre Bedeutung besitzt.

3. Notwendig falsches Bewußtsein

Diesem Begriff ist große Bedeutung für die Erkenntnisart des Marxismus zuzumessen. Die Marxsche *Kritik der politischen Ökonomie* ist gänzlich auf Begriffe dieser Art gestützt. Bevor er sich an die Abfassung seines Hauptwerks begab, hatte Marx in mehr als zehnjährigen Studien im

Britischen Museum neben vielem anderen die gesamte verfügbare ökonomische Literatur durchgearbeitet und darin die Spreu vom Weizen geschieden. Aus den zahlreichen Heften, die er mit dieser Arbeit ausfüllte, hat zuerst Karl Kautsky in verdienstvoller Leistung die drei Bände der *Theorien über den Mehrwert* herausgegeben. Marx hatte ursprünglich selbst eine Auswahl daraus als vierten Band des *Kapital* geplant.

Der Zweck seiner Vorarbeit war die Aussonderung alles Fehlerhaften, begrifflich Unklaren und logisch Inkonsequenten, um nur das zurückzubehalten, was theoretisch solide war. Einzig dieser wissenschaftlich gültige Bestand des bürgerlich ökonomischen Denkens bildet den Gegenstand seiner *Kritik der politischen Ökonomie*, das begrifflich Unklare und insbesondere alles das, worin Gewinninteressen oder politische Parteinahme die Oberhand über die Logik gewonnen hatten, also alles das, was im vulgären Sinne »Ideologie« heißt, und die gesamte Vulgärökonomie nach 1830, schied er aus als unbrauchbar für seine methodologischen Zwecke. Man ist versucht, das ganze Vorwort zur ersten Auflage abzudrucken, um dieser Auffassung den nötigen Nachdruck zu verleihen. Das Forschungsziel der Marxschen Analyse ist die Bloßlegung der »Naturgesetze der kapitalistischen Produktion«, die Erkenntnis der naturwüchsigen Kausalität, die die bürgerliche Gesellschaft formt und schüttelt und vorwärts treibt und dabei den Menschen Ideen und Illusionen eingibt, als ob es schon eine menschliche Gesellschaft wäre, in der sie leben, die aber nichts sind als der Paravent des falschen Bewußtseins, ohne den die Menschen in der Hölle dieser Kausalitäten als Menschen nicht zu leben vermöchten. Es ist falsches Bewußtsein, aber es ist in seiner echten, falschen aber unverfälschten Form der beste menschliche Teil, das einzige Pfand der Hoffnung, das es gibt dafür, daß die Menschen sich eine menschliche Gesellschaft werden schaffen können, wenn die Kausalitäten des Unabänderlichen es zulassen oder, im heutigen Zeitpunkt richtiger gesagt, unter Drohung unserer Selbstzerstörung es notwendig machen, eine menschliche Gesellschaft herbeizuführen. An diesen falschen aber unverfälschten Ideen hängt der Wahrheitsbegriff, und die Wahrheit ist dialektisch, die Dialektik der Träger der Hoffnung. In einem gewissen Sinne wäre es richtig, den Faschismus damit zu definieren, daß er die Menschheit mit der Abschaffung der Dialektik bedroht.

Man nehme etwa die Argumentation eines Goebbels. Alle Hoffnungen auf Weltfrieden, Völkerbund, Verständigung zwischen antagonistischen Interessen, Menschlichkeit usw. usf. sind Betrug, und jeder, der sich nicht selbst betrügt, weiß das. Aber die gewöhnliche Sorte Menschen kann ohne solchen Selbstbetrug nicht auskommen. Die Faschisten sind die, welche es können, und ihre Überlegenheit beruht darauf, daß sie es mit Bewußtsein können. Das heißt, sie benützen das falsche Bewußtsein, das die Menschen zum Leben brauchen, weil ihre Nerven zu schwach sind, die Wahrheit zu ertragen, in der Weise, daß sie die Menschen planmäßig betrügen, ihnen gleichsam die Gefälligkeit erweisen, ihnen den von ihnen benötigten Selbstbetrug zu verschaffen, den sie sich auf unbewußte, dunkle und dumme Weise sowieso verschaffen würden, der ihnen nun aber von den faschistischen Führern mit klarem und kaltem Bewußtsein, mit List und Tücke verschafft wird, selbstredend zu Nutz und Frommen dieser Führer, die damit ja nur das tun, worauf alles menschliche Tun, mit unbenebeltem Blick beurteilt, tatsächlich hinausläuft. Dies etwa ist das Bild, das Faschisten von der Welt und den Dingen haben, nicht die Masse der Pg's natürlich, aber die Führer, die den Anspruch auf blinde Gefolgschaft der Massen erheben. Es ist ein Bild von der Welt, in dem nur noch die Faktizität der Tatsachen und die Illusion des menschlichen Betrugs und Selbstbetrugs vorkommen, wo das falsche Bewußtsein zufällig und also auch beliebig induzierbar ist, gesellschaftliches Bewußtsein sich nur noch als Propaganda versteht. Marxistisches Denken hingegen bedarf der Anerkennung von Notwendigkeit in der seinsbedingten Bewußtseinsbildung, der Möglichkeit und Erweisbarkeit notwendig falschen oder kritisch wahren Bewußtseins. Dem Denken, dessen idealistisch verstandene Begriffsautonomie als bloß vermeintlicher Besitz abgestritten ist, wird seine reelle Dignität dafür eingelöst durch den Entstehungsnachweis seiner normativen Natur aus dem gesellschaftlichen Sein. Daher die methodologische Schlüsselbedeutung des Begriffs vom notwendig falschen Bewußtsein. Die erfolgreiche Demonstration solchen Bewußtseins erweist die Wege zur Liquidierung der Scheidung von Kopf und Hand, von Bewußtsein und Sein, die Wege zur Herbeiführung einer klassenlosen Gesellschaft. Es ist wert zu wiederholen: »Man kann die Philosophie nicht aufheben, ohne sie zu verwirklichen, man kann sie aber auch nicht verwirklichen, ohne sie aufzuheben.« Dabei bleibt es, solange die Menschheit sich nicht selbst in die Luft sprengt und ihrem Dasein nicht überhaupt ein Ende macht. An eine Kausalität des Verhängnisses zu glauben, ist Mythos, nicht mehr Dialektik, auch negative nicht.

Notwendig falsches Bewußtsein ist an vier Eigenschaften kenntlich:

1. Es hat die Notwendigkeit immanenter logischer Stringenz gemäß den Normen seines eigenen Wahrheitsbegriffs. Notwendig falsches Bewußtsein kann also nicht immanent des Irrtums überführt werden, nicht logisch sozusagen verbessert werden. Es ist logisch so gut, wie es nur sein kann. Mit anderen Worten, notwendig falsches Bewußtsein ist nicht etwa fehlerhaftes Bewußtsein.

2. Notwendig falsches Bewußtsein ist notwendiges Bewußtsein, notwendig im Sinne notwendiger genetischer Bedingtheit. Es ist ein Bewußtseinsphänomen aus notwendiger historischer Kausalität.

3. Es ist falsches Bewußtsein als Ergebnis der Kombination von (1) und (2). Das heißt, das Bewußtsein, welches genetisch notwendig ist, ist durch seine Genesis notwendig falsch. Seine Falschheit hat genetische Notwendigkeit. Das liegt daran, oder findet seine Erklärung darin, daß das Bewußtsein notwendiges Erzeugnis einer verkehrten Gesellschaft ist, nämlich einer Gesellschaft durch Aneignung, die aber selbstredend nicht von Aneignung lebt, sondern nur durch Arbeit und von Arbeitsprodukten lebt. Die Verkehrtheit dieser Gesellschaft erzeugt mit Notwendigkeit eine Verkehrtheit des Bewußtseins.

Die immanent-logische Beurteilung der Eigenschaft unter (1) und die kausal-genetische Betrachtung unter (2) stehen, getrennt voneinander, in voller Übereinstimmung mit den traditionellen Denkweisen. Aber ihre Vereinigung zur formalgenetischen Methode unter (3) muß nach traditionellen Maßstäben als etwas Unmögliches gelten, und die Demonstration ihrer Möglichkeit begründet den einzigartigen Vorrang des marxistischen Denkens. Es ist im Verfolg dieser dritten Eigenschaft notwendig falschen Bewußtseins, daß die Bewußtseinskritik die Wendung zur Seinskritik nimmt, und zwar zur Seinskritik am Leitfaden der charakteristischen Formbestimmtheit des Bewußtseins, z. B. bei Marx zur Seinskritik der Ware am Leitfaden der Formbestimmtheit des Wertbegriffs oder am Leitfaden der »Wertform«. Im Ergebnis dieser Seinskritik erweist sich der zeitlose Wahrheitsbegriff als verkehrt, unter dessen Normen das vorgefundene Bewußtsein seine innerlogische Stringenz und den antithetischen Charakter zum Sein besitzt, welcher der formgenetischen Methode den Schein der Unmöglichkeit verleiht. Man sieht, erst im Verfolg der Methode, im Laufe ihrer erfolgreichen Durchführung, konstruieren sich die marxistischen Maßstäbe der Kritik, welche in steter Wechselbeziehung das Bewußtsein zum Maßstab der Seinskritik und das gesellschaftliche Sein zum Maßstab der Bewußtseinskritik machen. In dieser wechselseitigen Kritik, die man bei Marx überall am Werk findet, stellt sich als methodologisches Postulat der effektiven Kritik des Gegebenen die Einheit von Sein und Bewußtsein her, die in einer künftigen Gesellschaft herstellbar werden soll und die dem verkehrten Bewußtsein und der verkehrten Welt (wie der bösen Königin im Märchen) das unerträgliche Spiegelbild ihrer Wahrheit vorhält. »Man muß diese versteinerten Verhältnisse dadurch zum Tanzen bringen, daß man ihnen ihre eigne Melodie vorspielt«, sagte der junge Marx in der »Einleitung zur Kritik der Hegelschen Rechtsphilosophie« von 1843. Nur die Faschisten würden von ihrer eigenen Melodie nicht »zum Tanzen gebracht«, sondern im Gegenteil in ihrer Existenz bestätigt. Der Faschismus steht jenseits aller Argumentation um Wahrheit. Die Faschisten würden die Wasserstoffbomben wirklich entzünden, so wie Hitler Deutschland wirklich in einen Aschenhaufen verwandelt hätte, ehe er abgetreten wäre, wenn man ihm die Zeit dazu gelassen hätte. »Wenn die Revolution zu spät kommt, fängt die ganze Scheiße wieder von vorne an.« Das klingt wie Mythos, droht aber, zur geschichtlichen Wahrheit zu werden. Das MIT ist durchaus nicht Mythos, es sei denn Mythos als Tatsache.

4. Schließlich ist notwendig falsches Bewußtsein notwendig noch im einfachen pragmatischen Sinne. Es ist Bewußtsein einer herrschenden Klasse und ist unentbehrlich für die Errichtung sowohl als auch für die Aufrechterhaltung ihrer Klassenherrschaft. Freilich stimmt das nur so lange, wie die Klassenherrschaft selbst noch geschichtliche Notwendigkeit besitzt, nämlich eine Gesellschaftsformation repräsentiert, die noch nicht »alle Produktivkräfte entwickelt« hat, »für die sie weit genug ist«. Es muß jedoch heute die Frage gestellt werden, ob es mit diesem Ausspruch Marxens selbst noch seine Richtigkeit hat. Denn weit entfernt davon, der Fortentwicklung der Produktivkräfte Fesseln an-

zulegen, wie man nach Marx erwarten müßte, scheint der Kapitalismus, je länger er andauert, der modernen Technologie nur immer treibhausartigere Entwicklungsbedingungen bereitzustellen. Und wenige Unstimmigkeiten haben größere Begriffsverwirrungen unter Marxisten gestiftet und ärgere Fehlprophezeihungen hervorgerufen als gerade diese.

4. Faktische und kritische Liquidierung des notwendig falschen Bewußtseins

Unsere eigne Beurteilungsweise der Tatsachen dürfte aus dem dritten Teil dieser Untersuchung hervorgegangen sein. Solange die kapitalistische Ökonomie ihre eigenen Spielregeln der gesellschaftlichen Reproduktion eingehalten hat, nämlich die wirtschaftspolitischen Regeln der Produktion marktgängiger Waren oder, was dasselbe ist, reproduktiver Werte befolgt hat, hat auch ihr Verlauf den Marxschen Erwartungen entsprochen. Sie ist in die Weltkrise der 30er Jahre geraten, welche für den Kapitalismus als Ökonomie gesellschaftlicher Reproduktion die Endkrise bedeutete. Sie hätte aus dieser Lähmung zu recht durch die proletarische Revolution beendigt und durch den Sozialismus ersetzt werden müssen, zuerst in Deutschland, dem von der Endkrise am schwersten betroffenen Lande, und von da aus in den Vereinigten Staaten. Statt dessen ist die weltkapitalistische Lähmung vom Hitler-Faschismus gebrochen worden, der die Fesseln der reproduktiven Ökonomie gesprengt hat, indem kapitalistische Produktion in Deutschland rückhaltlos für die Erzeugung nicht-reproduktiver Werte, d. h. Kriegsmittel, wieder in Gang gesetzt, also auch die Weltwirtschaftskrise im Weltkrieg »aufgelöst« hat – eine Auflösung oder Konversion, die sich bis heute noch fortsetzt. Der Weltkapitalismus bzw. Imperialismus hält sich kraft der Ausweichventile von Kriegen und Raumfahrten in

Gang. Hieraus entsteht die Anomalie, daß noch innerhalb des fortbestehenden Kapitalismus sich die Technik der Produktivkräfte bereits nach der Logik des vollvergesellschafteten Arbeitsprozesses entwickelt, d. h. nach der Logik potentieller sozialistischer Produktionsverhältnisse. Dadurch eben bedroht diese den Kapitalismus transzendierende Entwicklung der Produktivkräfte, an ihrer nützlichen Verwendung verhindert, die Menschheit mit der Vernichtung. Darauf sei noch ein wenig näher eingegangen, selbst auf die Gefahr der Wiederholung.

Die wirtschaftliche Endkrise des reproduktiven Kapitalismus hat die Struktur des von Marx und Engels vorhergesehenen unversöhnlichen Widerspruchs zwischen Vergesellschaftungsgrad der Arbeit und privater Appropriation gehabt. Der Rationalisierungsprozeß der 20er Jahre, der in Deutschland in den finanziell gewichtigsten Konzernen den Fließbandbetrieb und die Verbundwirtschaft (im Stahlverein z. B.) zur Geltung gebracht hat, erzeugt damit die Unfähigkeit der produktiven Großanlagen, sich den marktökonomischen Erfordernissen anzupassen, die zu allen übrigen Krisenursachen den entscheidenden paralytischen Endeffekt hinzugefügt hat. Im Ergebnis dieser Rationalisierung nämlich verursachte jede Produktionseinschränkung, die in Anpassung an die Preis- und Nachfragerückgänge notwendig wurde, die unverträglichsten Steigerungen der Stückkosten, die nur aus Kapital gedeckt werden konnten. Der von Marx und Engels vorhergesehene Widerspruch wirkte sich aus in Gestalt drohenden progressiven Kapitalschwundes, solange die Produktion sich an die Produktion für den Markt, d. h. an die Erzeugung reproduktiver Werte für gebunden hielt. Dieser Bindung eben hat dann der Hitlerfaschismus abgeholfen. Er hat damit auch der Fesselung der Produktivkräfte und ihrer Fortentwicklung durch die kapitalistischen Produktionsverhältnisse abgeholfen. Die Entwicklung der Produktivkräfte ist ins Gegenteil umgeschlagen, in schrankenloses, aller Kontrolle entwachsenes Wachstum. Aber auch diese Entwicklung noch hat ihre Dialektik, ist nicht bloße Verwirklichung des Mythos.

Denn die Entwicklung der Produktivkräfte kommt der fortschreitenden Vergesellschaftung der Arbeitsprozesse zugute. Die entgegenstehende Marktökonomie leidet an der Rückgraterweichung der faschistischen Defizitfinanzierung, der Sir Maynard Keynes seinen nachträglichen theoretischen Segen erteilt hat. Die Folge ist, daß in der heutigen Entwicklung die Marktökonomie durch die Arbeitsökonomie in Richtung der letzteren fortgezogen wird. Der Hegelsche Weltgeist scheint bei dem Adornoschen Weltteufel eine zeitweilige Gnadenfrist für die Menschheit erwirkt zu haben. Nur ist die Frage natürlich, welchen Vorteil die Menschheit hier drunten aus der Gnadenspanne ziehen wird.

Der Zustand der Menschheit ist dadurch so prekär, daß ihre gesellschaftliche Daseinsordnung gegenwärtig überhaupt ohne effektives Gesetz der Reproduktion, also ohne gesicherte Fortexistenz ist. Die der Manipulation unheilbar verfallene Marktökonomie versieht die Reproduktion nicht mehr, und die im Formungsprozeß begriffene Arbeitsökonomie, d. h. die Ökonomie des vollvergesellschafteten Arbeitsprozesses versieht die Reproduktion noch nicht. Die fortexistierenden Überreste der Marktökonomie hindern sie daran. Der Kapitalismus muß abgeschafft, die Kapitalisten müssen enteignet, die Produktivkräfte in direkten gesellschaftlichen Gesamtbesitz genommen werden. Das muß durch die Arbeiter geschehen, die die Betriebe ihrer vergesellschafteten Arbeit aus der kapitalistischen in die eigene Regie übernehmen. Aber wer sind »die Arbeiter«? Es wurde schon auf die amerikanische Statistik hingewiesen, wonach die eigentlichen manuellen Arbeitsplätze in der amerikanischen Industrie in den letzten zehn Jahren auf ein Drittel zusammengeschmolzen sind; neben den noch übrigen

5½ Millionen Handarbeitern gibt es dort über 6 Millionen Studenten. Und die Zahl der Handarbeiter ist fortschreitend in der Abnahme, die der Studenten weiter in der Zunahme begriffen. Offenbar hängt von den Studenten mindestens soviel ab wie von den Arbeitern, und beide wachsen in der zunehmend qualifizierten und differenzierten Klasse der direkten Produzenten zusammen. Im einzelnen fällt der hochtechnisierte Produktionsprozeß diesen Produzenten schon sowieso mehr und mehr in die Hände, aber solange das bloß im einzelnen der Fall ist, kommt der Prozeß nur dem kapitalistischen Management zugute. Worauf es ankommt, ist der Schritt vom Einzelnen zum Ganzen, und zwar unter doppeltem Gesichtspunkt. Erstens ist das auch der Schritt von der zunehmenden individuellen Einheit von Hand- und Kopfarbeit in den Teilfunktionen der gesellschaftlichen Gesamtarbeit zu der Einheit von Hand und Kopf auf dem Gesellschaftsniveau eben dieser Gesamtarbeit. Das ist ein Schritt, der im Grunde genommen den ungeheuer schwierigen und komplexeren Prozeß der institutionellen Verwirklichung einer sozialistischen Gesellschaft zunehmend klassenlosen Charakters zum Inhalt hat. Aber zweitens betrifft der Fortgang vom Einzelnen zum Ganzen auch den Schritt vom materiellen Einzelinteresse des kapitalistischen Lohnarbeiters zum politischen und materiellen Interesse der direkten Produzenten als Gesamtklasse. Und dieser Schritt bricht sich am Mangel greifbarer Antriebe für die Übernahme ungeheurer gesellschaftlicher Aufgaben und Verantwortungen, zumal durch die mit dem Taylorsystem ins Dasein getretenen modernen Methoden der Ausbeutung der Arbeitskraft die zu Marx' Zeit noch vorherrschenden Tendenzen der Lohnverschlechterung ersetzt worden sind durch wachsenden Raum für Lohnverbesserungen. Die von Lenin als »Ökonomismus« geschmähten Antriebe seitens der Lohnempfänger haben sich seit den Tagen von Lenin und Rosa Luxemburg im ganzen von irgendwelchen revolutionären Klasseninteressen der Arbeiterschaft nur weiter und weiter entfernt, und wirklich militante Initiativen haben heute den Gewerkschaften gegenüber mancherorts einen ebenso schweren Stand wie gegenüber dem berüchtigten Klassenfeind. Es wird also immer schwieriger, in der Arbeiterschaft materielle Interessen zu finden, die sich politisch in Energien für die soziale Revolution transformieren lassen. Und parteipolitisches marxistisches Denken ist so sehr auf diese Transformationstechnik eingespielt, daß ihm zugleich mit dieser Technik der revolutionäre Wille selbst zu verwelken tendiert. Aber seit dem Ende der Verelendungstendenzen im Proletariat der fortgeschrittenen Länder hat sich die politische Kalkulation auf die materiellen Interessen der Arbeiter an der Revolution mehr und mehr von einer Kalkulation auf die Vernunft der Revolution in eine Kalkulation auf »die List der Vernunft« verwandelt. Gerade so wie bei Hegel der Weltgeist sich der menschlichen Triebe bedient, um seinen Vernunftzwecken der Freiheit zu dienen, so sollen auch hier die materiellen Eigeninteressen der Arbeiter den Hebel zur Realisierung der menschheitlichen Gesamtinteressen bilden. Die Gegensätze sind so groß, daß sich die Parteileitungen über die Schwierigkeiten nicht wundern sollten, die es ihnen macht, die Rolle des Weltgeistes zu spielen. Es wäre aber auch möglich, die potentiellen revolutionären Kräfte für die Vernunft selbst zu interessieren statt nur für ihre List. Auf diese Weise ließe sich die Zweistufigkeit des Bewußtseins vermeiden, das sonst erfahrungsgemäß so leicht einreißt und das sich auch nach der Machtergreifung als Wahrheit mit doppeltem Boden festsetzt, dem einen für die Massen und dem andern für die Elite. Das falsche Bewußtsein, um das es sich da handelt, ist notwendig nur im Sinne der vierten Eigenschaft. Die Gründe der Vernunft hingegen sollten insbesondere von den Studenten Besitz ergreifen, die auf die Suche nach ihnen bereits aufgebrochen sind. Vor allem im Gedanken an sie ist die Abfassung dieser Schrift erfolgt. Sie stehen genau auf der Schwelle, wo das notwendig falsche Bewußtsein durchsichtig wird, wo darum die revolutionären Implikationen seiner Kritik voll begriffen werden können und keinem elitären Mißverständnis ausgesetzt sind. Außerhalb der kapitalistischen Welt sind es nur die Chinesen und vielleicht die Albaner, deren Zielsetzung und Methoden mit den Auffassungen übereinstimmen, die wir hier vertreten. Denn dort scheint, soweit es sich von hier aus beurteilen läßt, das nachdrücklichste Gewicht darauf gelegt zu sein, daß die Regie der Werke und Produktionsunternehmungen effektiv von der Arbeiterschaft ausgeübt und kontrolliert wird, daß die nötigen technischen und organisatorischen Fähigkeiten von den Arbeitern selbst erworben werden, daß die technologischen Institute und Universitäten solche der Arbeiter und für die Arbeiter sind, kurz, daß funktionelle Bürokratie aufs Minimum reduziert ist und nirgends die Kommandogewalt ausübt. Obwohl der Entwicklungsgrad der Produktivkräfte noch nicht oder nur sporadisch der ist, der es ermöglicht, daß die Scheidung zwischen intellektueller und manueller Arbeit selbst verschwindet, wird das Verhältnis zwischen den intellektuellen und den manuellen Arbeitern auf eine Weise gehandhabt, die der Diktatur des Proletariats keinen Abbruch tut. Mit allen nötigen Vorbehalten und Rücksichten darauf, daß es unmöglich ist, sich aus der Entfernung und überhaupt als nicht Dazugehöriger ein zuverlässiges Urteil zu bilden, spreche ich die persönliche Meinung aus, daß in China durch die Kulturrevolution unter der Wachsamkeit und Direktive von Mao die Voraussetzungen geschaffen worden sind dafür, daß dort eine klassenlose Herrschaft der Produzentenschaft sich nicht nur entwickeln soll, sondern tatsächlich in Entwicklung begriffen ist.

Wo die Herrschaft über die Produktion und die Produktionsbedingungen nicht von der Produzentenschaft ausgeübt wird, muß sie von anderen ausgeübt werden, und es muß Klassenherrschaft bestehen, ob das nun kapitalistische oder bürokratische, permanente oder nur transitorische, geteilte oder ungeteilte, kontrollierte oder unkontrollierte Klassenherrschaft ist. Aber in der Epoche, in der wir leben, verliert die gesellschaftliche Synthesis der Marktökonomie ihre unbedingte Macht über das Denken, verliert also das notwendig falsche Bewußtsein seine Undurchsichtigkeit und kann der Klassenherrschaft der Kapitalmächte nicht mehr die Schutzhülle der gebrochenen Freiwilligkeit verschaffen, auf der die bürgerliche Demokratie beruht. Wir treten in eine Epoche der offenen, unverhohlenen Bürgerkriege ein, in der die Dinge bei ihrem unverfälschten Namen genannt werden können, in der die Herrscher als Usurpatoren kenntlich sind und als Usurpatoren den Beherrschten deshalb die Sprache verbieten müssen. Die Wahrheit, der die vorliegende Untersuchung Geltung zu verschaffen dient, hat nichts Unglaubhaftes mehr, aber sie hat den Nutzen, daß sie die Ausdehnung und den Tiefgang dessen zu ermessen hilft, was in der sozialen Umwälzung, die im Gange ist, zur Umwandlung und kritischen Liquidierung steht. Die Usurpatoren vollziehen die faktische Liquidierung des notwendig falschen Bewußtseins, sie setzen an seine Stelle die politische Lüge. Den Revolutionären hingegen liegt die kritische Liquidierung des notwendig falschen Bewußtseins ob, als Weg zu den Wahrheiten, die nötig sind für die Herbeiführung einer modernen klassenlosen Gesellschaft.

Schriften zur Soziologie und Politik in der edition suhrkamp

Anouar Abdel-Malek, Ägypten: Militärgesellschaft

Aktualität und Folgen der Philosophie Hegels

Wilhelm Alff, Der Begriff Faschismus und andere Aufsätze

Juan Maestre Alfonso, Guatemala

Orlando Araujo, Venezuela

Rudolf Augstein, Meinungen zu Deutschland

Paul A. Baran, Unterdrückung und Fortschritt. Essays

Franco Basaglia, Die abweichende Mehrheit

Lelio Basso, Zur Theorie des politischen Konflikts

Beiträge zur marxistischen Erkenntnistheorie
Herausgegeben von Alfred Schmidt

Reinhard Bentmann / Michael Müller
Die Villa als Herrschaftsarchitektur. Versuch einer kunst- und sozialgeschichtlichen Analyse

Black Power. Dokumente und Analysen.
Herausgegeben von Gerhard Amendt

Ernst Bloch, Über Karl Marx

Ernst Bloch, Widerstand und Friede. Aufsätze zur Politik

Américo Boavida, Angola. Zur Geschichte des Kolonialismus

Helmut Böhme
Prolegomena zu einer Sozial- und Wirtschaftsgeschichte Deutschlands im 19. und 20. Jahrhundert

Manuela du Bois-Reymond, Strategien kompensatorischer Erziehung

Hermann Broch, Zur Universitätsreform

Włodzimierz Brus, Funktionsprobleme der sozialistischen Wirtschaft

David Cooper, Psychiatrie und Anti-Psychiatrie

Armando Córdova / Héctor Silva Michelena
Die wirtschaftliche Struktur Lateinamerikas. Drei Studien zur politischen Ökonomie der Unterentwicklung

Dankwart Danckwerts / Hermann Pfütze / Norbert Lechner / Rüdiger Stiebitz, Die Sozialwissenschaften in der Strategie der Entwicklungspolitik

Der CDU-Staat. Analysen zur Verfassungswirklichkeit der Bundesrepublik.
Herausgegeben von Gert Schäfer und Carl Nedelmann

Die verhinderte Demokratie: Modell Griechenland
Herausgegeben von Marios Nikolinakos und Kostas Nikolaou

Dietlind Eckensberger, Sozialisationsbedingungen der öffentlichen Erziehung

Wolfgang Emmerich, Zur Kritik der Volkstumsideologie

Hans Magnus Enzensberger
Deutschland, Deutschland unter anderm. Äußerungen zur Politik

Hans Magnus Enzensberger, Einzelheiten 1. Bewußtseins-Industrie

Frantz Fanon, Aspekte der Algerischen Revolution

Helmut Fleischer, Marxismus und Geschichte

Folgen einer Theorie. Essays über ›Das Kapital‹ von Karl Marx

Doris von Freyberg / Thomas von Freyberg, Zur Kritik der Sexualerziehung

Peter Gäng / Reimut Reiche
Modelle der kolonialen Revolution. Beschreibung und Dokumente

Gefesselte Jugend. Fürsorgeerziehung im Kapitalismus

Daniel Guérin, Anarchismus. Begriff und Praxis

Daniel Guérin, Die amerikanische Arbeiterbewegung 1867–1967

Jürgen Habermas, Protestbewegung und Hochschulreform

Jürgen Habermas, Technik und Wissenschaft als ›Ideologie‹

Jürgen Habermas, Zur Logik der Sozialwissenschaften. Mit Materialien

Mathias Hartig / Ursula Kurz, Sprache als soziale Kontrolle

Wolfgang Fritz Haug, Kritik der Warenästhetik

Wolfgang Fritz Haug, Der hilflose Antifaschismus

Heinz-Joachim Heydorn, Zu einer Neufassung des Bildungsbegriffs

Joachim Hirsch / Stephan Leibfried, Materialien zur Wissenschafts- und Bildungspolitik

Joachim Hirsch, Wissenschaftlicher Fortschritt und politisches System

Elena Hochman / Heinz Rudolf Sonntag
Christentum und politische Praxis: Camilo Torres

Eric J. Hobsbawm
Industrie und Empire 1 und 2. Britische Wirtschaftsgeschichte seit 1750

Werner Hofmann, Abschied vom Bürgertum. Essays und Reden

Werner Hofmann
Stalinismus und Antikommunismus. Zur Soziologie des Ost-West-Konflikts

Werner Hofmann
Universität, Ideologie, Gesellschaft. Beiträge zur Wissenschaftssoziologie

Jürgen Horlemann
Modelle der kolonialen Konterrevolution. Beschreibung und Dokumente

Jürgen Horlemann / Peter Gäng, Vietnam. Genesis eines Konflikts

Gerd Hortleder
Das Gesellschaftsbild des Ingenieurs. Zum politischen Verhalten der Technischen Intelligenz in Deutschland

Jörg Huffschmid, Die Politik des Kapitals.
Konzentration und Wirtschaftspolitik in der Bundesrepublik

Jugendkriminalität, Strafjustiz und Sozialpädagogik
Herausgegeben von Berthold Simonsohn

Robert Kalivoda, Der Marxismus und die moderne geistige Wirklichkeit

Michael Kidron, Rüstung und wirtschaftliches Wachstum

Otto Kirchheimer
Politische Herrschaft. Fünf Beiträge zur Lehre vom Staat

Thomas Krämer-Badoni / Herbert Grymer / Marianne Rodenstein, Zur sozio-ökonomischen Bedeutung des Automobils

Kritik der Mitbestimmung
Mit Beiträgen von Frank Deppe, Jutta von Freyberg, Christof Kievenheim, Regine Meyer, Frank Werkmeister

Kritische Friedensforschung. Herausgegeben von Dieter Senghaas

Reinhard Kühnl, Rainer Rilling, Christine Sager
Die NPD. Struktur, Ideologie und Funktion einer neofaschistischen Partei

Rudolf Kuda, Arbeiterkontrolle in Großbritannien. Theorie und Praxis

R. D. Laing / H. Phillipson / A. R. Lee, Interpersonelle Wahrnehmung

Henri Lefèbvre, Probleme des Marxismus, heute

Henri Lefèbvre, Der dialektische Materialismus

Stephan Leibfried
Die angepaßte Universität. Zur Situation der Hochschulen in der Bundesrepublik und den USA

Manfred Liebel / Franz Wellendorf, Schülerselbstbefreiung.
Voraussetzungen und Chancen der Schülerrebellion

Herbert Marcuse, Ideen zu einer kritischen Theorie der Gesellschaft

Herbert Marcuse, Kultur und Gesellschaft 1 und 2

Herbert Marcuse, Versuch über die Befreiung

Antworten auf Herbert Marcuse. Herausgegeben von Jürgen Habermas

Paul Mattick, Bernd Rabehl, Ernest Mandel und Jurij Tynjanov
Lenin. Revolution und Politik

Gustav Mayer, Radikalismus, Sozialismus und bürgerliche Demokratie

Christian Meier
Entstehung des Begriffs ›Demokratie‹. Vier Prolegomena zu einer historischen Theorie

Johann Most, Kapital und Arbeit

Barrington Moore, Zur Geschichte der politischen Gewalt

Moral und Gesellschaft
Mit Beiträgen von Karel Kosík, Jean-Paul Sartre, Cesare Luporini, Roger Garaudy, Galvano della Volpe, Mihailo Marković und Adam Schaff

Die Münchner Räterepublik
Zeugnisse und Kommentar. Herausgegeben von Tankred Dorst

Kritik der Notstandsgesetze
Kommentierungen. Mit dem Text der Notstandsverfassung. Herausgegeben von Dieter Sterzel

Ulrich Oevermann, Sprache und soziale Herkunft

Carl Oglesby / Richard Shaull
Amerikanische Ideologie. Zwei Studien über Politik und Gesellschaft in den USA

Eduard Parow, Psychotisches Verhalten

Helge Pross / K. W. Boetticher, Manager des Kapitalismus

Helge Pross, Über Bildungschancen von Mädchen in der Bundesrepublik

Ulrich K. Preuß, Das politische Mandat der Studentenschaft

Psychoanalyse als Sozialwissenschaft

Xenia Rajewsky, Arbeitskampfrecht in der Bundesrepublik

Trutz Rendtorff / Heinz Eduard Tödt
Theologie der Revolution. Analysen und Materialien

Bero Rigauer, Sport und Arbeit

Héctor Béjar Rivera
Peru 1965. Aufzeichnungen eines Guerilla-Aufstands

Ulrich Rödel, Forschungsprioritäten und technologische Entwicklung

Hans Rosenberg, Probleme der deutschen Sozialgeschichte

Eberhard Schmidt, Ordnungsfaktor oder Gegenmacht

Dieter Schneider / Rudolf Kuda
Arbeiterräte in der Novemberrevolution. Ideen, Wirkungen, Dokumente

Stuart R. Schram, Die permanente Revolution in China

Ursula Schumm-Garling, Herrschaft in der industriellen Arbeitsorganisation

Bernhard Schütze
Rekonstruktion der Freiheit. Die politischen Oppositionsbewegungen in Spanien

Ulrich Sonnemann
Institutionalismus und studentische Opposition. Thesen zur Ausbreitung des Ungehorsams in Deutschland

Kritik der Strafrechtsreform
Beiträge von Carl Nedelmann, Peter Thoss, Hubert Bacia und Walther Ammann

Gisela Stütz, Berufspädagogik unter ideologiekritischem Aspekt

Paul M. Sweezy, Theorie der kapitalistischen Entwicklung

Paul M. Sweezy
Die Zukunft des Kapitalismus und andere Aufsätze zur politischen Ökonomie

Thesen zur Kritik der Soziologie. Herausgegeben von Bernhard Schäfers

Albrecht Wellmer, Kritische Gesellschaftstheorie und Positivismus

Lutz Winckler
Studie zur gesellschaftlichen Funktion faschistischer Sprache

Robert Paul Wolff, Das Elend des Liberalismus

Bibliothek Suhrkamp

286 André Maurois, Auf den Spuren von Marcel Proust
287 Bertolt Brecht, Über Klassiker
288 Jiří Kolař, Das sprechende Bild
289 Alfred Döblin, Die beiden Freundinnen und ihr Giftmord
290 Alexander Block, Der Sturz des Zarenreichs
292 Ludwig Hohl, Nächtlicher Weg
293 Djuna Barnes, Nachtgewächs
294 Paul Valéry, Windstriche
295 Bernard Shaw, Die heilige Johanna
296 Hermann Kasack, Die Stadt hinter dem Strom
297 Peter Weiss, Hölderlin
298 Henri Michaux, Turbulenz im Unendlichen
299 Boris Pasternak, Initialen der Leidenschaft
300 Hermann Hesse, Mein Glaube
301 Italo Svevo, Ein Mann wird älter
302 Siegfried Kracauer, Über die Freundschaft
303 Samuel Beckett, Le dépeupler Der Verwaiser
305 Ramón José Sender, Der König und die Königin
306 Hermann Broch, James Joyce und die Gegenwart
307 Sigmund Freud, Briefe
309 Bernard Shaw, Handbuch des Revolutionärs
310 Adolf Nowaczyński, Der schwarze Kauz
311 Donald Barthelme, City Life
312 Günter Eich, Gesammelte Maulwürfe
313 James Joyce, Kritische Schriften
314 Oscar Wilde, Das Bildnis des Dorian Gray
315 Tschingis Aitmatov, Dshamilja
316 Ödön von Horváth, Kasimir und Karoline
317 Thomas Bernhard, Der Ignorant und der Wahnsinnige
318 Princesse Bibesco, Begegnung mit Marcel Proust
319 John Millington Synge, Die Aran-Inseln
320 Bernard Shaw, Über die Ehe
321 Henry James, Die Tortur
322 Edward Bond, Lear
323 Ludwig Hohl, Vom Erreichbaren und vom Unerreichbaren
324 Alexander Solschenizyn, Matrjonas Hof
325 Jerzy Andrzejewski, Appellation
326 Pio Baroja, Shanti Andía, der Ruhelose
327 Samuel Beckett, Mercier und Camier
328 Mircea Eliade, Auf der Mântuleasa Straße

329 Hermann Hesse, Kurgast
330 Peter Szondi, Celan-Studien
331 Hans Erich Nossack, Spätestens im November
332 Wenjamin Alexandrowitsch Kawerin, Das Ende einer Bande
333 Gershom Scholem, Judaica 3
334 Ricarda Huch, Michael Bakunin und die Anarchie
335 Bertolt Brecht, Svendborger Gedichte
336 Francis Ponge, Im Namen der Dinge
337 Bernard Shaw, Wagner-Brevier
338 James Joyce, Stephen der Held
339 Zbigniew Herbert, Im Vaterland der Mythen
340 Hermann Broch, Barbara
341 Nathalie Sarraute, Tropismen
342 Hermann Hesse, Stufen
343 Rainer Maria Rilke, Malte Laurids Brigge
344 Hermann Hesse, Glück
345 Peter Huchel, Gedichte
346 Adolf Portmann, Vom Lebendigen
347 Ingeborg Bachmann, Gier
348 Knut Hamsun, Mysterien
349 Boris Pasternak, Schwarzer Pokal
350 James Joyce, Ein Porträt des Künstlers
351 Franz Kafka, Die Verwandlung
352 Hans-Georg Gadamer, Wer bin Ich und wer bist Du?
353 Hermann Hesse, Eigensinn
354 Wladimir W. Majakowskij, Ich
356 Werner Kraft, Spiegelung der Jugend
357 Edouard Roditi, Dialoge über Kunst
358 Miguel Angel Asturias, Legenden aus Guatemala
359 Bernard Shaw, Der Kaiser von Amerika
360 Bohumil Hrabal, Moritaten und Legenden
361 Ödön von Horváth, Glaube Liebe Hoffnung
363 Richard Hughes, Ein Sturmwind über Jamaika
365 Wolfgang Hildesheimer, Tynset
366 Stanisław Lem, Robotermärchen
367 Hans Mayer, Goethe
368 Günter Eich, Gedichte
369 Hermann Hesse, Iris
370 Paul Valéry, Eupalinos
371 Paul Ludwig Landsberg, Die Erfahrung des Todes
384 Zbigniew Herbert, Inschrift
386 Joseph Conrad, Jugend
388 Ernst Bloch, Erbschaft dieser Zeit

edition suhrkamp

519 Ulrich Oevermann, Sprache und soziale Herkunft
520 Melchior Schedler, Kindertheater
521 Ernest Mandel, Der Spätkapitalismus
522 Urs Jaeggi, Literatur und Politik
523 Ulrich Rödel, Forschungsprioritäten und technologische Entwicklung
524 Melanie Jaric, Geh mir aus der Sonne. *Prosa*
525 Peter Bürger, Studien zur französischen Frühaufklärung
526 Herbert Brödl, fingerabdrücke. Schrottplatztexte
527 Über Karl Krolow. Herausgegeben von Walter Helmut Fritz
528 Ursula Schumm-Garling, Herrschaft in der industriellen Arbeitsorganisation
529 Hans Jörg Sandkühler, Praxis und Geschichtsbewußtsein
530 Eduard Parow, Psychotisches Verhalten
531 Dieter Kühn, Grenzen des Widerstands
533 Materialien zu Ödön von Horváths ›Geschichten aus dem Wienerwald‹
534 Ernst Bloch, Vom Hasard zur Katastrophe. Politische Aufsätze 1934–1939
535 Heinz-Joachim Heydorn, Zu einer Neufassung des Bildungsbegriffs
536 Brigitte Eckstein, Hochschuldidaktik
537 Franco Basaglia, Die abweichende Mehrheit
538 Klaus Horn, Gruppendynamik und der ›subjektive Faktor‹
539 Gastarbeiter. Herausgegeben von Ernst Klee
540 Thomas Krämer-Badoni / Herbert Grymer / Marianne Rodenstein, Zur sozio-ökonomischen Bedeutung des Automobils
541 Über H. C. Artmann. Herausgegeben von Gerald Bisinger
542 Arnold Wesker, Die Küche
543 Detlef Kantowsky, Indien
544 Peter Hacks, Das Poetische
546 Frauen gegev den § 218. 18 Protokolle, aufgezeichnet von Alice Schwarzer
547 Wlodzimierz Brus, Wirtschaftsplanung. Für ein Konzept der politischen Ökonomie
548 Otto Kirchheimer, Funktionen des Staats und der Verfassung
549 Claus Offe, Strukturprobleme des kapitalistischen Staates
550 Manfred Clemenz, Zur Entstehung des Faschismus
551 Herbert Achternbusch, L'Etat c'est moi
552 Über Jürgen Becker
553 Hans Magnus Enzensberger, Das Verhör von Habana

555 Alfred Sohn-Rethel, Geistige und körperliche Arbeit
556 Becker / Jungblut, Strategien der Bildungsproduktion
557 Karsten Witte, Theorie des Kinos
558 Herbert Brödl, Der kluge Waffenfabrikant und die dummen Revolutionäre
559 Über Ror Wolf. Herausgegeben von Lothar Baier
560 Rainer Werner Fassbinder, Antiteater 2
561 Branko Horvat, Jugosl. Gesellschaft
562 Margaret Wirth, Kapitalismustheorie in der DDR
563 Imperialismus und strukturelle Gewalt. Herausgegeben von Dieter Senghaas
565 Agnes Heller, Marxistische Theorie der Werte
566/67 William Hinton, Fanshen
568 Henri Lefebvre, Soziologie nach Marx
569 Imanuel Geiss, Geschichte und Geschichtswissenschaft
570 Werner Hecht, Sieben Studien über Brecht
571 Materialien zu Hermann Brochs »Die Schlafwandler«
572 Alfred Lorenzer, Gegenstand der Psychoanalyse
573 Friedhelm Nyssen u. a., Polytechnik in der Bundesrepublik Deutschland
575 Determinanten der westdeutschen Restauration 1945–1949
576 Sylvia Streeck, Wolfgang Streeck, Parteiensystem und Status quo
577 Prosper Lissagaray, Geschichte der Commune von 1871
580 Dorothea Röhr, Prostitution
581 Gisela Brandt, Johanna Kootz, Gisela Steppke, Zur Frauenfrage im Kapitalismus
582 Jurij M. Lotmann, Struktur d. künstl. Textes
583 Gerd Loschütz, Sofern die Verhältnisse es zulassen
584 Über Ödön von Horváth
585 Ernst Bloch, Das antizipierende Bewußtsein
586 Franz Xaver Kroetz, Neue Stücke
587 Johann Most, Kapital und Arbeit. Herausgegeben von Hans Magnus Enzensberger
588 Henryk Grynberg, Der jüdische Krieg
589 Gesellschaftsstrukturen. Herausgegeben von Oskar Negt und Klaus Meschkat
590 Theodor W. Adorno, Zur Metakritik der Erkenntnistheorie
591 Herbert Marcuse, Konterrevolution und Revolte
592 Autonomie der Kunst
593 Probleme der internationalen Beziehungen. Herausgegeben von Ekkehart Krippendorff
594 Materialien zum Leben und Schreiben der Marieluise Fleißer

595/596 Ernest Mandel, Marxistische Wirtschaftstheorie
597 Rüdiger Bubner, Dialektik und Wissenschaft
598 Technologie und Kapital. Herausgegeben von Richard Vahrenkamp
599 Karl Otto Hondrich, Theorie der Herrschaft
600 Wislawa Szymbroska, Salz
601 Norbert Weber, Über die Ungleichheit der Bildungschancen in der BRD
602 Armando Córdova, Heterogenität
603 Bertolt Brecht, Der Tui-Roman
606 Henner Hess / Achim Mechler, Ghetto ohne Mauern
607 Wolfgang F. Haug, Bestimmte Negation
608 Hartmut Neuendorff, Der Begriff d. Interesses
610 Tankred Dorst, Eiszeit
611 Materialien zu Horvaths »Kasimir und Karoline«. Herausgegeben von Traugott Krischke
612 Stanislaw Ossowski, Die Besonderheiten der Sozialwissenschaften
613 Marguerite Sechehaye, Tagebuch einer Schizophrenen
614 Walter Euchner, Egoismus und Gemeinwohl
619 Manfred Riedel, System und Geschichte
621 Gaston Salvatore, Büchners Tod
622 Gert Ueding, Glanzvolles Elend
623 Jürgen Habermas, Legitimationsprobleme im Spätkapitalismus
624 Heinz Schlaffer, Der Bürger als Held
625 Claudia von Braunmühl, Kalter Krieg und friedliche Koexistenz
626 Ulrich K. Preuß, Legalität und Pluralismus
627 Marina Neumann-Schönwetter, Psychosexuelle Entwicklung und Schizophrenie
628 Lutz Winckler, Kulturwarenproduktion
629 Karin Struck, Klassenliebe
631 Bassam Tibi, Militär und Sozialismus in der Dritten Welt
632 Aspekte der Marxschen Theorie 1
635 Manfred Jendryschik, Frost und Feuer, ein Protokoll und andere Erzählungen
636 Paul A. Baran, Paul M. Sweezy, Monopolkapital. Ein Essay über die amerikanische Wirtschafts- und Gesellschaftsordnung
637 Alice Schwarzer, Frauenarbeit – Frauenbefreiung
638 Architektur und Kapitalverwertung
639 Oskar Negt, Alexander Kluge, Öffentlichkeit und Erfahrung
641 Paavo Haavikko, Gedichte
642 Martin Walser, Wie und wovon handelt Literatur
644 Rolf Tiedemann, Studien z. Philosophie Walter Benjamins
646 H. J. Schmitt, Expressionismus-Debatte
647 Hans Mayer, Über Peter Huchel

Alphabetisches Verzeichnis der edition suhrkamp

Abdel-Malek, Ägypten 503
Abendroth, Sozialgeschichte 106
Achternbusch, Löwengebrüll 439
Achternbusch, L'Etat c'est moi 551
Adam, Südafrika 343
Adorno, Drei Studien zu Hegel 38
Adorno, Eingriffe 10
Adorno, Impromptus 267
Adorno, Kritik 469
Adorno, Jargon der Eigentlichkeit 91
Adorno, Moments musicaux 54
Adorno, Ohne Leitbild 201
Adorno, Stichworte 347
Adorno, Zur Metakritik der
  Erkenntnistheorie 590
Über Theodor W. Adorno 429
Aggression und Anpassung 282
Ajgi, Beginn der Lichtung 448
Alff, Der Begriff Faschismus 465
Alfonso, Guatemala 457
Andersch, Die Blindheit 133
Antworten auf H. Marcuse 263
Araujo, Venezuela 494
Architektur als Ideologie 243
Architektur und Kapitalverwertung 638
Artmann, Frankenstein/Fleiß 320
Über Artmann 541
Arzt und Patient in der Industriegesell-
  schaft, hrsg. von O. Döhner 643
Aspekte der Marxschen Theorie 1 632
Aue, Blaiberg 423
Augstein, Meinungen 214
Autonomie der Kunst 592
Baczko, Weltanschauung 306
Baran, Unterdrückung 179
Baran, Zur politisch. Ökonomie 277
Baran/Sweezy, Monopolkapital 636
Barthelme, Dr. Caligari 371
Barthes, Mythen des Alltags 92
Barthes, Kritik und Wahrheit 218
Barthes, Literatur 303
Basaglia, Die abweichende Mehr-
  heit 537
Basso, Theorie d. polit. Konflikts 308
Baudelaire, Tableaux Parisiens 34
Baumgart, Literatur f. Zeitgen. 186
Becker, H. Bildungsforschung 483
Becker, H. / Jungblut, Strategien der
  Bildungsproduktion 556

Becker, Felder 61
Becker, Ränder 351
Über Jürgen Becker 552
Beckett, Aus einem Werk 145
Beckett, Fin de partie · Endspiel 96
Materialien zum ›Endspiel‹ 286
Beckett, Das letzte Band 389
Beckett, Warten auf Godot 3
Behrens, Gesellschaftsausweis 458
Beiträge zur Erkenntnistheorie 349
Benjamin, Hörmodelle 468
Benjamin, Das Kunstwerk 28
Benjamin, Über Kinder 391
Benjamin, Kritik der Gewalt 103
Benjamin, Städtebilder 17
Benjamin, Versuche über Brecht 172
Über Walter Benjamin 250
Bentmann/Müller, Villa 396
Bergman, Wilde Erdbeeren 79
Bernhard, Amras 142
Bernhard, Fest für Boris 440
Bernhard, Prosa 213
Bernhard, Ungenach 279
Bernhard, Watten 353
Über Thomas Bernhard 401
Bertaux, Hölderlin 344
Birnbaum, Die Krise der industriellen
  Gesellschaft 386
Black Power 438
Bloch, Ch. Die SA 434
Bloch, Avicenna 22
Bloch, Das antizipierende
  Bewußtsein 585
Bloch, Christian Thomasius 193
Bloch, Durch die Wüste 74
Bloch, Hegel 413
Bloch, Pädagogica 455
Bloch, Tübinger Einleitung I 11
Bloch, Tübinger Einleitung II 58
Bloch, Über Karl Marx 291
Bloch, Vom Hasard zur Kata-
  strophe 534
Bloch, Widerstand und Friede 257
Über Ernst Bloch 251
Block, Ausgewählte Aufsätze 71
Blumenberg, Wende 138
Boavida, Angola 366
Bødker, Zustand Harley 309
Böhme, Soz.- u. Wirtschaftsgesch. 253

Bond, Gerettet. Hochzeit 461
Bond, Schmaler Weg 350
Brandt u. a., Zur Frauenfrage im Kapitalismus 581
Brandys, Granada 167
Braun, Gedichte 397
v. Braunmühl, Kalter Krieg u. friedliche Koexistenz 625
Brecht, Antigone/Materialien 134
Brecht, Arturo Ui 144
Brecht, Ausgewählte Gedichte 86
Brecht, Baal 170
Brecht, Baal der asoziale 248
Brecht, Brotladen 339
Brecht, Der gute Mensch 73
Materialien zu ›Der gute Mensch‹ 247
Brecht, Der Tui-Roman 603
Brecht, Die Dreigroschenoper 229
Brecht, Die heilige Johanna 113
Brecht, Die heilige Johanna / Fragmente und Varianten 427
Brecht, Die Maßnahme 415
Brecht, Die Tage der Commune 169
Brecht, Furcht und Elend 392
Brecht, Gedichte aus Stücken 9
Brecht, Herr Puntila 105
Brecht, Im Dickicht 246
Brecht, Jasager – Neinsager 171
Brecht, Julius Caesar 332
Brecht, Kaukasischer Kreidekreis 31
Materialien zum ›Kreidekreis‹ 155
Brecht, Kuhle Wampe 362
Brecht, Leben des Galilei 1
Materialien zu Brechts ›Galilei‹ 44
Brecht, Leben Eduards II. 245
Brecht, Mahagonny 21
Brecht, Mann ist Mann 259
Brecht, Mutter Courage 49
Materialien zu Brechts ›Courage‹ 50
Materialien zu ›Die Mutter‹ 305
Brecht, Die Mutter. Regiebuch 517
Brecht, Realismus 485
Brecht, Schauspieler 384
Brecht, Schweyk 132
Brecht, Simone Machard 369
Brecht, Politik 442
Brecht, Theater 377
Brecht, Trommeln in der Nacht 490
Brecht, Über Lyrik 70
Broch, Universitätsreform 301
Materialien zu Hermann Brochs »Die Schlafwandler« 571
Brödl, Der kluge Waffenfabrikant 558
Brödl, Fingerabdrücke 526

Brooks, Paradoxie im Gedicht 124
Brudziński, Katzenjammer 162
Brus, Funktionsprobleme 472
Brus, Wirtschaftsplanung 547
Bubner, Dialektik u. Wissenschaft 597
Bürger, Franz. Frühaufklärung 525
Bulthaup, Zur gesellschaftlichen Funktion der Naturwissenschaften 670
Burke, Dichtung 153
Burke, Rhetorik 231
Cabral de Melo Neto, Gedichte 295
Carr, Neue Gesellschaft 281
Celan, Ausgewählte Gedichte 262
Über Paul Celan 495
Chomsky, Verantwortlichkeit 482
Clemenz, Zur Entstehung des Faschismus 550
Cooper, Psychiatrie 497
Córdova/Michelena, Lateinam. 311
Córdova, Heterogenität 602
Cosić, Wie unsere Klaviere 289
Creeley, Gedichte 227
Crnčević, Staatsexamen 192
Crnjanski, Ithaka 208
Dalmas, schreiben 104
Davičo, Gedichte 136
Deutsche und Juden 196
Determinanten der westdeutschen Restauration 1945–1949 575
Di Benedetto, Stille 242
Die Expressionismus-Debatte, herausgeben von H.-J. Schmitt 646
Dobb, Organis. Kapitalismus 166
Dorst, Eiszeit 610
Dorst, Toller 294
du Bois-Reymond, Strategien kompens. Erziehung 507
Dunn, Battersea 254
Duras, Ganze Tage in Bäumen 80
Duras, Hiroshima mon amour 26
Eckensberger, Sozialisationsbedingungen 466
Eckstein, Hochschuldidaktik 536
Eich, Abgelegene Gehöfte 288
Eich, Botschaften des Regens 48
Eich, Mädchen aus Viterbo 60
Eich, Setúbal. Lazertis 5
Eich, Unter Wasser 89
Über Günter Eich 402
Eichenbaum, Aufsätze 119
Eliot, Die Cocktail Party 98
Eliot, Der Familientag 152
Eliot, Mord im Dom 8
Eliot, Staatsmann 69

Eliot, Was ist ein Klassiker? 33
Emmerich, Volkstumsideologie 502
Enzensberger, Blindenschrift 217
Enzensberger, Deutschland 203
Enzensberger, Einzelheiten I 63
Enzensberger, Einzelheiten II 87
Enzensberger, Gedichte 20
Enzensberger, Landessprache 304
Enzensberger, Das Verhör von
 Habana 553
Über H. M. Enzensberger 403
Eschenburg, Über Autorität 129
Euchner, Egoismus u. Gemeinwohl 614
Existentialismus und Marxismus 116
Fanon, Algerische Revolution 337
Fassbinder, Antiteater 443
Fassbinder, Antiteater 2 560
Filho, Corpo vivo 158
Fleischer, Marxismus 323
Fleißer, Materialien 594
Folgen einer Theorie 226
Formalismus 191
Foucault, Psychologie 272
Frauen gegen den § 218 546
Frauenarbeit – Frauenbefreiung 637
Franzen, Aufklärungen 66
Freeman/Cameron/McGhie, Schizophrenie 346
Freyberg, Sexualerziehung 467
Frisch, Ausgewählte Prosa 36
Frisch, Biedermann 41
Frisch, Chinesische Mauer 65
Frisch, Don Juan 4
Frisch, Stücke 154
Frisch, Graf Öderland 32
Frisch, Öffentlichkeit 209
Frisch, Zürich – Transit 161
Über Max Frisch 404
Fromm, Sozialpsychologie 425
Gäng/Reiche, Revolution 228
Gastarbeiter 539
Gefesselte Jugend 514
Geiss, Studien über Geschichte 569
Germanistik 204
Goeschel/Heyer/Schmidbauer,
 Soziologie d. Polizei 1 380
Goethe, Tasso. Regiebuch 459
Grass, Hochwasser 40
Gravenhorst, Soz. Kontrolle 368
Grote, Alles ist schön 274
Gründgens, Theater 46
Grynberg, Der jüdische Krieg 588
Guérin, Am. Arbeiterbewegung 372
Guérin, Anarchismus 240

Guggenheimer, Alles Theater 150
Goffman, Asyle 678
Haavikko, Jahre 115
Haavikko, Gedichte 641
Habermas, Logik d. Soz. Wissensch. 481
Habermas, Protestbewegung 354
Habermas, Technik und Wissenschaft 287
Habermas, Legitimationsprobleme im
 Spätkapitalismus 623
Hacks, Das Poetische 544
Hacks, Stück nach Stücken 122
Hacks, Zwei Bearbeitungen 47
Hamelink, Horror vacui 221
Handke, Die Innenwelt 307
Handke, Kaspar 322
Handke, Publikumsbeschimpfung 177
Handke, Wind und Meer 431
Handke, Ritt üb. d. Bodensee 509
Über Peter Handke 518
Hannover, Rosa Luxemburg 233
Hartig/Kurz, Sprache 453
Haug, Antifaschismus 236
Haug, Kritik d. Warenästhetik 513
Haug, Bestimmte Negation 607
Hayden, Prozeß von Chicago 477
Hecht, Sieben Studien über Brecht 570
Philosophie Hegels 441
Heller, Nietzsche 67
Heller, Studien zur Literatur 42
Heller, Hypothese zu einer marxistischen Werttheorie 565
Hennicke, Probleme des Sozialismus 640
Hennig, Thesen zur dt. Sozial- und Wirtschaftsgeschichte 662
Henrich, Hegel 510
Herbert, Ein Barbar 1 111
Herbert, Ein Barbar 2 365
Herbert, Gedichte 88
Hess/Mechler, Ghetto ohne Mauern 606
E. Hesse, Beckett. Eliot. Pound 491
Hesse, Geheimnisse 52
Hesse, Späte Prosa 2
Hesse, Tractat vom Steppenwolf 84
Heydorn, Neufassung des Bildungsbegriffs 535
Hildesheimer, Das Opfer Helena 118
Hildesheimer, Interpretationen 297
Hildesheimer, Mozart/Beckett 190
Hildesheimer, Nachtstück 23
Hildesheimer, Walsers Raben 77
Über Wolfgang Hildesheimer 488
Hinton, Fanshen 566/67

Hirsch, Wiss.-tech. Fortschritt 437
Hirsch/Leibfried, Bildungspolitik 480
Hochman/Sonntag, Camilo Torres 363
Hobsbawm, Industrie 1 315
Hobsbawm, Industrie 2 316
Hochmann, Thesen zu einer Gemeinde-
  psychiatrie 618
Hofmann, Abschied 399
Hofmann, Stalinismus 222
Hofmann, Universität, Ideologie 261
Höllerer, Gedichte 83
Hondrich, Theorie der Herrschaft 599
Horlemann/Gäng, Vietnam 173
Horlemann, Konterrevolution 255
Horn, Dressur oder Erziehung 199
Horn, Gruppendynamik 538
Hortleder, Ingenieur 394
Hortleder, Ingenieure in der Industriege-
  sellschaft 663
Materialien zu Ödön von Horváth 436
Materialien zu Ödön v. Horváths ›Ge-
  schichten aus dem Wiener Wald‹ 533
Materialien zu Horváths ›Glaube Liebe
  Hoffnung‹ 617
Materialien zu Horváths ›Kasimir und
  Karoline‹ 611
Über Ödön von Horváth 584
Horvat, B., Die jugosl. Gesellschaft 561
Hrabal, Die Bafler 180
Hrabal, Tanzstunden 126
Hrabal, Zuglauf überwacht 256
Über Peter Huchel 647
Hüfner, Straßentheater 424
Huffschmid, Politik des Kapitals 313
Huppert, Majakowskij 182
Hyry, Erzählungen 137
Imperialismus und strukturelle Gewalt.
  Herausgg. von Dieter Senghaas 563
Institutionen in prim. Gesellsch. 195
Jaeggi, Literatur u. Politik 522
Jakobson, Kindersprache 330
Janker, Aufenthalte 198
Jaric, Geh mir aus der Sonne 524
Jauß, Literaturgeschichte 418
Jedlička, Unterwegs 328
Jendryschik, Frost und Feuer 635
Jensen, Epp 206
Johnson, Das dritte Buch 100
Johnson, Karsch 59
Über Uwe Johnson 405
Jonke, Glashausbesichtigung 504
Jonke, Leuchttürme 452
Joyce, Dubliner Tagebuch 216
Materialien zu Joyces Dubliner 357

Jugendkriminalität 325
Juhász, Gedichte 168
Kalivoda, Marxismus 373
Kantowsky, Indien 543
Kasack, Das unbekannte Ziel 35
Kaschnitz, Beschreibung 188
Kidron, Rüstung und wirtschaftl.
  Wachstum 464
Kipphardt, Hund des Generals 14
Kipphardt, Joel Brand 139
Kipphardt, Oppenheimer 64
Kipphardt, Die Soldaten 273
Kipphardt, Stücke I 659
Kirchheimer, Polit. Herrschaft 220
Kirchheimer, Politik u. Verfassung 95
Kirchheimer, Funktionen des
  Staats 548
Kleemann, Studentenopposition 381
Kluge, Lernprozesse mit tödlichem Aus-
  gang 665
Kolko, Besitz und Macht 239
Kovač, Schwester Elida 238
Kracauer, Straßen von Berlin 72
Krämer-Badoni/Grymer/Rodenstein,
  Bedeutung des Automobils 540
Krasiński, Karren 388
Kritische Friedensforschung 478
Kristl, Sekundenfilme 474
KRIWET, Apollo Amerika 410
Kroetz, Drei Stücke 473
Kroetz, Neue Stücke 586
Krolow, Ausgewählte Gedichte 24
Krolow, Landschaften für mich 146
Krolow, Schattengefecht 78
Über Karl Krolow 527
Kruuse, Oradour 327
Kuckuk, Räterepublik Bremen 367
Kuda, Arbeiterkontrolle 412
Kühn, Grenzen des Widerstands 531
Kühnl/Rilling/Sager,Die NPD 318
Lagercrantz, Nelly Sachs 212
Laing, Phänomenologie 314
Laing/Cooper, Vernunft und Gewalt
Laing/Phillipson/Lee, Interpers. Wahr-
  nehmung 499
Lange, Gräfin 360
Lange, Hundsprozeß/Herakles 260
Lange, Marski 107
Lefebvre, Marxismus 99
Lefebvre, Materialismus 160
Lefebvre, Soziologie nach Marx 568
Lefèvre W. Hist. Charakter bürgerl.
  Soziologie 516
Lehrlingsprotokolle 511

Leibfried, Angepaßte Universität 265
Lempert, Leistungsprinzip 451
Lenin 383
Lévi-Strauss, Totemismus 128
Liebel/Wellendorf, Schülerselbstbefreiung 336
Linhartová, Diskurs 200
Linhartová, Geschichten 141
Linhartová, Haus weit 416
Lissagaray, Pariser Commune 577
Loewenstein, Antisemitismus 241
Lorenzer, Kritik 393
Lorenzer, Gegenstand der Psychoanalyse 572
Loschütz, Gegenstände 470
Loschütz, Sofern die Verhältnisse es zulassen 583
Lotman, Struktur des künstlerischen Textes 582
Majakowskij, Verse 62
Malecki, Spielräume 333
Malerba, Schlange 312
Mandel, Marxistische Wirtschaftstheorie Band 1 und 2 595/96
Mandel, Der Spätkapitalismus 521
Mándy, Erzählungen 176
Marcuse, Befreiung 329
Marcuse, Konterrevolution u. Revolte 591
Marcuse, Kultur u. Gesellschaft I 101
Marcuse, Kultur u. Gesellschaft II 135
Marcuse, Theorie d. Gesellschaft 300
Marković, Dialektik der Praxis 285
Marx und die Revolution 430
Mayer, Anmerkungen zu Brecht 143
Mayer, Anmerkungen zu Wagner 189
Mayer, Das Geschehen 342
Mayer, Radikalismus, Sozialismus 310
Mayer, Repräsentant 463
Mayer, Über Peter Huchel 647
Mayoux, Über Beckett 157
Meier, ›Demokratie‹ 387
Merleau-Ponty, Humanismus I 147
Merleau-Ponty, Humanismus II 148
Michaels, Loszittern 409
Michel, Sprachlose Intelligenz 270
Michelsen, Drei Akte. Helm 140
Michelsen, Drei Hörspiele 489
Michelsen, Stienz. Lappschiess 39
Michiels, Das Buch Alpha 121
Michiels, Orchis militaris 364
Minder, ›Hölderlin‹ 275
Kritik der Mitbestimmung 358
Mitscherlich, Krankheit I 164

Mitscherlich, Krankheit II 237
Mitscherlich, Unwirtlichkeit 123
Materialien zu Marieluise Fleißer 594
Moore, Geschichte der Gewalt 187
Moral und Gesellschaft 290
Moser, Repress. Krim.psychiatrie 419
Moser/Künzel, Gespräche mit Eingeschlossenen 375
Most, Kapital und Arbeit 587
Müller, Philoktet. Herakles 5 163
Mueller, Wolf/Halbdeutsch 382
Münchner Räterepublik 178
Mukařovský, Ästhetik 428
Mukařovský, Poetik 230
Myrdal, Aufsätze u. Reden 492
Myrdal, Objektivität 508
Napoleoni, Ökonom. Theorien 244
Nápravník, Gedichte 376
Negt, Öffentlichkeit und Erfahrung 639
Negt, Gesellschaftsstrukturen 589
Neumann-Schönwetter, Psychosexuelle Entwicklung 627
Neuendorff, Begriff des Interesses 608
Nezval, Gedichte 235
Neues Hörspiel 476
Nossack, Das Mal u. a. Erzählungen 97
Nossack, Das Testament 117
Nossack, Der Neugierige 45
Nossack, Der Untergang 19
Nossack, Literatur 156
Nossack, Pseudoautobiograph. Glossen 445
Über Hans Erich Nossack 406
Kritik der Notstandsgesetze 321
Nowakowski, Kopf 225
Nyssen, Polytechnik in der BRD 573
Obaldia, Wind in den Zweigen 159
Oevermann, Sprache und soziale Herkunft 519
Oglesby/Shaull, Am. Ideologie 314
Offe, Strukturprobleme 549
Olson, Gedichte 112
Ossowski, Besonderheiten der Sozialwissenschaften 612
Ostaijen, Grotesken 202
Padilla, Außerhalb des Spiels 506
Parow, Psychotisches Verhalten 530
Pavlović, Gedichte 268
Penzoldt, Zugänge 6
Pinget, Monsieur Mortin 185
Plädoyer f. d. Abschaff. d. § 175 175
Ponge, Texte zur Kunst 223
Poss, Zwei Hühner 395

Preuß, Studentenschaft 317
Preuß, Legalität und Pluralismus 626
Price, Ein langes Leben 120
Probleme der intern. Beziehungen 593
Probleme des Sozialismus und der Übergangsgesellschaften 640
Probleme einer materialistischen Staatstheorie, herausgg. von J. Hirsch 617
Pross, Bildungschancen 319
Pross/Boetticher, Manager 450
Proust, Tage des Lesens 37
Psychoanalyse als Sozialwiss. 454
Queneau, Mein Freund Pierrot 76
Queneau, Zazie in der Metro 29
Raddatz, Verwerfungen 515
Rajewsky, Arbeitskampfrecht 361
Recklinghausen, James Joyce 283
Reinshagen, Doppelkopf. Marilyn Monroe 486
Riedel, Hegels Rechtsphilosophie 355
Riedel, Hegel und Marx 619
Riesman, Freud 110
Rigauer, Sport und Arbeit 348
Ritter, Hegel 114
Rivera, Peru 421
Robinson, Ökonomie 293
Rödel, Forschungsprioritäten 523
Roehler, Ein angeschw. Mann 165
Röhr, Prostitution 580
Romanowiczowa, Der Zug 93
Ronild, Die Körper 462
Rosenberg, Sozialgeschichte 340
Rózewicz, Schild a. Spinngeweb 194
Runge, Bottroper Protokolle 271
Runge, Frauen 359
Runge, Reise nach Rostock 479
Russell, Probleme d. Philosophie 207
Russell, Wege zur Freiheit 447
Sachs, Ausgewählte Gedichte 18
Sachs, Das Leiden Israels 51
Salvatore, Büchners Tod 621
Sandkühler, Praxis 529
Sanguineti, Capriccio italiano 284
Sarduy, Bewegungen 266
Sarraute, Schweigen. Lüge 299
Schäfer/Edelstein/Becker, Probleme der Schule 496
Schäfer/Nedelmann, CDU-Staat 370
Schedler, Kindertheater 520
Schiller/Heyme, Wallenstein 390
Schklowskij, Schriften zum Film 174
Schklowskij, Zoo 130
Schlaffer, Der Bürger als Held 624
Schmidt, Ordnungsfaktor 487

Schneider/Kuda, Arbeiterräte 296
Schnurre, Kassiber/Neue Gedichte 94
Scholem, Judentum 414
Schoof, Erklärung 484
Schram, Die perm. Revolution 151
Schumm-Garling, Herrschaft in der industriellen Arbeitsorganisation 528
Schütze, Rekonstrukt. d. Freiheit 298
Sechehaye, Tagebuch einer Schizophrenen 613
Senghaas, Rüstung und Militarismus 498
Setzer, Wahlsystem in England 664
Shaw, Caesar und Cleopatra 102
Shaw, Die heilige Johanna 127
Shaw, Der Katechismus 75
Skinas, Fälle 338
Sohn-Rethel, Geistige und körperliche Arbeit 555
Sohn-Rethel, Ökonomie und Klassenstruktur des deutschen Faschismus 630
Sonnemann, Institutionalismus 280
Sozialwissenschaften 411
Kritik der Soziologie 324
Sternberger, Bürger 224
Kritik der Strafrechtsreform 264
Streeck, Parteiensystem und Status quo 576
Strindberg, Ein Traumspiel 25
Struck, Klassenliebe 629
Stütz, Berufspädagogik 398
Sweezy, Theor. d. kap. Entwcklg. 433
Sweezy/Huberman, Sozialismus in Kuba 426
Szondi, Über freie Universität 620
Szondi, Hölderlin-Studien 379
Szondi, Theorie des mod. Dramas 27
Szymborska, Salz 600
Tardieu, Museum 131
Technologie und Kapital 598
Teige, Liquidierung 278
Theologie der Revolution 258
Theorie des Kinos 557
Theorie und Praxis des Streiks 385
Tibi, Militär und Sozialismus in der Dritten Welt 631
Tiedemann, Studien zur Philosophie Walter Benjamins 644
Kritik der reinen Toleranz 181
Toulmin, Voraussicht 292
Tschech. Schriftstellerkongreß 326
Tumler, Abschied 57
Tumler, Volterra 108

Tynjanow, Literar. Kunstmittel 197
Ueding, Glanzvolles Elend 622
Válek, Gedichte 334
Verhinderte Demokratie 302
Vossler, Revolution von 1848 210
Vranicki, Mensch und Geschichte 356
Vyskočil, Knochen 211
Waldmann, Atlantis 15
Walser, Abstecher. Zimmerschl. 205
Walser, Heimatkunde 269
Walser, Der Schwarze Schwan 90
Walser, Eiche und Angora 16
Walser, Ein Flugzeug 30
Walser, Kinderspiel 400
Walser, Leseerfahrung 109
Walser, Lügengeschichten 81
Walser, Überlebensgroß Krott 55
Walser, Wie und wovon handelt Literatur 642
Über Martin Walser 407
Weber, Über die Ungleichheit der Bildungschancen in der BRD 601
Wehler, Geschichte als Historische Sozialwissenschaft 650
Weiss, Abschied von den Eltern 85
Weiss, Fluchtpunkt 125
Weiss, Gespräch 7
Weiss, Jean Paul Marat 68
Materialien zu ›Marat/Sade‹ 232

Weiss, Nacht/Mockinpott 345
Weiss, Rapporte 276
Weiss, Rapporte 2 444
Weiss, Schatten des Körpers 53
Über Peter Weiss 408
Wekwerth, Notate 219
Wellek, Konfrontationen 82
Wellmer, Gesellschaftstheorie 335
Wesker, Die Freunde 420
Wesker, Die Küche 542
Wesker, Trilogie 215
Winckler, Studie 417
Winckler, Kulturwarenproduktion 628
Wirth, Kapitalismustheorie in der DDR 562
Witte, Theorie des Kinos 557
Wispelaere, So hat es begonnen 149
Wittgenstein, Tractatus 12
Über Ludwig Wittgenstein 252
Wolf, Danke schön 331
Wolf, Fortsetzung des Berichts 378
Wolf, mein famili 512
Wolf, Pilzer und Pelzer 234
Über Ror Wolf 559
Wolff, Liberalismus 352
Wosnessenskij, Dreieckige Birne 43
Wünsche, Der Unbelehrbare 56
Wünsche, Jerusalem 183
Zahn, Amerikan. Zeitgenossen 184